KB089756

관해기 觀海記
1

주강현의

관해기

일상과 역사를 가로지르는 우리 바다 읽기

觀海記

1

남쪽 바다

웅진 지식하우스

'인문의 바다'로 떠나는
'우리 바다 오디세이아'

그 섬에 가고 싶다고 하였을 때, 그 섬은 단순하게 바다에 솟구친 땅덩어리가 아니다. 그 무언가 우리를 잡아끄는, 정작 우리가 잊고 있던 시원의 그 무엇이다. 생명탄생이 바다라는 '미궁의 자궁'을 통해서 가능했다면, 바다 안에서도 섬은 그 '미궁의 자궁'에서 조건 지워진 숙명의 땅이다. 그래서 서양인들은 미지의 섬 아틀란티스(Atlantis)를 믿어왔으며 '아틀란티스학(學)'까지 탄생시켰다. 우리에게도 이상향으로서의 섬은 하나의 분명한 대망(大望) 체계로 등장하였다. 일상의 삶에서 희구하던 이어도나 변혁기에 출현하였던 해도출병설(海島出兵說) 따위가 그것이다. 유토피아로서의 섬, 이상향으로서의 바다는 아직도 끝나지 않은 화두이다.

일찍이 천공 우라노스와 대지 가이아 사이에서 태어난 오케아노스(Oceanos)에서 대양(ocean)이 비롯되었다. 우리의 창세무가(創世巫歌)에서도 '천지 암흑하여 하늘과 땅이 갈리고 바다가 생겨났다'고 하였다. 문화적 원형질로 볼 때, 바다의 탄생 자체가 신화적이다. 신화적이라 함은 무수한 은유, 끝없는 해석을 가능케 한다는 뜻이다. '위대한 어머니 바다'에서 생명이 태어났고, 모든 생명체의 장엄한 역사가 시작되었다. 오죽하면 철학자 바슐라르(G. Bachelard)가 '바다란 어머니이며 바닷물은 그 어머니에게서 나온 기적의 우유'라고 표현하였을까.

바다는 크고 깊고 유장하여 동서고금의 야광주 같은 이야기가 많으며, 박람강기(博覽强記)의 절대적 지식량이 요구되는 지구 유일무이의 미지의 공간이다. 이러한 바다를 온전하게 서술하기 위하여 이 책은 철저하게 '바다 중심의 세계관'에 입각하고 있다. 연전에 펴낸 《제국의 바다 식민의 바다》가 바다 중심의 동아시아사를 다루고 있다면, 이 책은 바다 중심의 일상의 삶을 다루고 있다. 동쪽·서쪽·남쪽바다라는 정확한 지역을 갖고 있음은 바닷가 민중들의 삶의 뿌리에 기반하여 서술되었음을 뜻한다. 따라서, '대한민국의 영토는 한반도와 그 부속도서로 한다.'고 명시한 헌법 제3조에 충실한 내용이 될 것이며, 다루는 범주가 왕돌초 같은 수중세계에까지 이를 것이다.

돌이켜보면, 우리의 바다와 '갯것'들은 총체적으로 소외되었으며, 일반의 바다에 관한 지식은 그야말로 일반적·상투적 수준을 벗어나지 못한다. 엄청난 사람들이 바다를 다녀오고 있지만, 정작 바다를 모르기 때문에 고작 파도나 구경하고 조개나 구워먹다 돌아온다. 바다를 우습게 여겨온 결과이다. 지식인들이 수행하는 고유의 전략 가운데 계몽주의 유산이 있으니, 어쩜 낡은 패러다임일 수도 있는 계몽적 입장이 바다에 관해서는 아직도 유효함을 안타까운 눈빛으로 바라볼 수밖에 없다.

바다책이기는 하지만 해양을 통한 부국강병, 대외 교류를 핑계 삼는 해양의 거대담론에 발목이 잡힌 논의는 가능한 피해갈 것이다. 비좁은 물길과 얕은 바다, 자잘한 잡고기와 어로에 목숨을 건 무지렁이 어민들, 그런 '익숙한 것'들에 바치는 헌사가 되기를 희망한다. 돌이켜보면 바다는 천출(賤出)로 내몰린 '갯것'들의 터전이었다. 문화사적으로 철저히 소외되었으며, 역사는 있되 기록은 없는 유사무서(有史無書)의 존재였다. 남은 기록의 절대량이 부족해 바닷가 삶과 역사의 재구성은 고단한 작업이다. 이런 까닭에 책을 풀어내는 방식도 필자가 늘 그래왔듯이 생활사, 구술사, 미시사, 일상사, 민속사 등을 통한 해양생활문화사의 복원이라는 형식을 취할 수밖에 없을 것이다.

이 작은 책을 위하여 어민뿐 아니라 많은 해양인들이 협조·자문하였다. 쉽게 풀어썼으되 해양학일반은 물론이고 해양생물학, 식생활사, 조류학, 조선공학, 환경생태학, 수중학 등의 온갖 전문적인 이야기들을 곳곳에 반영하였다. 바다가 포용적이고 종합적인 것인 만큼 어떤 바다연구도 학제연구가 될 수밖에 없는 운명일 것이다.

필자의 해양문화사 연작은 기존의 역사민속학자로서의 역할뿐 아니라 해양문화사가로서의 안목까지 요구하는 것이다. 그동안의 일련의 작업, 즉《조기에 관한 명상》(1998),《黃金の海·イシモチの海》(2003),《제국의 바다 식민의 바다》(2005), 그리고 금년에 800여 쪽의 방대한 분량으로 정리한바 있는《돌살—신이 내린 황금그물》(2006)에 연이은 연작물로 해양문화사를 축적시켜나가는 오랜 연구주제의 과정이기도 하다. 독도나 생태환경을 비롯하여 엄청나게 중요한 바다문제, 그러면서도 학계나 사회일반이나 그 누구도 좀처럼 '올인'하려고 하지 않는 이 빈약한 고리, 그러나 그 누군가는 묵묵히 하고 있어야 하지 않을까, 그런 의무감도 보태고 있다.

일상의 민속지식(folk-knowledge), 즉 민중들의 인지체계에서 주어지는 전통생태지식의 선택적 전략은 바다를 살리기 위한 유일의 방도이다. 이 서문을 쓰기 직전인 지난 5월, 제주도에서 만난 일본의 유명한 해양생태인류학자인 아키미치

토모야(秋道智彌, 총합지구환경학연구소) 교수는 자신의 30여 년에 걸친 태평양 조사 경험을 토로하면서, 현재의 바다를 지배하는 시스템이 국가주의, 혹은 근대주의라는 이름으로 자행된 폭력, 즉 어민들의 소유권과 토착적 권리 등을 통제·굴절시키고 소규모 생태어법이 아닌 오로지 산업적 어업으로 어업 자체를 재편한 20세기의 모순임을 역설한 바 있다. 그는 TEK(Traditional ecological knowledge)가 무시되고 SEK(Scientific ecological knowledge)만 강조되는 현실을 개탄하였다.

당연한 말이다. 오늘의 '바다경영', 심지어 이에 반대급부적인 생태환경운동조차도 TEK를 무시하고 SEK에 의존할 뿐이다. 세계 학계의 일각에서나마 이런 견해들이 표출되고 있음은 참으로 다행한 일이다. 어떤 측면에서는 '권력'이 되어버려 정체되어버린 생태환경운동가 자신들부터 경청해야한다. 우리는 이른바 전통생태, 혹은 민속지식으로 지칭될 만한 민중의 지혜에 입각한 새로운 바다관이 요구되는 분기점에 서 있다. 관해기는 필자가 고민하고 있는 이러한 시각의 일면을 드러내는 작업이기도 하다.

바다를 다니면서 늘 느끼는 바이지만 우리사회에 관행처럼 되어 있는 과학자와 전문가로서의 어민의 구분, 심지어 과학과 인문학의 구분이 무의미하거나 불필요하다는 점이다. 가령, 어느 특정 바닷가에서 과학자가 전문가일까, 어민이 전문가일까. 개개의 어민은 그 자신들이 과학자이고 실천가이며 미래의 설계자들이다. 레비-스트로스(C. Lévi-strauss)가 《야생의 사고(La Pansee Sauvage)》에서 언급하였듯이, 북극해의 시베리아인들은 눈과 얼음을 수십 종류로 구분한다. 그는 책의 서문 격에서 발자크의 《고대의 방(Le Cabinet des Antiques)》을 다음과 같이 재인용하고 있다.

> 다방면에서 그들이 업무를 살피는 데는
> 미개인이나 농부나 시골사람 같은 이들이 다시없다.
> 특히 사고에서 행동으로 넘어오게 되면,

그들이 모든 일을 완벽히 수행해내는 것을 볼 수 있다.

안데스 산맥의 척박한 풍토에서 살아온 어느 인디오 농민들은 100여 종의 감자를 키운다고 페루 종자은행이 보고한 바 있다. 민속지식의 중요성과 종다양성을 두루 설명하고 있는 바, 눈에 보이는 들판에서의 농민보다도 보이지 않는 바다에서의 어민들 민속지식이 한결 복잡할 것이며, 바다생물의 종다양성은 강조할 필요도 없을 것이다.

바다는 천의 얼굴을 지니고 있다. 바다밭이 다르면 비록 같은 종일지라도 조금씩 다르게 마련이다. 보목포구과 모슬포의 '자리'가 같을 수 없으며, 보목 내에서도 여(암초)의 상태에 따라 '자리'의 색감과 생김새, 심지어 맛까지 다르다. 절기에 따라서도 알이 찬 '알찬자리', 자잘한 '쉬자리', 산란하고 난 다음에 잡히는 '거죽자리' 등 이름도 다르고 맛도 다르다. 이 책에서 일관되게 관심을 부여하는 대목은 이러한 생물종다양성의 문제이고, 이는 문화종다양성의 문제이기도 하다.

월든 호숫가 통나무집의 은둔자이자 비서구적 전통의 인물인 소로우(Henry David Thoreau)는 '물은 대지의 피'라고 했다. 70%가 바다인, 지구 아닌 수구(水球)에서 물의 중요성은 피 이상일 것이다. 그 피가 오염되었다면? 정말 슬프고도 비극적인 일이 아닐 수 없다. 알도 레오폴드(Aldo Leopold)가 만년에 쓴 《모래군의 열두 달(A Sand Country Almanac)》에서 한 지적처럼, '인간은 진화의 오디세이아에서 다른 생물들의 동료 항해자일 뿐'이며, '생명세계의 장엄함과 영속성에 대한 경이감을 체득해야 한다'는 역설을 기억하자.

지금 같은 '싹쓸이어법'의 시대는 물고기들에게 지어지앙(池魚之殃), 즉 아무 이유도 없이 밀어닥치는 재앙 그 자체이다. 물고기가 물을 만난 듯 생태환경이 보존되는 여어득수(如魚得水)의 그날은 영영 오지 않으련가.

이 책에서 '자본의 시간'이 있다면, '자연의 시간'이 별도로 있으며, '빠름의 시간'이 있다면 '느림의 시간'이 있다는 점에 방점을 찍고 있다. 바닷가에 가는 이들에게 이런 말을 들려주고 싶어진다.

평소에 차고 다니던 시계와 더불어 '자본의 시간'을 풀어버리고 자연력(自然曆, Natural-almanac)이라는 '느림의 재부(財富)'를 배우고 돌아오라!

'관해기(觀海記)'란 제목을 달았거니와, 지난 100여 년을 지나면서 그만 잃어버린 옛말을 다시 불러온 것이다. 현대식 표현으로는 '바다읽기', 혹은 '바다 가로지르기'인데, 관해는 보다 포괄적, 중층적 심미안을 품고 있어 한결 의젓한 품격을 지닌 말이라 생각된다. 일상에서도 되살려 새롭게 쓸 일이다.

이 책에서 의도하는 '바다'는 단순한 자연적 바다만은 아니다. 들숨과 날숨을 호흡하는 '생명의 바다', 그리고 '인문의 바다'라는 은유적 함의를 오지랖 가득 퍼 담고 있다. 복합 학문적이고 중층적 서술로 접근해 가는 '생활문화사로서의 바다', 혹은 '바다의 문화사'를 의도한다. 그렇다면 이 같은 책의 지적 전통은 어디에 있을까. 전범을 알려준, 바다를 사랑하고 바다를 진정으로 이해했던 선인들이 너무도 많아서 모두 서술하기 곤란할 정도이다.

진경산수의 현장을 찾아서 바닷가의 절경을 누빈 겸재 정선을 비롯한 당대의 화공들, 관해의 명소에서 글을 남긴 숱한 시인묵객들, 그리고 귀양지에서 한국 최초의 어보인 《우해이어보(牛海異魚譜)》를 남겨준 김려, 《임원십육지(林園十六志)》 등의 과학저술을 남겨준 서유구, 《도로고(道路考)》에서 조석의 비밀을 풀어쓴 신경준, 《경세유표(經世遺表)》에서 해도경영론을 부르짖었으며 《자산어보(玆山魚譜)》를 남겨준 정약용과 약전 형제, '쌀이 창자라면 수레와 배는 혈맥이라!'면서 바다를 통한 대외통상론을 최초로 본격 주창한 초정 박제가 등등의 지적 전통이 그것이다.

이 책의 여로는 한반도 삼면을 두루 관통하고 있다. 멀리 남쪽바다의 서귀포로부터 출발하여 남제주, 제주시, 북제주, 강진, 해남, 순천, 남해, 사천, 고성(固城), 마산, 부산, 기장, 옹진, 인천, 태안, 서천, 홍성, 보령, 김제, 군산, 부안, 영광, 나주, 목포, 신안, 포항, 울진, 영덕, 울산, 양양, 속초, 강릉, 고성(高城), 진부령과 대관령, 통영, 그리고 북녘의 삼일포까지 여러 바닷가를 나다녔다. 연평도, 영흥도, 간월도, 안면도, 내파수도, 죽도, 외연도, 고군산군도, 비금도, 도초도, 타리도, 임자도, 재원도, 우이도, 울릉도, 우도, 비양도, 추자군도, 장섬, 나로도, 거제도 같은 섬들……. 그리고, 청초호와 삼일포 같은 석호에서, 순천만이나 가로림만 같은 만에서, 왕돌초나 이어도 같은 수중세계에서 이러저러한 사람들과 바다경관을 만났다. 새우, 조기와 굴비, 밴댕이, 굴, 홍어, 강달이, 민어, 청어와 과메기, 명태와 황태, 은어, 대게, 털게, 고래, 연어, 오징어, 홍합, 잘피군락, 숭어, 도다리, 볼락, 도루묵, 양미리, 자리, 방어, 전복, 멸치, 삼치, 굴, 숭어, 아귀, 멸치, 먹장어, 갯방어, 붕장어, 뱀장어 등등은 이 책에 등장하는 주인공들이니 그네들로 말미암아 살아가는 숱한 어민들도 만났다. 즉, 이 책의 진정한 1차적 저작권자는 그네들이다.

여러 전문가들의 도움을 받으면서 조사에 나섰으되 가능한 한 쉽고 간결하게 약술하고자 하였다. 세 책은 각각 독립적이되 상호 연결된다. 그리하여 바다를 전혀 모르는 이들도 이 책들을 통독하면 적어도 우리바다의 개괄적 현상과 '어제 같은 옛날'을 알 수 있게끔 의도하였다. 자연, 환경, 기술, 인간, 역사, 문화 등등의 상호 연관된 문제들, 석호·사구·갯벌, 그리고 섬과 여, 만과 하구 등등 우리바다가 안고 있는 제 요소들을 주목하면서 중층적으로 서술하였다. 600여 장의 도판들은 독자들의 이해를 돕기 위한 배려이기도 하지만 그 자체 우리시대 바다의 어제와 오늘을 기록한 아카이브로서의 가치도 지닌다고 믿는다.

도움 주신 분들, 동참하신 분들이 너무도 많아 서문에 적시하지 못하고, 책 말미에 가능한 한 모든 분들의 명단을 적시하는 것으로 감사의 뜻을 전한다. 웅진지식하우스 이수미 대표와의 10여 년이 넘는 인연, 편집부의 최윤경 님, 이석운 님에게 감사드린다. 책을 쓰게끔 인연을 만들어준 서울신문의 황진선 님, 뒷바라지를 아끼지 않은 심재억 님에게 세상의 인연법으로 인사드린다.

머리말을 쓰노라니 물때가 되었는지 물길 가득 바다 소리를 앞세운 밀물이 몰려오고 해조음이 들리는 듯하다. 배를 띄울 참이다. 독자들과 떠나게 되는 이 도도한 대항해에서 우리는 지금까지 몰랐던 미지의 보물섬에 닻을 내릴 것이다. 아니면 황당하게도 해적이나 인어아가씨, 더러는 멍게 해삼에 소주라도 한잔 걸치게 되는 행운을 누릴지 누가 알겠는가. 한꺼번에 모든 바다를 동시에 떠날 수 없는즉, 제주도를 포함한 남쪽바다에서 출발하여 서쪽바다, 그리고 울릉도를 포함한 동쪽바다에 이르는 삼면의 바다로 닻을 올린다. 그리하여 '우리바다 오디세이아'를 꿈꾸며 대항해로 접어들어가 본다.

2006년 7월 한여름
서해와 한강이 만나는 기수대 옆의 일산땅
鼎鉢學硏에서 주강현

차례

"진해에 귀양 간 지 만 2년 동안 어개류(魚介類)를 벗 삼아 지냈다. 주인집 어정(漁艇)을 얻어 타고 12세가량 되는 동자 어부와 더불어 가까이는 5~7리에서 멀리는 수십 수백 리까지 바다로 나가 어느 때는 돌아오지 못하고 배 안에서 잠을 자기까지 했다. 이렇게 매년 사시사철 바다로 나간 것은 고기를 얻기 위해서가 아니라 보도 듣도 못한 물고기에 대한 새로운 사실을 아는 것을 낙으로 삼았기 때문이다. 물고기의 종류는 헤아릴 수 없을 만큼 많으며, 그중에는 고약하게 생긴 것도 있고 신기하게 생긴 것, 신령스럽게 생긴 것도 있고 놀랄 만한 것도 있어 한가한 날에 이를 묘사하고 그 형색을 기록하게 되었다. 그러나 그 어류의 이름들을 알지 못하여 일일이 다 기록할 수 없을 뿐더러 그 지방의 방언조차 이해할 수 없어 어려움이 많았으나 이를 다시 정리해 '우해이어보'로 이름 붙이게 되었다. 내가 이 책을 저술한 것은 박식함을 자랑하고자 함이 아니라 은혜를 입어 다시 고향에 갈 수 있다면 농부, 나무꾼과 더불어 경험한 옛 풍물을 말하고자 함이다."

– 담정 김려, 《우해이어보(牛海異魚譜)》, 1803

신화와 과학이 만나는 이상향

그 어느 섬, 천 년의 이상향을 찾아서

　2004년 11월 8일 밤, 상하이 푸둥(浦東)의 화려한 불빛을 뒤로하고 황푸강(黃浦江)을 떠났다. 배가 강줄기를 빠져나가 외해로 나가는 데만 꼬박 반나절이 걸렸다. 강 양안에 드문드문 불빛들이 줄지어 나타나고 화물선들은 쉼 없이 오르내렸다. 중국의 동맥은 이처럼 바다와 강에 있었다. 이튿날도 배는 계속 망망대해에 떠 있었다. 동중국해를 가로질러 북동쪽으로 계속 나아갔다. '광복60주년 사업'의 일환으로 부산항을 떠나

블라디보스토크, 후쿠오카, 상하이를 친선방문한 500여 명의 부산 시민들이 고향으로 돌아가는 배에 동승하고 있었던 것이다. 배는 저녁 무렵 제주도 남방의 소코트라(Socotra Rock), 즉 이어도 종합해양과학기지(Ieodo Ocean Research Station)가 서 있는 곳을 돌파하고 있었다. 아마 시민들 500여 명이 한꺼번에 망망대해의 이어도를 눈앞에 지켜보면서 돌파한 첫경험일 것이다.

우리는 동시에 두 개의 섬을 찾아가고 있었던 셈이다. 하나는 '신화 속의 이어도', 다른 하나는 '과학 속의 이어도'다. 이름은 같되, 역할이 다르고 취할 바도 다르다. 어느 쪽이 더 좋고 나쁜 우열의 문제가 아니다. 신화와 과학이 이처럼 절묘하게 만났다는 사실만으로도 세계 해양사에 유례가 없는 일이다.

먼저, 신화 속의 이어도를 찾아가보자. 우리는 이어도라 하는데 제주도 사람들 일부는 '이여도'라고 부르며 '여'를 강조하기도 한다. 암초를 뜻하는 여(礁)에서 이여도가 나왔다는 주장이리라. 그 이어도는 제주도에만 있는 섬이 아니다. 처처불불(處處佛佛)처럼 곳곳에서 이어도를 만날 수 있다. 이 말은 이어도는 '세상에는 없는 곳'이라는 뜻도 된다. 장자(莊子)는 끝없이 광막하고 확 트인 세계를 무하유지향(無何有之鄕)이라 일컬었으니, 이는 '어느 곳에도 없는 장소'를 말함이다. 굳이 서양식으로 말한다면 유토피아가 맞을런가, 이어도가 그런 곳이다.

육지로 떠난 출가 잠녀들이 배를 저으며 부르던 노래도 '이여도싸나'였고, 모슬포에서 마라도로 가면서 부르던 노래도 '이여도싸나'였다. 일본에 진출한 잠녀들도 그 노래를 불렀으니 곳곳이 이어도였던 셈이다. 생활 속에서는 이어도를 노래해도 막상 이어도를 만난 사람은 어쩌면 이 세상으로 되돌아올 수 없을지도 모른다. 그곳이 피안(彼岸)일 수도 있기 때문이다. 잠녀들에게 깊은 바다는 늘 무서운 곳이며 저승길일 수 있으니 이

동중국해에서 제주도로 접어들면서 선상에서 바라본
이어도(2005년 11월 찍음).

어도의 문은 저승으로 가는 길목이다. 그러나 이어도는 수중보배답게 영원한 이상향의 섬이기도 하다.

잠시라도 일상에서 벗어나 꿈에 취하고 싶은 사람들은 메트로폴리스의 뒷골목 허름한 술집, 그도 아니면 영화관에 앉아서라도 꿈을 꾼다. 자본의 시대는 민중의 이상향마저도 오로지 자본적 상품으로 환치시킬 뿐이다. '혁명'은 꿈속에서도 불가능하고, '개혁'은 구두선으로 되뇔 뿐이다. 삶은 늘 현실에 차입당한다. 그래도 이상향을 포기하지는 못한다. 모진 현실을 벗어나 어딘가 '지상낙원'이 있을 것만 같다. 옛날에도 그랬다. 가령 보이지 않는 섬 따위에 이상향이 있을 것만 같다. 누구나 '그 섬에 가고 싶다.'고 생각했으나 정작 그 섬에 가본 이는 없었다.

그러나 그 섬은 산 자는 갈 수 없는 곳이다. 산 자가 설령 이어도를 간다 해도 살아서는 돌아오지 못한다. 만질 수 없는 금단의 열매, 살아서는 문을 열지 않는 금단의 섬, 그곳이 이어도였으니 '천 년의 이상향'이다.

아무도 가본 사람 없는 피안의 섬

조선 후기에 변란이 그치지 않았을 때, 해도출병설(海島出兵說)이 떠돌았다. 이름 모를 남쪽 섬 어딘가에서 기마(騎馬)가 벌떼처럼 일어나 한양에 들이친다는 유언비어가 장안을 덮쳤다. 화들짝 놀란 벼슬아치들 가운데는 실제로 도망친 사람도 있었다. 현실을 전도시키는 유언비어의 놀라운 힘! 그 시대를 예언하는 묵시록이 파도를 타고 뭍으로 전해졌다.

바닷가 사람들에게는 희망과 절망이 모두 바다로부터 온다. 산 너머 남풍 부는 곳에 이상향이 있다면, 섬사람들에게는 수평선 저 너머 미궁의 바다 속에 이상향이 있다. 마라도 서남쪽 물마루 너머에 평화의 땅, 환상의 땅, 이어도가 숨어 있다고 믿어왔다. 나중에 밝혀진 바에 따르면, 마라도 서남쪽의 수중 암초가 이어도란다. 과학의 발견으로 신화는 깨져버리고 말았지만, 우주선이 달나라에 착륙했다고 하여 계수나무 서 있는 곳에서 토끼가 방아 찧던 신화조차 사라진 것은 아니다. 과학은 과학이고 신화는 신화이기 때문이다.

비단 우리에게만 섬의 유토피아가 있는가. 플라톤이 《대화》에서 언급한 이래로 오랜 세월 서양인의 꿈이 되어버린 사라진 대륙 아틀란티스도 바다 속에 잠들어 있다. 아틀란티스를 찾으려는

이어도 주변에서 흔히 볼 수 있는 중국 어선.

무수한 노력들이 하나의 새로운 학문, 아틀란티스학(Atlantology)을 출현시키기에 이른다. 그러나 아틀란티스는 여전히 미궁의 바다에 머물고 있다.

꿈과 약속을 이뤄주던 이상향은 천 년을 뛰어넘는 하나의 기호로 각인돼 유전인자로 전승될 뿐이다. 그 이어도는 오늘도 남태평양으로 열린 바다 속에 잠들어 있다. '이어도학(Ieodology)'이 출현할 단계다.

제주 어민들에게 이어도는 그 자체가 커다란 어장, 즉 현실적 공간이다. 그곳에 가면 전복이랑 미역이 넘쳐나고 있으니 어민들에게 '수중보배'가 아닐 수 없다.

> 점복 한 이여도(전복 많은 이여도)
>
> 메역 한 이여도(미역 많은 이여도)
>
> 점복이영 메역이영(전복이랑 미역이랑)
>
> ᄒᆞ여당 우리 아놀 공부시키여(하여서는 우리 아들 공부시키어)
>
> 이여싸나 이여도 가자 이여도(이여도 가자 이여도)

이어도에서 마라도까지 이르는 먼 뱃길을 달리노라니 고기잡이 불배들이 칠흑 같은 바다 위에 불야성을 이루면서 도시 하나를 차린 것 같다. 붉은 기를 펄럭이는 중국 배들이 수도 없이 제 할 일 하고 있으니 국제어업전쟁의 현장이

1900년 소코트라 암초의 위치를 보고한 소코트라호

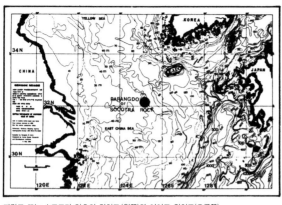

파랑도 또는 소코트라 암초의 위치도(왼쪽)와 이어도 위치도(오른쪽).

기도 하다. 돌돔, 조피볼락 같은 고급 어종이 군락을 이루며 살아가는 지극히 현실적인 곳이기도 하다.

남방전략의 화점인 해양과학기지

이제, 또 하나의 이어도를 찾아가야 할 차례다. 신화와 과학이 만나서 새로운 이어도를 탄생시켰다. '전설의 섬 이어도에 우뚝 선 첨단 해양과학기지'란 설명이 붙은 한국해양연구원(KORDI)의 이어도 종합해양과학기지가 그곳이다. 신화는 현실일 수도 있음을 입증하고 있다. 해도에 소코트라 등으로 명기된 이어도의 실체가 드러났다. 마라도에서 서남쪽으로 149킬로미터 떨어진 수중 암초로, 주변 수심은 55미터, 암초의 정상은 해수면에서 4.6미터에 불과하다.

1900년 6월 5일 밤 9시 40분경 영국 상선 소코트라호가 이 암초에 부딪히면서 소코트라라는 명칭이 해도에 오른다. 1868년에 영국 코

이어도 종합해양과학기지(Ieodo Ocean Research Station). 마라도 서남쪽 149킬로미터 해상의 수중 암초인 이어도는 최첨단 과학기지가 들어서 있으나 아직도 우리에게는 서양의 아틀란티스처럼 꿈꾸되 다가갈 수 없는 이상향의 전형으로 존재하는 곳이기도 하다.

스타리카호가 이곳에서 미확인 암초를 발견하고 측량선을 보낸 적이 있었는데 32년이 흘러서 사고가 난 다음에야 본격 탐사를 한 것이다. 일본인들이 해도에 파랑도(波浪島)로 올리면서 일각에서 파랑도로 불리기도 하였다.

소코트라의 솟구친 봉우리는 작은 면적이지만 해저지형은 남북 500여 미터, 동서 750여 미터, 넓이 27.5제곱미터에 달한다. 망망대해에 이만한 넓이의 해산이 수중에 솟구쳐 있다. 수심 40미터는 사실 얕은 곳이기도 하다. 이곳에 무려 1,220톤에 달하는 엄청난 양의 콘크리트 기둥을 박았다. 수심 40미터, 해상 15층 높이, 400평 규모의 기지가 들어섰다. 기지에는 연구원 여덟 명이 2주간 상주할 수 있다. 당연히 선박 접안시설과 헬리콥터 이착륙장, 등대시설, 통신 및 관측시설, 실험실과 회의실도 마련되었다. 해양, 기상관측 장비 44종 108점이 설치되어 가히 종합연구센터의 면모를 갖추었다. 관측 자료는 무궁화위성(KOREASAT)과 글로벌스타(GLOBALSTAR)를 통해 한국해양연구원으로 전송된 뒤 인터넷을 통해 사용자에게 실시간 제공되고 있다. 2003년 14호 태풍 매미가 엄습했을 때, 상륙 10시간 전부터 위력을 경고해 자연재해 감소에 큰 역할을 했음은 세간에 잘 알려진 사실이다.

이어도를 뻔질나게 드나들며 연구에 몰두하고 있는 한국해양연구원의 심재설 박사는 과학기지의 역할을 이렇게 꼽았다. 종합해양, 기상관측소·인공위성에 의한 해양 원격탐사자료 검정·교정, 지구환경 변화의 핵심 자료 제공, 태풍구조 및 특성 연구, 어황·해황 예보 및 지역 해양연구, 황사 등 대기오염 물질 이동 및 분포 파악, 불량한 기상 상태에서 해양구조물의 안전성 연구, 안전 항해를 위한 등대 및 수색 전진기지 역할 등이다.

모든 것은 원격관측제어 시스템으로 이루어진다. 우주와 해양이 하나로 연결되고, 또 육지로 전달되어 24시간 쉬지 않고 돌아간다. 첨단 과학기술의 노하우가 총동원되고 있다. 사실 수심 40미터의 거친 바다에 천여 톤이 넘는 거대한 골리앗 기둥이 당당하게 선 것만으로도 우리의 기술력을 입증한다.

연구 실무자들은 이들 고급 장비의 도난을 걱정했다. 망망대해라도 사람이 늘 지킬 수 없어 '해적'들이 들이닥칠 수 있다는 걱정이다. 이 문제를 해결하기 위해 원격제어로 조정, 외부인 출입을 통제하는 시스템을 설치하기도 했다. 기지를 건설하려 했을 때, 중국 등이 까닭 없이 반발하기도 했는데, 그만큼 해역 주권의 이해 득실에 민감하기 때문이다. 신화의 바다에서 과학의 바다로 나아갔으니 감개무량하다.

기지의 역할은 과학적 목적을 뛰어넘어 국방, 영토상으로도 중요하다. 비행기에서 바라보면 망망대해에 떠 있는 작은 점 하나로 보인다. 수중 암초가 과학기지 건설을 통해 하나의 섬으로 '승격'되었다. 사람이 상주할 수도 있다. 국제해양법상 이 점은 매우 중요하다. 200해리 해양주권시대에 저마다 해역을 넓히려고 안간힘을 쓰는 마당에 이어도 같은 수중 암초가 망망대해에 존재하고, 이곳에 기지를 건설할 수 있게 된 사실을 우리는 조물주에게 감사드려야 한다.

배타적 경제수역(EEZ) 확보에 안간힘을 쏟고 있는 해양패권시대에 일본 정부는 최남단 산호초 오키노도리시마를 섬으로 만들기 위해 안간힘이다. 필리핀 북쪽의 더블베드 크기의 암초로 "물 위에 겨우 목만 내밀고 있는 바위인만큼 배타적 경제수역의 기점이 될 수 없다."고 중국이 반발하자 일본은 융단폭격에 가까운 투자를 퍼붓고 있다. 도쿄에서 남쪽으로 무려 1,730킬로미터나 떨어진 이 암초를 명실상부한 섬으로 만들어 자국 영토(38만 제곱킬로미터)보다 엄청나게 넓은 배타적 경제수역을 확보하겠다고 국가적 사활을 걸고 나섰다. 유엔 해양법은 경제수역 설정의 근거가 되는 섬을, '자연적으로 형성된 육지'로 정의하고 있기 때문이다. 바위섬을 명

시뮬레이션에서 보듯 이어도의 실체가 과학 앞에 낱낱이 드러났음에도 불구하고 지금도 많은 사람들은 이어도를 가슴에 담아두고 '천 년의 이상향'으로 여기며 산다(한국해양연구원 제공, 위).
일본 정부는 최남단 산호초 오키노도리시마를 섬으로 만들기 위해 안간힘이다(왼쪽).

실상부한 섬으로 키워내기 위하여 산호충 성장을 가속화하고 수백 개의 빈 콘크리트 구조물을 바위섬 주변에 놓아 모래가 자연스럽게 모이게 하는 한편, 죽어서 모래가 되는 딱딱한 외피의 미생물까지 키울 생각이다. 산호가 해수면 부근에서 낳은 알을 채취하여 수조에서 키운 뒤에 자연으로 되돌려주려는 계획인데 무려 18년에 걸친 연구 끝에 2005년 말에 오키노도리시마 주변의 산호와 같은 종의 양식에 성공하였다.

무인도에 불과한 댜오위다오(釣魚島, 일명 센카쿠 열도)로 험난한 중·일 분쟁을 야기하고 있음도 널리 알려진 사실이다. 만약에 일본이 '독도 - 댜오위다오 - 오키노도리 - 미나미도리 - 북방 4개 섬'을 모두 확보한다면, 일본의 배타적 경제수역은 무려 405만 제곱킬로미터에 이르러 자국

영토의 열 배가 넘게 된다. 연전에 필자가 펴낸《제국의 바다 식민의 바다》에서 누누이 강조했던 바다. 그런 점에서 이어도는 우리에게 매우 각별하고도 소중한 곳이다. 독도가 동방전략의 화점(花點)이라면 남방전략의 화점은 마라도가 아니라 이어도이기 때문이다.

우리가 흔히 노래하기를, '백두에서 한라까지'라고 하는데, 절반은 맞고 절반은 틀리다. 중국이 거세게 동북공정의 회오리바람을 몰아오고 있지만 역사적으로 우리가 잊을 수 없는 것이 있으니 한때 만주는 고구려와 발해의 땅이었다는 사실이다. 두만강 너머 연해주 포세이트 항구로 가는 길목에는 곳곳에 발해의 유적이 있으며, 오늘날의 크라스키노는 옛 발해의 염주(鹽州)로 동해를 관통하여 대항해를 하던 대일본 무역항이었다. 두만강의 모래들이 쌓여서 형성된 하구의 녹둔도(鹿屯島)는 어느 결에 러시아 영토로 넘어가고 말았다. 이순신 장군이 43세 때(1587) 녹둔도에서 둔전관을 지냈던 섬으로 조선시대에 엄연히 우리 영토로 지도에도 올랐던 곳이다. 또한 남쪽의 끝을 지금까지 마라도라 하였거니와 그보다 더 남쪽에 이어도 종합해양과학기지가 바다 위에 우뚝 서 있으니 이어도에서 발해의 땅에 이르기까지 우리의 역사적 상상력을 넓혀볼 필요가 있을 것이다. 이제, '백두에서 한라까지'를 뛰어넘어 '녹둔도'에서 '이어도'까지 최변방 섬들의 존재를 각인시킬 필요가 있다.

탐라 백성이 꿈꾸던 '4차원의 사이버 현실'

서울로 돌아오는 길, 문득 이런 생각이 들었다. 이어도가 실제로 확인되었다고 이상향의 꿈이 끝난 것일까. 달나라가 그랬다. 유인 우주선 아폴로가 우주인을 내려놓자, 사람들은 더 이상 계수나무와 방아 찧는 토끼는 사라졌다고 결론지었다. 그러나 그 '우주선 신화'로 '달나라 신화'는 영영 소멸된 것일까. 구조주의 인류학자 레비-스트로스는 이렇게 말한 바 있다.

신화는 인간에게 환경을 지배할 수 있는 물리적인 힘은 주지 못했습니다. 그렇지만 신화는 매우 중요한 것 하나를 주었습니다. 그것은 환상이었지요. 환상을 통하여 인간은 우주를 이해합니다. 물론 환상에 불과할 뿐이지만 말입니다. 과학적인 사고관을 가진 우리지만 매우 제한된 정신력만을 사용할 뿐이라는 사실에 주목해야 합니다.

궂은일을 하다 보면 지문이 닳아 없어진다. 그러나 지문을 영원히 없앨수는 없다. 민중이 천 년을 꿈꾸어온 이상향의 지문도 그대로 남는 법이다. 탐라 백성이 꿈꾸던 이상향인 이어도는 가상공간이며, 4차원의 '사이버 현실'이다. 현실과는 구별되는 '사이버 현실'이지만, 민중은 환상 속에서나마 현실을 보고 싶어한다. 이어도는 현실과 환상을 이어주는 '유토피아행 티켓'이다.

그러면 과학은 무엇인가. 그리고 신화란 무엇인가. 신화가 던져주는 환상은 과학의 환상과 화려하게 만날 수도 있다. 그러면서도 양자는 영원히 다른 화두이기도 하다는 결론에 다다른다. 우리는 신화와 과학이 만나는 이어도에서 두 개의 섬을 얻은 것이다. 영원히 미궁의 섬으로 남아있어야 할 '신화 속의 이어도', 그리고 현실에서 수면 위로 솟구친 '과학 속의 이어도'가 그것이다. 신화와 과학이 만났다는 사실만으로도 충분히 환상적이지 않은가.

우리 배의 원형질, 테우로 잡는 자리

테우와 자리잡이의 원조, 보목동

1985년 10월 4일, 제주도 화북의 해신당에서는 도항제(渡航祭)가 열렸다. '고대 제주항로 테우 조사단'이 화북을 출발했다. 원초적인 고기잡이 배 테우를 복원하여 옛 뱃길에 도전함으로써 '한반도-제주도'의 고대 항로를 규명해보려는 시도였다. 탐라와 육지부의 교류 경로, 해로 변천사와 유배길 조사도 이루어졌으니, 배 이름도 격에 맞게 '물마루'로 명명되었다. 노르웨이 탐험가 T. 헤위에르달이 남미에서 폴리네시아 군도를 향하여 떠날 때 타고 간 전통 배 콘 티키(Kontiki)호의 대탐험에 비할 바는 못 되지만, 테우를 활용한 최초의 모험이리라. 물마루 호는 서귀포시 보목동(甫木洞)에 남아 있던 여섯 척의 테우 중에서 선발되었다.

제주도 보목포구의 자리돔.

 2004년 8월 중순 제주도를 찾아, '서귀포 칠십리 바다사랑회'를 이끌면서 수중탐사와 환경보존에 애쓰는 이원석 회장에게 테우와 자리 조사 안내를 부탁하였더니 약속이나 한 듯 예의 보목동으로 이끈다. 전통이 사라진 시대에 보목동이야말로 그나마 테우와 자리잡이가 남아 있는 '원조마을'이기 때문이다. 대부분의 제주도 포구에서 테우로 자리를 잡아왔겠지만 보목만큼 그 전통을 이어가려는 곳은 보지 못하였다. 볼레낭개, 볼레남개, 볼레낭개ㅁ을로 불려온 400여 년 전통의 보목은 설촌 이래로 대대로 어업에 종사하면서 대를 이어 870여 세대 3천여 명의 인구가 모여 사는 서귀포시의 큰 포구다. 《한국수산지》(1908) 당시의 인구는 180여 호였으니 예나 지금이나 상당한 대촌이다.

 보목포구에서는 매년 테우로 자리를 잡는 '자리돔 큰잔치'를 열어왔다. 보목의 자리돔 큰잔치는 관광객은 물론이고 인근 주민들도 사라져간 테우가 그리워서라도 몰려든단다. 청년들의 보존 움직임도 활발해서 '보목 섬섬 수중환경 보호 지킴이(회장 강대환)'를 조직하여 테우도 복원하고 전통어법 재현에도 힘쓰고 있다. 덕분에 보목동에 가면 언제든지 테우를 볼 수 있다. 그러나 한라산의 귀한 구상나무로 만들던 테우는 사라졌고 일본산 삼나무 테우로 대체되어 조금은 안타깝다.

 예부터 오늘에 이르기까지 보목 사람들은 테우로 고기를 잡으면서 생계를 유지해왔다. 그런데 막상 '고기'라고 막연하게 말했지만 가장 중요한 어류는 단연 자리돔과 멸치다. 몇 년 전의 일이다. 제주도민들이 감귤을 들고서 북한을 집단 방문한 적이 있었다. 분단의 혼란스러운 와중에 일찍이 북에 정착한 제주 출신 노인 한 분을 만나게 되어 말문을 트다가 제일 먹고 싶은 것이 무언가를 물었다고 한다. 그런데 노인은 허다한 먹을거리를 제치고 "자리젓이 그립다."고 하였다. "초년의 입맛은 일생을 간다."고 하였으니 자리젓의 아른한 향취가 50년 넘게 이어진 셈이다.

사실 '자리강회', '자리물회', '자리구이', '자리젓갈' 등 자리 없는 제주도 식단은 왠지 빈자리 같다. 활기 넘치는 강진국 보목동 마을회장은 필자에게 "자리를 좋아한다니 절반은 제주 사람으로 인정해줌세."라고 너스레를 놓았다. 자리를 모르고서 제주도 먹을거리를 논하지 말지어다!

제자리 지키는 고기, 그래서 이름도 '자리'

오키나와에서 한반도 남해안 일부에까지 여기저기서 발견되는 아열대성 자리는 붙박이로 한군데서 일생을 마친다. 서귀포 외돌개에서 보목 앞의 섶섬에 이르는 난류대를 특히 좋아한다. 보목에서는 "겨울에 눈이 오면 개가 죽는다."는 속담도 있다.

따스한 남국에서 자라는 자리에게 왜 그런 명칭이 붙었을까. 모든 물고기가 자유롭게 먼 바다를 헤엄치고, 모든 새가 먼 하늘을 날아다닐 것 같지만 그런 상상은 시나 노래에서나 가능하다. 자리에게도 엄연히 따스한 집이 있고 그리운 고향이 있다. 자리는 자신이 태어난 따스한 곳에서 가능한 한 떠나지 않는다. 그래서 이름도 '자리'란다.

자리는 두말할 것 없이 돔의 일종이다. 제주문화의 으뜸 상징 중의 하나가 바로 돔이다. 특히 옥돔 같은 물고기는 가히 제주 청정바다의 귀족으로

제주도 자리떼의 유영(수중세계 이선명 제공).

불리기도 한다. 말려서 먹고, 구워 먹고, 국과 죽까지 입맛을 유혹한다. 그러나 가장 서민적인 젓갈문화까지 포함하는 대중적 돔은 역시 자리돔이다.

보목에서는 앞의 섶섬 동쪽에 '동군자리', 서쪽에 '서군자리', 서쪽 해변에 '리알자리', 지귀섬의 '자귀자리', 쇠소각 냇물이 흘러나오는 '쇠소각자리' 등의 자리밧(자리밭)이 유명하다. 어민들은 이들 자리밧을 정확하게 포착하여 테우를 들이밀어 자리를 건져 올린다. 경계 없는 바다 같지만 엄연히 바다밭이 경계를 가른다. 한글학회에서 펴낸 《지명총람》에는 전국의 허다한 지명들, 하다못해 논두렁 밭두렁까지 기록하고 있지만, 어민들이 수백 년에 걸쳐서 고기를 잡아온 이들 바다밭 이름, 즉 해명(海名)은 기록에서 논외다. 육지 중심의 사고가 지명인바, 보목 사람들은 지명보다 해명에 의존하여 살아가고 있는 셈이다.

어부가 테우를 타고 국자같이 생긴 사둘로 자리를 잡고 있는 모습(1950년대, 홍정표 사진).

　400여 미터 코앞에 있는 섶섬은 180여 종의 희귀식물, 450여 종의 난대
식물이 기암괴석과 어우러져 절경을 이룬다. 국내 유일의 파초일엽(넙고사
리, 천연기념물 18호) 자생지로 타이완 등지에서 자생하는 이 같은 난대식물
이 번창하는 것을 보면 난류 영향권이 분명하다. 돌돔, 벵에돔, 참돔, 다금
바리, 감성돔 등 온갖 돔들이 살아가고 있다. 섬그늘이 물고기들에게 편안
한 잠자리를 제공하기 때문이다. 민물이 흘러들어 기수대를 형성하는 '쇠
소각'에는 그늘이 없는 대신에 감미로운 민물을 마실 수 있어 물고기들이
몰려든다. 물고기는 짠물만 먹고 사는 것으로 알지만 전혀 그렇지 않다.
몸 안의 염도가 높아지면 스스로 조절을 해야 하므로 부단 없이 민물을 먹
어 염도를 낮춘다.
　그래서 똑같은 바다 같지만 매양 동일한 바다는 없다. 문전옥답만 강조하

는 육지 중심 사고와 다르게 기름진 바다밭의 해양 중심 사고로 바라본다면 바다마다 전혀 다른 색깔을 연출하며 다가올 수밖에 없다. 밭이 다르면 같은 배추 종자도 맛이 다르게 마련이다. 보목과 우도의 자리가 같을 수 없으며, 고산리의 자리는 성산리의 자리와 다르다. 같은 보목 내에서도 여(암초)의 상태에 따라 자리의 색감과 생김새, 심지어 맛까지 다르다. 절기에 따라서도 알이 찬 '알찬자리', 자잘한 '쉬자리', 산란하고 난 다음에 잡히는 '거죽자리' 등 이름도 다르고 맛도 다르다.

모슬포 쪽 자리는 까맣고 뼈가 억세며, 서귀포 쪽은 색깔이 밝은 편이며 몸체가 부드럽다. 조류가 센 곳에서 노는 가파도 자리는 뼈가 굵어 물회용에는 어울리지 않고 구이용에 적합하다. 뼈가 부드럽고 맛이 고소한 보목의 자리는 구이보다도 물회나 강회에 어울리니 같은 제주도 내에서도 제각각인 셈이다. 허다한 식도락가용 안내서에 나오는 "어디의 자리물회가 맛있더라."는 식의 품평은 부정확하기 일쑤다. 자리물회는 5~8월 중에 잡히는 것이 가장 맛이 있다. 이때 잡은 자리는 살이 넉넉한 데다 뼈가 억세지 않기 때문이다. 또한 물횟감은 몸길이가 5~6센티미터인 것이 가장 알맞다. 조류 등의 생태환경, 자리를 잡는 절기, 잡히는 장소, 몸의 길이 같은 제 조건들이 두루 자리 맛에 영향을 미치는 요인이다.

세종대왕이 전국의 농사를 총괄하여 본격적인 농서를 편찬하면서 '농사직설(農事直說)'이란 명칭을 붙이고, 편찬의 근거로 "오방풍토부동(五方風土不同)이므로 노농(老農)들에게 속방(俗方)을 구하라."고 하였다. '오리부동(五里不同)', 즉 조금만 떨어져도 풍속이 같을 수 없으니 경험 많은 노인들에게 관행 농법을 광범위하게 채록하라는 말이다. 바다는 오리부동 정도가 아니라 바위 하나만 떨어져도 어종이 달라진다. 그러한즉 풍부한 토착지식을 지닌 늙은 어부들에게 각각의 경험을 들을지어다.

더위 푸는 데는 물회, 술안주에는 구이

　남방어류인 자리는 제법 북상하여 남해안은 물론이고 독도나 울릉도 주변에도 분포된다. 해수 온난화가 실감 나는 대목이다. 얼마 전 경남 삼천포에서 자리구이를 맛보았다. 횟집 주인 왈, "수온이 높아지니 여기까지 자리가 찾아드네요."라고 했다. 자리들이 차츰 북상을 하여 남해 해안가에서도 이제 자신들의 '자리'를 마련한 것 같은데 남해안의 자리가 음식문화사적으로 어떤 격식을 갖추고 있는가는 아직 감이 덜 잡힌다.

　자리는 먹는 취향과 장소, 시간에 따라서 맛도 다르다. 음식의 역사문화는 하루아침에 완성되는 것이 아니다. 복중의 더위풀이에는 시원한 자리물회가 그만인데 자리구이는 술안주로도 안성맞춤이다. 자리젓은 멸치젓과 더불어 제주민이 가장 보편적으로 먹는 젓갈이다.

　돔으로 담근 젓갈도 지역마다 다르다. 사실 돔은 제주도 사람만이 즐겨 먹던 생선이 아니다. 김려는 《우해이어보(牛海異魚譜)》에서 돔은 회로 먹어도 좋고 구워 먹어도 좋다고 하였다. 특히 감성돔으로 만든 생선식해(食醢)를 강조했다. 당시 진해에서는 배를 가른 감성돔 200조각에다 희게 찧은 맵쌀 한 되로 밥을 해서 식기를 기다린 뒤에 소금 두 국자를 넣고 누룩과 엿기름을 곱게 갈아 각각 한 국자씩 고르게 섞어놓았다. 그리고 작은 항아리를 이용하여 안에는 먼저 밥을 깔고 다음에 감성돔 조각을 깔아 겹겹이 채워넣은 다음 대나무 잎으로 두껍게 덮고 단단히 봉해두었다. 이것을 깨끗한 곳에 놓아두고 잘 익기를 기다렸다가 꺼내 먹는다. 달고 맛이 있어 생선식해 중에서 으뜸이었다고 한다.

　제주도 자리젓 만들기의 핵심은 무거운 돌로 눌러놓는 데 있는 것으로 여겨진다. 소금을 너무 많이 넣으면 숙성이 제대로 되지 않고, 너무 싱거우면 썩어버리므로 소금을 눈대중으로 집어넣는 솜씨가 중요하다. 음식궁합이

자리물회에 빠져서는 안 되는 제피 잎(위).
1950년대에는 요즘처럼 횟집에서 자리돔을 맛보기는 힘들었다. 한
아낙이 지게에 얹은 소쿠리에 자리돔을 담아 팔고 있다(오른쪽, 홍
정표 사진).

라 할까. 살짝 데친 양배추에 자리젓
을 찍어서 먹으면 독특한 향내가 입
안을 감돌면서 식욕을 자극한다.

제주도 바깥에서도 자리물회를 먹
기는 하지만 당최 제 맛이 나지 않는
다. 독특한 향을 내는 제피 잎을 잘
게 썰어 넣어야 국물이 한결 시원해지는데 싱싱한 제피 잎을 구할 재간이
없기 때문이다. 토종 제주도 사람 박경훈 화백의 말이다. "우리 제주도만
의 독특한 맛을 내는 제피 잎 없는 자리물회는 사실 정통식이 아니지요.
엄밀하게 말하면 자리물회가 아니라 그저 그런 생선물회일 뿐입니다."

한때 구두미포구, 서래포구, 큰개머리, 배개포구 등 전통적인 포구에서
25척에 이르는 테우들이 국자같이 생긴 '국자사둘'로 자리를 잡았다. 자리
만으로도 충분히 생계가 유지되었다. 한 명이 수경으로 물밑을 감시하면
두 명이 그물을 드리워 조류에 떠 들어오는 자리를 잡았다. 배를 타지 않
고 갯바다밭의 '덕'에서 자리를 잡는 '덕자리사둘', 동그란 모양의 사둘을
도르래의 힘으로 드리우거나 올리며 잡는 가장 보편적인 어법이었던 '동
고락사둘'도 행해졌다. 똑같은 자리잡이인데도 조금만 동네를 벗어나면
어업기술이 달랐으니 예의 '오리부동'의 법칙에서 예외가 아니다.

GPS가 도입되면서 배도 발동선으로 바뀌었으니 전통 테우 자리잡이도 한 폭의 사진으로만 남은 셈이다. 관광용 테우와 자리잡이만이 남아 있거나 민속박물관 앞마당에 테우가 놓여 있을 뿐이다. "자리 삽서(사세요)."라고 외치며 마을길을 나다니던 아낙들의 외침소리도 더 이상 들을 수 없게 되었다. 전통어법은 사라졌으나 자리잡이의 경제적 이득은 여전히 높아서 지금도 보목의 살림살이를 살찌게 한다.

어떤 파도에도 끄떡없는 전천후 다목적 배

자리잡이에 쓰고 있는 테우는 본디 자리잡이에만 쓰였던 배는 아니다. 전천후, 다목적이었으니 해초 채취에도 요긴했다. 바다마을 사람들은 기름진 해초 없이는 푸석푸석한 화산토에서 농사를 지을 수가 없었다. 해초 채취에 테우가 더할 나위 없이 요긴했으니 해초를 그득 싣고 돌아오는 풍경 역시 화학비료에 떠밀려서 저 멀리 사라지고 말았다.

테우는 물마루호의 실험에서도 확인되었듯이 제주민의 해상교통에 절대적인 수단이었다. 탐라의 고대 대외교류도 테우에 의존하였다. 《삼국지》 동이전에 이르길, "배를 타고 왕래하면서 물건을 사고판다."고 하였으니, 테우를 이용한 교역이 일찍부터 이루어졌음을 알 수 있다. 지리학자이자 기자로서 1901년 한국을 여행했으며, 한라산 등반도 했던 독일인 지그프리트 겐테(S. Genthe)는 《제주도 탐험과 동해 중국에서의 표류》란 여행기에서, 테우의 위력을 이렇게 묘사하였다.

영접하기 위해 보낸 배는 이상한 배였다. 보트도 아니고, 카누나
속을 파낸 통나무도 아니었다. 뱃전이나 배의 구조라고는 찾아볼 수 없는

거대한 뗏목이었다. 거센 파도라는 어쩔 도리 없는 조건 때문에 적응법칙에 따라, 예컨대 동인도의 마드라스 해안의 파도 때문에 불가피하게 만들었던 것과 비슷하게, 기상천외의 물건이 만들어졌음이 이내 밝혀졌다. 거칠고 격렬하게 출렁이며 크고 육중하게 굴러오는 사나운 파도가 끊임없이 그 선박을 덮쳤다. 막힌 보트라면 금방 물이 가득 차서 뒤집힐 것 같았다.

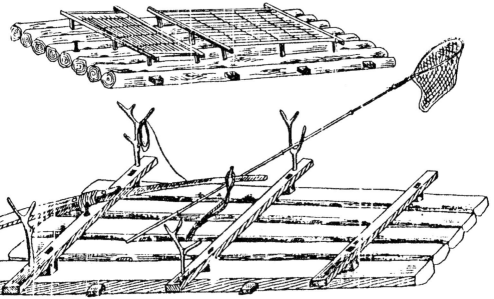

제주 테우(《일본지리풍속대계》, 1930년, 위)와 남해안 도서에 산재했던 벌선(筏船)(《한국수산지》, 1908, 아래).

전통적인 고기잡이 배 테우를 복원해 자리를 잡고 있는 제주도 보목포구. 해마다 자리돔 큰잔치를 연다. 포구 앞 섶섬은 자리가 많이 서식하는 '자리밭' 중 하나다(제지기오름에서 찍음).

　그러나 튼튼한 이음매의 큼직한 틈새가 있어서 부딪치는 파도의 위력을 무력하게 만드는 큼직한 통나무들로 엮어 만든 듬성듬성한 이 선대(船臺)는 어떤 경우에도 물이 차서 뒤집힐 리가 없었다. 강원도나 경상북도의 암초 많은 해변에서는 지금도 이 같은 배를 이용하여 미역 따기를 하고 있으며, 울릉도에서도 자주 발견된다. 일제시대의 기록을 보면 함경도 해변에서도 두루 쓰였으니 저 멀리 함경도에서 제주도에 이르기까지 드넓게 분포되었던 우리 배의 원형인 셈이다. 대마도에서도 발견되는 것으로 보아 선사 및 고대사회에서 대륙과의 교류에 쓰였음 직하다.

　제주도는 두말할 것도 없이 섬이다. 중요 물자는 배로 움직였다. 전통시대에 일주도로, 관통도로가 없었음은 당연한 일이다. 미국의 정치학자 브루스 커밍스(B. Cumings)도 《한국전쟁의 기원》에서 광복 당시의 빈약한 교통로를 이렇게 말했다.

"섬을 둘러싼 좁은 도로가 있었을 뿐이다. 1940년대 당시 제주시에서 섬을 횡단하여 서귀포로 가는 도로는 부설되지 않았다."

조선시대의 사정은 더욱 어려웠으리니 암초 많은 해변에서 테우만큼 안정적인 배가 또 있을까.

인간들도 제자리로 돌아갈 것을 가르치는 자리

테우는 사라졌어도 테우를 복원해서 끝내 이어가겠다는 마을이 있음은 일말의 위안이 된다. 신혼여행객도 태우고, 문화관광특구도 만들어 당찬 마을로 가꾸겠다는 결의에 가득 찬 것을 보니, 법고창신(法古創新)의 의연한 길을 모색하는 듯하여 감개무량하다. 비록 배는 낡고 덜 효율적이지만 전통을 살려서 미래의 바다로 가꾸어 나간다는 바다살림의 의지는 바로 문화적 종 다양성을 지키려는 안간힘이기도 하다.

해변가로 유별나게 솟구친 가파른 '제지기오름'에 오르니 보목포구가 한눈에 들어온다. 절대보호구역인 섶섬의 자연경관적 가치에 관해서는 무엇을 더 논하랴. 관광객에게는 눈요기에 불과한 섶섬이지만 자리돔에게는 대를 이어 살아가고 있는 '붙박이 자리'임을 애써 기록하고 돌아온다. 자신의 자리를 찾지 못하고 동분서주하면서 유목민의 삶을 살아가는 도시민, 그리고 오히려 '노마드(nomad)'로 세상의 진리를 온통 '유목적 삶'으로 재단하는 시대에 섶섬의 자리들은 인간들도 제 자리 찾아갈 것을 가르치는 것만 같다.

제주 모슬포 방어축제 :

칼바람을 녹이는
등푸른 방어 떼

쿠로시오에 묻어 들어온 남방 소식

　숙종조에 제주목사로 왔던 이형상(李衡祥)의 《탐라순력도(耽羅巡歷圖)》(1702~1703)에 나오는 모슬진(摹瑟鎭) 군대를 점검하는 그림인 〈모슬점부(摹瑟點簿)〉를 보면, 대정현에서 모슬진에 이르는 주변 지형이 잘 드러난다. 군사적 거점이었음을 알 수 있으며, 이는 오늘날도 마찬가지다. 반면에 오늘의 모슬포 전신인 모슬촌(摹瑟村)은 몇몇 집들이 모인 어촌이었던 것으로 그려지고 있다. 《한국수산지》 당시의 모슬포는 130여 호 인구가 모여 사는 대촌으로 바람막이가 좋아서 선단이 몰려 있고 당시 상업성이 그나마 좋은 멸치잡이를 주로 하면서 살고 있었다. 당시에도 가을부터 겨울까지 모슬포에서 가파도 사이에 방어어장이 대대적으로 형성된다고 하였다.

100여 년이 흐른 지금도 모슬포는 방어로 유명하다. 해마다 12월이면 제주도 서남단 모슬포항에서는 방어축제가 한창이다. 쿠로시오(黑潮) 난류를 따라서 올라온 방어들이 한 달여 동안 엄청나게 잡힌다. 방어는 봄부터 여름까지는 북쪽으로, 가을에서 겨울에는 남쪽으로 남북 회유를 거듭한다. 그래서 여름밤에 울릉도 사동포구에 나가보면 갯바위 방어낚시를 즐기는 이들을 심심찮게 만난다. 방어는 함경도까지도 진출한다. 5월부터 세력을 확장한 난류는 12월 정도에 세력이 약해진다. 방어는 그 난류에 묻혀 들어왔다가 12월이 지나면 일본 쪽으로 빠져서 태평양으로 나가버린다. 이때쯤 모슬포에 방어가 모습을 드러내는데 기름기가 올라 맛이 절정에 오를 때다.

국립수산과학원 양용수 박사는 "남해안은 물론이고 동해안으로도 쿠로시오 난류가 치고 올라오기 때문에 동해 방어도 있지요. 모두 쿠로시오 문화권입니다."라고 한다. 사실 쿠로시오 난류니 대마 난류니 하는 학술용어들은 모두 일본이 국제학회에 보고하여 인정받은 명칭들이니 우리의 대응은 늦어도 한참 늦은 셈이다. 쿠로시오는 그렇더라도 쓰시마 난류(對馬暖流)만큼은 동한난류(東韓暖流) 정도로 고쳐 쓸 일이다.

쿠로시오 원류는 북적도(北赤道) 해류다. 대만 동측에서 오키나와 제도, 아마미(奄美) 제도로 북상하여 가고시마(鹿兒島) 아래에서 동한난류와 갈라진다. 아랫가닥은 동측으로 향하여 시코쿠(四國)로 향하며, 윗가닥은 제주도와 남해안은 물론이고 서해·동해에도 영향을 미친다. 온난하며 습기를 머금은 이들 쿠로시오야말로 남방으로부터의 온갖 문명교류의 루트이자 배를 떠밀어내는 동력의 근원이었다. 여름에는 고온다습하고 겨울은

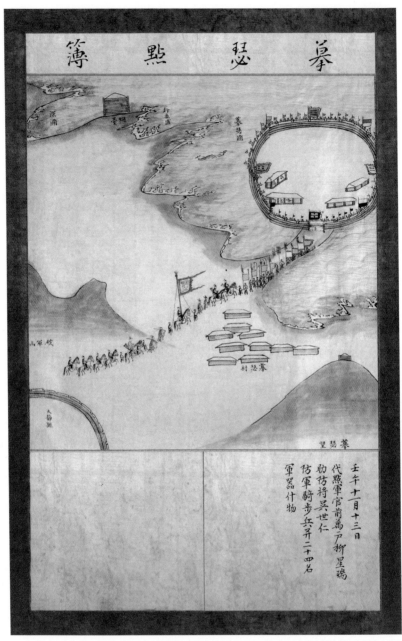

〈모슬점부〉. 1702년(숙종 28) 11월 13일에 순력(巡歷)한 모슬진 군대의 점검도. 이형상 제주목사가 직접 점검하지 않고, 군관 인 전만호(前萬戶) 유성서(柳星瑞)를 대신 보내어 점검을 행하였다. 대정현성에서 모슬진에 이르는 주변 지형을 잘 보여주고 있을 뿐만 아니라, 무수연대(茂首煙臺 : 동으로 산방에 응하고, 서로 서림연대에 응함)와 모슬봉수(摹瑟烽燧 : 남으로 저별봉 수, 서로 당산봉수에 응함)의 위치, 모슬촌의 민가가 표기되어 있다(《탐라순력도》, 1703년, 제주시청 소장).

건조한 아열대성 바람을 몰고 오고 태풍을 동반한다. 그러한 쿠로시오 난류에 묻어 들어온 녀석이 방어 떼이니, 엄동설한에도 남방의 따스한 소식을 전하는 물고기다.

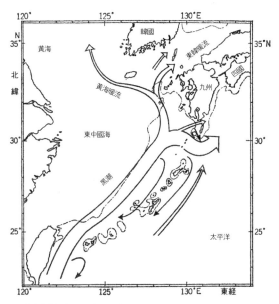

온난하며 습기를 머금은 쿠로시오 해류야말로 남방으로부터의 온갖 문명 교류의 루트이자 배를 떠밀어내는 동력의 근원이었다.

바다로 나간다. 맑고 푸르다. 겨울바다는 여름바다의 끈적거림이 없다. 단호하고 매섭고 분명하며 확실한 선을 긋는다. 그래서 바다의 진실을 알려는 이들은 여름보다는 겨울바다를 사랑한다. 물론 춥다. 모슬포는 좀처럼 영하권으로 떨어지는 경우가 드물지만 칼바람이 불어오면 체감온도가 육지와 다를 바 없다. 그 12월에 방어축제가 열리는 것이다. 이 무렵 모슬포수협 관내인 대정읍 상모·하모·가파·동일·일과·무릉·신도·영낙리, 안덕면 대평·화순·사계리 사람들은 가건물을 대여받아 마을 단위로 방어 횟집을 연다. 찬바람이 몰아치는 가운데 바다는 방어들의 열기로 끓어오르고 수십만 인파가 모여 성시를 이룬다. 가히 제주도 최대의 해산물 축제답다.

방어는 동해는 물론이고 남해안, 추자도, 관탈도 근해에서도 많이 잡힌다. 그러나 마라도 근역에서 잡히는 방어를 높게 친다. 시속 6킬로미터의 빠른 해류에 견디느라 운동량이 많아 육질이 단단하다. 마라도, 가파도 같은 섬이 방파제 구실을 해 방어들이 잠시 쉴 만한 곳이기도 하다. 해역이

용암 암반층이어서 방어의 몸 단련에는 그만이다.

국립수산과학원의 이윤 연구관은, "마라도, 가파도가 있는 주변 해역은 먹이사슬이 깨지지 않은 청정해역이라 방어들이 몰려드는 것"이라고 분석했다. 모슬포 방어지만 실상 마라도나 가파도 방어라고 해도 틀린 말은 아니다. 어장 형성이 주로 그곳에서 이뤄지기 때문이다. 게다가 가파도 사람들 절반 이상이 모슬포항으로 나와 살기 때문에 한 동네로 인정된다.

객객헌 바닷물 맛이 세상 사는 맛이랭

모슬포에서는 방어, 부시리, 멸치, 참돔, 뱅에돔, 벤자리, 돌돔, 고등어, 삼치, 가다랑어 등을 잡는다. 방어잡이는 11월부터 12월까지 약 두 달간 계속된나. 소(小)방어는 30센티미터 미만, 중(中)방어는 60센티미터 정도에 2~2.5킬로그램, 대(大)방어는 1미터 이상 되는 크기다. 남방어류답게 부쩍부쩍 자라 2년생이면 중방어로 손색이 없다. 일반 소비자들에게는 중방어가 안성맞춤이다.

방어도 지역마다 이름이 다르다. 무태방어 · 마래미(함남), 마르미 · 떡마르미 · 방치마르미(강원), 사배기(경북) 등이다. 그런데 도시민들은 방어와 부시리를 종종 혼동한다. 부시리 큰 놈은 1미터를 훌쩍 넘는데 살갗이 방어보다 희다. 강충범 서귀포 수중환경연합회장은 "제주도 사람은 사실 '히라스(잿방어)'를 선호한다."고 말한다. 방어가 기름기 많고 물컹한 반면 잿방어는 담백하고 쫄깃하기 때문이다. 잿방어는 물경 1.9미터 전후까지 성장하는 대형 어종으로 무리를 이루며 남제주 연안을 회유한다. 서귀포의 수중 다이버들은 고등어, 전갱이, 멸치 무리를 공격하는 잿방어를 종종 목격하곤 한다.

방어는 대중적인 횟감이다. 저렴한 가격에 등푸른 생선의 진수를 만끽할 수 있으니 성장기 어린이나 청소년은 물론이고 산모들의 건강을 위해서도 권할 만하다. 나이아신 같은 비타민, 함황 아미노산인 타우린, 고도 불포화지방산인 EPA 및 DHA 등이 건강 기능성을 부여하는 의미 있는 수산물이다. 등푸른 생선의 전형으로 혈액순환을 돕고 철분도 풍부하다. 고혈압이나 동맥경화 등의 심혈관계 질환이 있는 사람들은 방어를 부지런히 먹어둘 일이다.

축제 기간 내내 일본인들이 대거 몰려와 지역경제에도 도움을 준다. 방어 횟집에서 만난 일본인 관광객은 방어를 먹으면서 싱싱하고 싼 가격에 그야말로 입을 다물지 못했다. "비행기 삯을 빼고도 남겠다."며 야단들이다. 방어는 영어로 'yellowtail' 또는 'Japanese amberjack'이라고 한다. 그만큼 일본의 식생활문화에서 방어가 중요하다는 뜻이다.

모슬포에서 방어잡이를 하는 배는 모두 248척이며 대부분 3~5톤급이다. 축제 부위원장을 맡고 있는 나성무(54세) 모슬포 어선주협회장은 "윗대 어른들부터 해오던 방식 그대로 잡고 있다."고 전했다. 그 방어잡이의 핵심은 미끼다. 자리돔을 먹고 살기 때문에 출어 전에 자리들망으로 살아 있는 자리돔을 두둑히 잡아둬야 한다. 외줄낚시로 낚싯줄에 바늘을 한 개만 매단다. 방어는 '중물(中層)고기'로 예전에 방어가 흔하던 시절에는 물 위에서도 방어 떼가 보였다.

"어군탐지기가 등장하기 전에는 선장 역할이 중요했지요. 주로 선장의 노련한 감으로 잡았으니까요."

이때 선장들은 '물표가늠'을 썼다. 먼 산과 가까운 산 등을 연결하여 자신의 위치를 삼각구도로 알아내 고기를 잡아 올리곤 했다. 선장마다 자신의 기호도에 따라서 정하기 때문에 가늠은 제각각이다. 어민들이 바다에 나가 자신의 배가 떠 있는 정확한 위치를 알아내서 고기가 많이 드는 장소로 이동하는 가늠법은 지난날 어민들이 창조해낸 민속지식의 대표격이었지만 이제는 GPS 등에 밀리고 말았다.

옛 선장들은 늘 두 사람 몫을 받았다. 배에는 보통 8~13명이 타는데 잡은 고기를 분배할 때는 여기에 일곱 사람 몫을 더하여 15~20명 몫으로 나눈다. 가령 10명이 탔다면 17명의 몫을 만들어 10명이 각각 한 몫씩 가져가고, 선장은 2명 몫, 기관장은 1.5명 몫, 나머지는 선주가 갖는 식이다. 선장은 아무나 못했다. 기상 여건 판단도 중요하고 어장 경험이 풍부해야 했다. 지금은 너나없이 어군탐지기를 사용해 이런 모습을 보기 어렵다. '인간의 감'으로 잡는 어업에서 전자장비로 넘어왔으니 사실상 인간적인 어법은 종말을 고한 셈이다. 나 회장은 "짠 바닷물 맛이 세상 사는 맛"이라는 푸념을 늘어놓으며 이를 "객객헌 바닷물 맛이 세상 사는 맛이랭."이라며 남제주 토속어로 번역해주었다.

형편없는 가격에 어민들 울상

아무리 싱싱한 미끼를 들이밀어도 방어는 기분이 좋아야 문다고 한다.

"낚시를 넣는 대로 잡히면 고기 씨가 마르고 말지요."

탐지기로 움직임이 낱낱이 포착되는 현실이지만 방어의 기분에 따라 어획량이 크게 달라질 수 있다는 말이다. GPS를 이동전화에 빗댄다면 누군가 은밀한 사생활을 엿듣는 것에 비교될까. 문득 '물고기의 사생활'이란 용어가 떠오르는 것은 왜일까. 첨단 정보통신기기의 발달로 광활한 바다의 물고기들이 이제 연못의 물고기들에 다가오는 재앙처럼 지어지앙(池魚之殃)의 운명을 면할 수 없게 되었다. 하여간 우리들 시대는 정보가 너무 많고, 잡아들이는 속도와 양도 너무 빠르고 크다.

방어잡이 배들은 보통 아침 5~6시에 출항하여 오후 5시에서 8시 사이에 귀항한다. 힘들여 잡아와도 판로가 문제다. 그래서 4년여 전부터 모슬포 청년들이 주축이 되어 지역 살리기 운동의 하나로 이 축제를 시작했다. 지금은 대정읍 개발협회가 주동이 되어 추진하고, 도와 시, 수협에서 지원금도 나온다. 2004년에만 1억 8천만 원의 예산을 집행했다. 2003년 기준 25만 명의 관광객이 찾아들었는데, 그 중 외지인이 20만 명이 넘는다. 낮에는 한산하지만 땅거미가 질 무렵부터 관광 일정을 끝낸 인파가 몰려든다. 각 단위어촌계에서 운영하는 가게마다 축제 기간에 통산 2천만~3천만 원 정도의 수입을 올린다.

문제는 형편없는 방어 값이다. 한 마리에 2~3킬로그램 나가는 것이 고작 2만 원 선에 거래된다. 이전에는 노량진 수산시장에 들어오는 방어의 60퍼센트가 모슬포산이었다. 그러나 싼 수입산이 쏟아져 들어오면서 값이 폭락했다. 동해에서도 방어가 나기 때문에 제주도 방어의 판로에 적신호가 켜졌다. 그래서 '살려고 발버둥치는 축제'로 열리게 됐다는 귀띔이다. 2004년부터는 축제 기간도 3일에서 5일로 늘

해마다 12월이면 제주 모슬포 바다는 방어들의 내습으로 들끓는다. 작게는 30센티미터에서 1미터가 넘는 것까지 다양한 크기의 방어(맨 아래)는 살갗이 흰 부시리(맨 위), '히라스'라고 불리는 잿방어(가운데)와 달리 붉은 살이 기름지고 부드러워 우리보다 일본인들이 더 즐겼다.

려 잡았다.

방어는 얼음에 재워서 비행기로 운송한다. 문제는 이래 봐야 물류비도 안 나온다는 데 있다. 등푸른 생선 방어가 건강에 좋은 것은 두말할 나위도 없다. 통통한 몸매에 품격 있게 유영하며 푸른빛과 은빛을 조화시켜 보기만 해도 입맛을 돋운다. 그래서 일반인의 선호도가 높은 어종이다. 그러나 횟집에서 방어의 사촌격인 '히라스'로 초밥을 만들어내도 일반인은 구분하지 못한다. 한마디로 생선에 관한 일반인의 무지를 악이용해 대충 싸구려 수입어로 만든 초

첨단 어군탐지기가 등장하면서 어획량은 크게 늘었지만 모슬포 일대에는 아직도 뱃전에서 낚시하는 전통어법을 고수하는 어민들이 많다.

밥을 '앵긴다'는 설명이다. FTA협상이 타결되면 일본의 고품질 양식어류까지 밀려들 전망이다. 지금이야 관세율로 방어막을 치고 있지만 앞으로의 대책이 막연하다. 정부, 어민, 소비자 모두가 심각하게 고민해야 할 대목이다.

2004년 태풍 때, 모슬포 어민들은 배들이 차라리 '부서져' 없어지기를 기원했다고 한다. 배를 감축해야 하는데 인위적으로는 어려우므로 차라리 자연의 힘으로 '왕창 부수어버리면' 남은 배들이나마 살게 될 것이란 서글픈 현실인식에서다. 한마디로 한국 연안에는 배가 너무 많다. 모든 배들이 어군탐지기를 매달아 바다 밑을 샅샅이 훑고 있으니 종자가 남아 있기 어렵다. 무한정 배를 늘리고, '싹쓸이'로 잡아들이게 한 정책이 빚은 비극이 아닐 수 없다.

수십만 인파 모여드는 제주도 최대 축제

방어회를 한 접시 시켰다. 살이 붉다. 히로시마 대학에서 수산학을 전공한 국립수산과학원의 정달상 박사는 "흰살 생선을 선호하는 우리와 달리 일본인은 붉은살 생선을 더 좋아한다."고 설명한다. 삼치와 방어가 일본인의 절대적 사랑을 받는 이유가 여기에 있다.

그런데 한국인의 입맛은 정반대다. 한국인들은 광어·우럭 등 '팍팍 씹히는' 맛이 도는 흰살 생선을 선호하는 반면, 방어·고등어 같은 등푸른 생선의 '흐물흐물한' 맛이 도는 붉은살 생선은 '별로'다. 우리가 높게 치는 흰살 생선 넙치(광어)는 일본인에게 인기가 별로 없다. 민족마다 생선 선호도가 이렇게 다르다. 그러하니 방어 값이 눅을 수밖에 없다. 어민들은 울상이고 일본인 관광객은 값이 너무 싸서 비명을 지르는 사연이 여기에 있다.

이 같은 취향에는 역사적인 배경도 있다. 수산물 유통이 어려웠던 시절에는 염장, 건조물이 주종을 이루었는데, 방어처럼 싱싱하면서도 염장·건조가 마땅하지 않은 생선들은 바닷가 사람이 아니고서는 범접하기 어려웠다. 어릴 적에 먹어보지 않던 생선이니 나이 들어서도 젓가락이 가질 않는 것이다.

회는 물론 '샤브샤브'로도 먹는 맛이 일품인 방어는 구이도 색다른 풍미를 보여준다. 주로 머리 부분을 굽는데 살집이 넉넉하고 싱싱해 소주에 곁들이면 그만이다. 이밖에도 매운탕, 맑은탕, 조림에 최근에는 '생선가스' 메뉴까지 개발되는 등 식도락의 지평을 넓히고 있다.

그러나 세상이 달라졌다. 물류 유통이 안전, 신속하게 이루어지는 시대인지라 광화문 네거리에서도 갓 잡은 고등어를 공수하여 생선회로 먹을 수 있게 되었다. 건강·장수식품으로서 명망성과 확실성이 보장된 등푸른 생선을 어린아이들에게도 널리 먹게 하기 위해서는 기존 식탁의 보수성을 걷어치워야 할 것이다. 등푸른 생선이 횟감이 될 수도 있다는 생각을 하지 못했던 사람들이 제주도에서 방어나 고등어회를 먹고, 또는 동해안에서 평소에는 비린내 진동하는 꽁치로 싱싱한 횟감을 떠서 먹고 나면 생각이 바뀌고 만다. 등푸른 생선 방어의 저력은 이처럼 식탁의 변화에서부터 시작된 것이다.

평소에 자주 먹는 방어가 아닌만큼 방어 조리법 몇 가지를 소개해볼 만하다. 방어 역시 조리법이 다양하다. 우선 뜨거운 물에 방어를 살짝 익혀 껍질을 먹는 방법이 있다. 껍질이 질겨서 약간 데친 뒤 먹는 식이다. '샤브샤브'로도 먹는데 맛이 그만이다. 방어구이 맛도 색다르다. 머리 부분을 먹어보니 '볼따구' 주변이 한결 맛있다. 토막 낸 방어를 센 불의 석쇠에 올려놓고 자주 양념을 바르노라면 붉게 윤이 흐르면서 생선 표면이 굳어져 부풀어오르듯 구워진다. 탕은 미역이나 무를 넣고 끓이는데 매운탕, 맑은탕 모두 시원하다. 방어조림은 고등어조림과 흡사하다. 음식점 메뉴로 진출하지는 못했지만 '방어 생선가스'도 그만이다. 살집이 풍부해서 '생선가스'로도 이점이 많다. 아직도 우리 해산물 요리는 개발의 여지가 많다는 증거다.

방어축제에서는 방어만 뜨는 것이 아니다. 천여 명에 이르는(실제 활동하는 사람은 250여 명) 잠녀들의 물질 경주도 볼 만하다. 물질 경기에 나선 잠녀들에게는 자전거가 한 대씩 주어졌다. 모슬포 아줌마들의 응원이 매운 바닷바람을 녹이고 있었다. 이래저래 방어축제는 겨울을 녹이는 한 편의 드라마 같다. 이재수 항쟁을 비롯, 제주도의 한을 안고 흐르는 옛 대정현 (大靜縣)인 이곳 모슬포항에는 백만 대군의 행진처럼 푸른 등의 갑옷을 입은 방어들이 질주하며 바다를 온통 들썩이게 한다. 지금 모슬포로 달려가 그 푸름에 취해보자.

물질로 기른 탐라 여성의 강인한 힘

'해녀'가 아니라 '잠수(潛嫂)'다

단일 마을로는 108명으로 '잠수'가 가장 많은 서귀포 법환리의 조계화 (65세) 잠수회장은 "어릴 적에도 해녀보다는 잠수라는 말을 더 많이 썼다."고 증언한다. 일본에서 건너온 '해녀'라는 용어가 지배하고 있으나, 역사민속적으로는 '확실히' 잠수가 맞다. 즉, '해녀'가 아니라 잠녀(潛女), 혹은 잠수(潛嫂)다. 전복 따는 사람을 낮잡아 부를 때는 '비바리'라는 비어(卑語)도 썼다.

잠녀라는 첫 번째 공식기록은 1630년경 제주도를 다녀간 이건(李健)의 《제주풍토기(濟州風土記)》다. "바다에서 미역을 캐는 여자"이면서 "부수적으로 생복을 잡아서 관아에 바치는 역을 담당하는 자"로 묘사된다.

17세기 전반만 해도 전복을 따서 관아에 바치는 일은 여자만의 의무가 아니었다. 해물을 진상하는 역을 맡았던 남자들인 포작(鮑作, 浦作)들이 줄어들자 여성들에게 그 의무가 전가되었던 것이다. 즉, 관아의 엄청난 수탈을 견디다 못한 제주의 남자들이 육지로 도망쳐서 바다를 떠돌며 해물 채취로 생계를 유지하였으니 육지 사람들은 그네들을 기괴스럽게 여겨서 두무악(頭無惡)이란 호칭으로 불렀다.

'나잠(裸潛)'이라는 말이 보인다. 나잠은 남녀를 포함한다. 예부터 잠수는 여성 전업은 아니어서 남자들도 물에 뛰어들었기 때문이다. 가거도 같은 오지에도 남자 잠수가 많았으며, 요마적에는 동해안에도 남자 잠수가 늘고 있다. 이런 사정인데도 일제강점기 이래로 '해녀'라는 말이 두루 쓰인다. 하지만 역사적으로 해남(海男)이 엄연히 존재하는 이상 해녀가 모든 잠수의 대표 명칭은 될 수 없다. 교과서부터 고칠 일이다. 그래서 이 책에서는 '의도적'으로 잠수란 명칭을 쓰고자 한다.

덧붙여, 제주도에 여성들이 많은 것을 빗대어 미화시키는 경우가 많은데, 그게 그렇듯 미화의 대상일까. 포작에 가해지는 수탈을 피하여 육지로 나간 제주 남자들이 1만여 명에 이르렀으니 군역과 진상역을 담당하는 남정(男丁)의 인구 유출이 심각한 지경이었다. 16세기 후반에 이르자 남소여다(男少女多)의 성비 불균형이 만연한다. "제주도 남자는 배가 침몰하여 돌아오지 아니하는 사람이 한 해에 100여 인이나 된다. 그 때문에 여자는 많고 남자는 적어 시골거리에 사는 여자들이 남편 있는 사람이 적다."는 기록이 있다(《남명소승(南溟小乘)》, 선조 11년 2월 16일). 홀로 남은 과부들에게까지 포작의 의무를 덤터기 씌워 추운 겨울에 벌거벗고 물질하러 나가야 했던 슬픈 역사를 어찌 한가롭게 서술할 수 있으랴. 잠녀라는 여성직업인의 명칭 안에는 이 같은 수탈의 역사가 잠복되어 있다.

우는 아기 구덕에 실어두고 바다로

그 천대받던 잠수가 '뜨고' 있다. 고려 공민왕 시절 최영 장군이 몽골의 목호들을 토벌한 마지막 격전지 법환리를 찾아드니 문화관광부에서 아예 역사문화마을로 지정했다는 입간판까지 서 있다. 이곳에서는 잠수축제도 열린다. 그러나 잠수로 먹고살려는 이들이 급격히 줄어들고 있다. 어리석게도 '잠녀잡녀(潛女雜女)'라고 경멸했던 전근대적 풍조가 잔존하는 데다 같은 제주도에서도 반가(班家)를 표방하는 이들은 물일을 피했다. 험한 물일을 하면서 잠수하는 이들도 여자다. 늘 소금물에 몸을 담그니 아무리 가꾼들 피부가 어찌 거칠지 않으랴. 요즈음 젊은 여성에게 매일 소금물에 몸을 담그라면, 아마 억만금을 줘도 마다하리라. 조선 정종 때 신광수(申光洙)는 《석북집(石北集)》에서 잠수 광경을 이렇게 생생하게 묘사했다.

> 홀연히 물살 당기며 이리저리 타고 노니
> 헤엄 배운 오리가 물 속에 자맥질하는 듯
> 다만 바가지만 물 위에 둥둥 떴도다
> 문득 푸른 물결로 솟구쳐서
> 급히 허리에 맨 바가지끈을 끌어올리고
> 일시에 긴 파람으로 숨을 토해내니

그 소리 비장하게 움직여서 수궁 깊이 스민다

인생에 일을 하되 하필이면 이 일인가

그대는 다만 利를 탐내 죽음도 무릅쓰는가

세종 때 기건(奇虔) 목사는 눈보라가 하늬바람에 얹혀 매섭게 휘몰아치던 날, 순력(巡歷)에 나섰다. 그런데 엄동설한에 발가벗은 여인들이 무리지어 바다로 뛰어드는 것이 아닌가. 목사는 질려버렸고, 그 뒤부터 염치지심(廉恥之心)이 용납하지 않아 그네들 손으로 잡아 올리는 전복이나 소라 따위를 일절 먹지 않았다는 일화가 전해진다. 조선 후기 순조 25년 11월에 우의정 심상규는 다음과 같은 글을 올리고 있다(《순조실록》 27권).

한겨울에 전복을 캐고 한추위에 미역을 채취하느라 남자와 부녀자가 발가벗고 바다 밑으로 들어가 떨면서 물결에 휩싸여 죽지 않는 것만도 참으로 요행이며, 해안에 불을 피워놓고 바다에서 나오면 몸을 구워 피부가 터지고 주름져서 귀신처럼 추한데 겨우 몇 개의 전복을 따고 어렵게 몇 줌의 미역을 따지만 그 값으로는 입에 풀칠을 하면서 살아갈 수가 없습니다.

일반 어촌의 삶이 극도로 피폐해져 유리걸식하는 상태가 되어갔는데 물질하는 이들의 고통은 더욱 극심했음을 상세하게 보여준다. 지금이야 어느 정도 보온이 되는 잠수복을 입지만 예전에는 그 추운 겨울에도 반나체로 뛰어들

제주도 어느 곳에서나 마주치는 제주의 상징물(우도, 검모래바닷가).

1, 2 일본의 해녀(千葉·御宿, 1931~1964, 岩瀬禎之 찍음).
3 불턱 주변에서 휴식을 취하는 제주도의 잠수들(1950년대).
4 옷을 벗은 제주 잠수, 이런 경우는 매우 드물다(1913년, 유리원판, 국립중앙박물관 소장).

었던 것이다. 수탈을 하면서도 정작 '잠녀·잡녀'라고 경멸하는 풍조가 만연했던 당대에 이른바 '뼈대 있는' 자들은 중산간 지대에 모여 살면서 잠녀들을 업신여겼다. 옷감이 귀한 터에 평상복도 제대로 마련하지 못하는 실정에서 바닷물에 빨리 손상되는 물옷을 따로 마련할 생활의 여유도 없었을 것이다. 물론 모두 벗은 알몸은 아니었을 것이며 '소중이(제주도 특유의 여자용 팬티)'만은 챙겨입었다. 물소중이, 즉 수중작업복은 제주목사 이형상이 고안했다는 견해도 있으며(《瓶窩年譜》), 이를 인정한다 해도 그 역사는 300여 년에 불과하다. 차가운 바닷물에 보통 고생이 아니었을 것이다.

오늘날의 소설에도 그대로 반영되어 있으니, 제주도 출신 현기영의 소설 《변방에 우짖는 새》(1983)에서도, "해촌의 포작 진상은 수량이 월등히 많아 일 년 열두 달 바다 속 열명길을 들락날락 자맥질하여야 했다. 노적가리만큼 큼직큼직한 진상꾸러미를 만들어 전복·미역·청각·우뭇가사리·산호·대모 외에 해중 귀물인 진주와 앵무조개 진상은 나중에 면제되었지만 그 대신 전복의 수량이 엄청 불어났으니 포작인의 고역은 말이 아니었다. 남정네 근력만으로는

도저히 감당할 수 없어서 마누라와 딸자식까지 벌거벗겨 물질을 시키건
만……"이라며 잠수 수탈의 역사를 고발하고 있다. 잠수는 여자만이 했
을 것이라는 착각을 깨주고 있으니, 남녀노소를 가리지 않고 물로 뛰어
들지 않을 수 없던 정황을 설명해준다.

바다가 집이요, 배 밑창이 칠성판

법환리에서도 예전에는 16~17세가 되면 물질에 나섰다. 꼬마들은 연
습 삼아서 얕은 '갓(물가)'에서 보말을 잡거나 우뭇가사리를 뜯었다. 같이
배운 물질이지만 능력이 모두 같을 수는 없다. 헤엄 잘 치고, 채취 잘
하고, 신체 건강한 여자를 '상군'이라고 하고 그 밑으로 '중군'과 '하군'이 층을 이루고 있다. 상군과 하군의 격차는 생각보다 커서 "내려갈 땐 한빗, 올라올 땐 천칭 만칭 구만칭"이란 속담까지 생겨나기도 했다.

태왁과 비창(《한국수산지》, 1908).

범섬 주변은 배를 타고 나가 물질을 하고, '갓'에서는 헤엄치면서 채취한다. 주로 전복, 소라, 오분작, 보말, 성게, 해삼, 톳, 감태, 갈래곰보, 우뭇가사리 등을 채취하는데, 역시나 해중보물은 전복이다. 봄이 오면 해경(解警), 혹은

허채(許採)라 하여 금지했던 작업이 일제히 풀린다. 미역은 2~3월에 베어내며, 봄철이 지나면 녹음이 짙어 뻣뻣해지므로 식용이 불가능하다. 감태는 여름철에 종괴호미로 베어내 거름으로 쓰는데, 이 거름을 한 번 뿌리면 3년은 비료를 주지 않아도 될 정도로 땅이 걸어진다.

그런데 환경이 변하면서 전복은 눈을 씻어도 찾아보기 어렵다. 수십 년을 살아 날카로운 돌기가 떨어져 나간 탓에 '둥구쟁이'라고 불리는 소라도 찾아볼 수 없다. 1990년대 말부터 문섬 바다에도 백화현상이 생기면서 해초들이 대거 사라지고 말았다. 바다가 하얗게 변하는 '갯녹음'이 시작된 것이다. 해양 생물들에게는 오늘의 현실이 눈썹이 타들어가는 초미지급(焦眉之急)인 셈이다.

법환리 잠수들은 한 달에 10~12일 정도 물질을 나간다. 물질은 물때에 맞춰 시작되는데, 법환리 속담에 "물싼 때랑 나비잠자당 물들어사 돔바리 잡는다."란 말이 있다. 썰물 때는 그럭저럭 지내다가 밀물 때 바다에 뛰어들어 일을 한다는 뜻이다. 특히 물이 움직이지 않는 한 조금 때는 물질을 피한다. 여기에다 파도까지 치면 더욱 힘들다. 보통 2미터의 파도라도 이런 날에는 두 배, 즉 수심 4미터까지 영향이 미친다. 너

가사노동에다 물질까지 해서 어렵사리 번 돈으로 밭도 사고 자녀들 대학까지 공부시킨다. 그야말로 '언더우먼'이다.

바다 속에서 미역을 채취해 올라오는 제주 잠수(수중세계 이선명 제공).

울이 심하면 전복이 눈앞에 있어도 울렁거려서 잡을 수가 없다.

　이들에게 가장 큰 고민은 역시 잠수병이다. 머리가 한 번 아프기 시작하면 뇌신이나 감기약 같은 것을 무턱대고 먹는다. 잠수 복지정책이라며 이곳 종합병원에서 특수진료를 시작했지만 언감생심 완치는 꿈도 못 꾼다. 연간 수입이 얼마나 되느냐고 물었다.

　"천차만별이지요. 수천만 원에서 수백만 원, 지금도 상군 잠수가 일본에 나가서 석 달만 뛰면 천만 원은 거뜬하지요."

　그야말로 '언더우먼'이다. 가사노동에다 물질까지 해서 어렵사리 번 돈으로 밭도 사고 자녀들 대학까지 공부시킨다. 이곳에서 자란 저명인사 중 잠수 어머니의 손길로 키워낸 사람들이 많다. 김계담 서귀포 문화원장이 농담 삼아 거든다. "그뿐인가. 남편 술값도 보태지."

물옷을 입는다고는 해도 맨살이나 다름없는 벌거벗은 몸으로 물질을 하다 보면 물고기가 나타나 살을 뜯어먹는다거나 심지어는 상어 떼가 몰려오는 경우도 간혹 있다. 전복을 캐려고 빗창을 전복 사이에 찔렀는데 불행하게도 손에 감은 빗창 끈이 전복 사이에서 빠지지 않아 숨이 막혀 목숨을 잃는 경우도 있다. 이렇듯 위험이 뒤따르지만 물질하지 않고서는 살 수가 없었던 것이다. 잠수일에는 죽음의 위협이 늘 도사리고 있다.

혼백상자 등에다 지고

가슴 앞에 두렁박 차고

한 손에 비창을 쥐고

한 손에 호미를 쥐고

한 길 두 길 깊은 물 속

허위적허위적 들어간다

혼백상자란 무엇인가. 글자 그대로 죽은 사람의 영혼을 모시는 상을 말한다. 살아생전과 마찬가지로 3년 동안 하루 세 끼의 정성을 그대로 올리게 된다. 육지에서는 상식이라고 부르는 것인데, 바로 그 상을 지고서 물속으로 뛰어듦은 죽음을 안고서 뛰어든다는 말이다. 그래서 제주도 굿에서는 '방광침'이라고 하여 물질이나 고기잡이 나갔다가 바다에서 죽은 영혼들에게 술을 대접해서 위로하고 바다를 차지한 용왕신에게 이 영혼들을 좋은 세계로 인도해주도록 기원하는 제차 따위가 지금도 행해지고 있다. 죽은 자를 위하는 진혼의례의 압권은 아무래도 '영게울림'일 것이다. 심방이 마치 죽은 자가 직접 말하는 것과 같은 어조로 울면서 말을 한다. 그러면 유족들은 슬픔에 차서 오열을 쏟지 않을 수 없고 굿판은 글자 그대로 울음판이 되고 만다. 바닷일에 목숨 부지하고 살던 그녀들에게 굿판은 유달리 의미가 크다고 하겠다.

잠수들이 숨 죽이고 잠수하는 시간을 '물숨'이라고 하거니와 물속에서의 숨이란 얼마나 숨막히는 것인가. 호흡을 참다가 잠깐 해면으로 올라왔을 때 한동안 참았던 숨이 터지면서 '호잇-' 하는 소리가 저절로 나오니 이를 숨비기소리(혹은 숨비소리)라 부른다. 이 소리는 살아 있다는 생명의 증거이기도 하니 검푸른 바다에서 숨비기소리가 낮게 울려 퍼짐은 바로 생명의 합창 그 자체인 셈이다.

러 · 일 · 중으로 진출한 잠수들

잠수의 행동반경이 제주 바다에만 국한된 것은 아니었다. 부산, 울릉도, 독도, 흑산도 등지로 나가는 이가 많았고, 심지어는 중국이나 러시아, 일본 등 동북아시아 전역으로 '출가'하였다. 봄이면 객지로 떠나 반년여를 물질만 하다가 가을이면 돌아오는 원정 잠수도 있었다. 심지어 며칠씩 배를 저어 중국 칭다오(靑島)나 다롄(大連)까지 진출하기도 했다. 현지에서는 이들에 대한 착취가 비일비재해 "부산 영도 일대에서 (제주 잠수가) 짓밟혔다."는 식의 일제강점기 신문기사가 이를 잘 말해준다. 심지어 선금을 제대로 못 갚으면 현지에서 볼모로 잡혀 불귀의 객이 되기도 했다.

이들은 한 끼 밥값이라도 아끼기 위해 좁쌀 따위의 양곡을 갖고 다녔으며, 근검절약으로 돈을 모았다. 아기 엄마들은 아이를 품에 안고 젖을 물리면서 물질을 다녔다. 우도의 신화적인 잠수였던 조완아는 황해도로 물질 나갔다가 뱃전에서 아기를 낳았다. 배에서 낳은 배선이, 항에서 낳은 축항동이, 길에서 낳은 길동이 등 자녀들의 이름을 보면 만삭의 잠수들이 출산 직전까지 물질을 했음을 알 수 있다. 그 애환을 지금의 우리가 어찌

법환리의 문섬으로 가는 잠수
들(1950년대, 홍정표 사진, 위)
물로 뛰어든 잠수들(1930년,
《일본지리풍속대계》 아래).

남쪽바다

다 알 것인가.

제주도 문섬. 이렇듯 검푸른 바다 밑에서 잠녀들의 처절한 삶이 이루어진다.

물질은 헤엄쳐 나가서 행하는 갓물질, 15~20명쯤이 함께 배를 타고 나가서 치르는 뱃물질이 있다. 가까운 '앞바르'를 벗어나 외국까지 가서 오로지 배에서 먹고 자면서 떠도는 '난바르'도 있었으니 그야말로 "바다가 집이요, 배 밑창이 칠성판"이란 노래가 실감 난다. 용궁을 다녀온 우도 만행이 할머니의 전설 같은 실화는 죽음이 늘 이들 곁에 있었음을 암시하는 사례다. 그렇게 억척같이 돈을 모아 살림을 키웠으니 '위대한 어머니, 장한 딸'이 아닐 수 없다.

그녀들은 독립운동사에서도 혁혁한 기록을 남겼다. 이야기는 일제강점기로 거슬러 올라간다. 잠수들의 권익옹호라는 미명 아래 어업조합이 발족하면서 많은 문제를 야기했다. 조합장을 도사(島司)가 겸임한 탓에 제주도 내에서 잠수의 권익은 애당초 고려되지 않았다.

1931년, 구좌면 일대 잠수들이 9개 조항의 진정서를 도사에게 제출했으나 아무런 반응이 없었다. 이들의 불만은 1932년 1월 24일 세화리 잠수사건으로 폭발하고 만다. 하도리의 부춘화(夫春花, 당시 22세)라는 여성의 지휘하에 천여 명이 세화리 주재소 앞에 모여든다.

당시 인구로 볼 때 천 명은 보통 숫자가 아니다. 그만큼 세화리, 오조리, 성산리 등 제주도 북동부권은 제주도 잠수의 본향에 가까운 곳으로 잠수들이 많이 살았다. 마침 도사가 이곳을 지나간다는 소식에 양손에 비창, 호미 등을 들고, 머리에 흰 물수건을 동여맨 채 행진가를 높이 부르면서 거리에 운집하였다. 도로를 가로막고 항의를 시작하였으나 도사는 아무런 해결책도 제시하지 않고 자리를 피하려 했다. 분노의 불길은 더욱 높아져 급기야 관용차를 대파했으며, 결국 긴급 출동한 경찰과 충돌하기에 이른다. 그 장거(壯擧)는 지금까지 잠수의 역사로 길이 남았거니와 당시에 불리던 노랫말을 들어보자.

우리들은 제주도의 가엾은 잠녀
비참한 살림살이 세상이 안다
추운 날 무더운 날 비가 오는 날
저 바다 물결 위에 시달리는 몸
아침 일찍 집을 떠나 어두우면 돌아와
어린 아기 젖 멕이멍 저녁밥 진자
하루 종일 해봤으나 번 것이 없어
살자 하니 한숨으로 잠 못 이룬다

노령의 잠수들은 지금도 이 노래를 기억한다. 제주 여성의 강인한 힘은 이 같은 고통의 산물이리라. 최대 20여 미터 이상의 물속을 헤집는 잠수들의 노역은 인간의 한계를 뛰어넘는 것이니, 오죽하면 미 국무부에서 심해 공사와 해군력 증강을 위해 제주 잠수들을 연구하기까지 했을까. 잠수를 말하지 않고는 제주 바다의 삶에 관한 논의는 애당초 불가능하다. 제주민의 삶에서 잠수는 알파요, 오메가이기 때문이다.

근대의 불빛 우도등대 :

제국주의의 불빛, 그 누가 등대의 낭만을 말하는가

등대공동체를 생각하며

'근대'는 그림처럼 다가왔다. 그것이 '식민지 근대'였건 '제국주의 근대'였건 어김없이 왔다. 비행기가 없었던 시절, '문명'이라 이름 붙은 것들, 즉 박래품(舶來品)이란 명칭처럼 대개 해양을 통해 들어왔다. 19세기 말의 조선도 예외가 아니었다.

'제국의 바다'는 등대 건설로부터 시작됐다. 침략이었건 무역교류였건, 해저 지형에 익숙지 않은 외국 배가 들어오자면 등대는 필수 시설이었다. 이 땅의 등대는 그렇게 제국주의 뱃길을 인도하는 길라잡이로 태동했다. 어느 날 갑자기 포구 앞의 무인도에 일본인들이 높다란 기둥 건물을 세우자 사람들은 그것을 '등대'라고 부르며 수군댔다. 등대에 불이 점화되고 그렇게 100년의 시간이 흘렀다.

2004년, 인천 앞바다 팔미도등대에서는 뜻 깊은 '한국 등대 백주년 기념식'이 열렸다. 백주년 회년은 비단 팔미도에서만 그치지 않는다. 울기등대(1906), 시하도등대(1909), 죽변등대(1910), 어룡도등대(1910) 등 전국의 수많은 등대들이 속속 회년을 기다리고 있다. 제주도 우도등대의 가파른 계단을 오르면서 지난 100년을 생각한다.

양정식(34세) 등대지기가 길안내를 맡는데 세 살배기 아들이 쫄랑거리며 층계를 앞서 오른다. 등대 주변에서 사는 덕분에 겨우 세 살배기인데도 인근의 지형지물을 꿰뚫고 있다. 등대지기의 삶은 가족을 포함하여 이처럼 '등대공동체'적일 수밖에 없다. 등대지기 중에는 더러 급환으로 자식이나 가족을 잃은 애달픈 경험도 가지고 있다. 지금은 사정이 나아졌으나 뱃길이 끊기면 식량 걱정까지 해가면서 버텨야 하던 시절도 있었다. 물이 귀한 등대에서는 빗물을 받아 썼다. 아내와 자녀들과 떨어져서 독수공방으로 살아가는 것도 힘겨운 일이다. 그래서 젊은 등대지기들에게는 참으로 못할 일, 못 견딜 일이다. 그런데 낭만이라고! 편의상 등대지기라고 부르지만 그들의 공식 직함은 '항로표지원'이다. 명칭은 아무래도 좋다. 뱃길을 지켜주는 '바다의 지킴이' 역할은 변함없으므로.

요동치는 근대 100년의 목격자

우도등대를 찾은 것은 나름의 이유가 있다. 섬에 만들어진 등대공원은 우도가 처음이다. 호미곶, 부산 영도, 여수 오동도 등지의 등대들이 박물관 · 조망관 · 체험관 등으로 속속 재탄생하기 시작한 것은 근래의 일이다. 제주도 우도등대도 그 행렬에 동참했는데, 특기할 점은 세계의 등대 역사를 알려주는 실물 모형을 만들어 앉은 자리에서 세계 등대여행을 할 수 있게 한 점이다.

상하이항의 마호타 파고다(mahota pagoda) 등대, 신화 속의 등대인 파로스(Pharos), 독일의 브레머하펜(Bremerhaven), 일본 최초의 양식 등대인 쓰루가만 입구의 다데이시사키, 1355년에 세워진 프랑스 코르두앙(Cordouan) 등대, 뉴욕 허드슨 강 입구 킹스턴 항구의 킹스턴(Kingston) 등대, 그리고 한반도의 이러저러한 등대들이 모형으로 모여 있는 산교육장이다.

비록 모형에 지나지 않지만 '고대 7대 불가사의'의 하나인 파로스 등대 앞에 서니 세계등대사가 그 자리에서 펼쳐진다. 신화 속의 등대로만 알려진 파로스는 기원전 300년경에 이집트 프톨레마이오스에 의해 지금의 알렉산드리아 입구의 좁은 수로에 세워진 불탑(fire tower)이었다. 건립 이후에 물경 1,600여 년을 버티고 서 있었는데 13세기에 이르러 지진에 의해 파괴된다. 그런데 고고학 발굴이 이루어지면서 등대의 신화가 살아 있는 실체로 하나씩 드러나게 된다. 그 규모는 120미터에 이르러 가히 초고층빌딩 수준이었다.

로마제국이 건설되면서 제국의 군사도로가 사방팔통으로 뻗어 나간다. 마찬가지로 뱃길도 뻗어 나가고 있었으니 지중해 연안 곳곳에 등대가 세워졌으며, 갈리아 지방(오늘날의 프랑스 등 속령)으로 전파된다. 등대기술사에서 획을 이룬 것은 영국의 헨리 8세가 1541년에 세운 트리니티 하우스(Trinity House)였으니, 등대의 관리와 이용을 통한 등대 전문기관의 탄생을 예고한다. 등대를 관리하고, 등대원을 육성하는 시스템이

갖추어지면서, 등대 설계를 전문으로
하는 건축가들도 등장한다.

그런데 서양 중심의 등대사는 일면
적인 것이다. 이미 서기 874년 중국
상하이의 마호 강 중앙에 마호타 파고
다 등대가 세워진다. 우도에 세워진
모형처럼 글자 그대로 탑이다. 송나
라 때인 1279년까지 불을 밝혔으며
1962년에 국보로 지정되었다.

우리의 등대사는 어떠한가. 1123년
에 송나라 사신으로 고려를 다녀갔던
서긍(徐兢, 1091~1153)이 남긴《고려도경(高麗
圖經)》에도, "바닷길은 깊은 곳이 두려운 곳
이 아니라 얕은 곳이 무섭다."고 기록돼 있
다. 이른바 '배가 깨지는' 해난사고는 대부분
해변 가까운 곳에서 빚어진다. 등대는 이런
곳에 설치된다. 불을 밝혀 배를 안내하는 고
전적 등대들은 고대부터 존재했을 것이다.
고대사회에서부터 국방의 필요성에 의해
완벽한 시스템으로 존재하던 봉화들
이 역으로 등대기능을 하는 경
우도 있었다.《고려도경》에

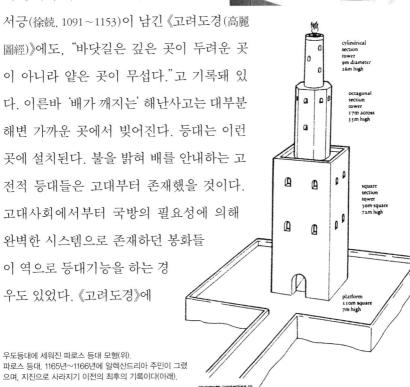

cylindrical
section
tower
9m diameter
26m high

octagonal
section
tower
17m across
35m high

square
section
tower
30m square
71m high

platform
110m square
7m high

causeway connecting to
mainland 175m long

우도등대에 세워진 파로스 등대 모형(위).
파로스 등대. 1165년~1166년에 알렉산드리아 주민이 그렸
으며, 지진으로 사라지기 이전의 최후의 기록이다(아래).

"언제나 중국 사신의 배가 이르렀을 때, 밤이 되면 산마루에서 봉홧불을 밝히고 여러 산들이 차례로 서로 호응하여 왕성에까지 가는데"라는 대목이 보인다. 외국 선박이 고려 해역으로 입경하였을 때 봉화를 연결하여 길안내를 하였으니 등대 기원의 한 사례다. 오늘날 남아 있는 해안가의 여러 해명(海名)들, 가령 불도, 탄도, 연도, 인화도, 화도, 명도 따위도 선박에 신호를 보내던 역사적 사실과 관련 있을 것이다.

그러나 근대적 의미의 등대는 역시나 일본 제국주의의 침략과 더불어 시작되었다. 팔미도등대(1903)를 필두로 부도(1904)·거문도(1905)·우도(1906)·울기(1906)·죽도(1907)·시하도(1907)·당사도(1909)·목덕도(1909)·하조도(1909)·격렬비도(1909)·가덕도(1909)·죽변(1910)·소리도(1910)·방화도(1911)·어청도(1912)·산지(1916)·주문진(1918)·홍도(1931)·미조항(1939)·서이말등대(1944) 등은 대한제국기와 일제 침략의 요동치는 현장을 지켜본 근대의 총아들이다. 그리고 보니 100년이다. 어느 결에 그 '제국'조차도 '문화재'가 되어버렸다.

근대문화유산 등대의 재발견

상하이 마호타 파고다 등대는 목탑(木塔) 양식으로 서구의 근대적인 기능형 등대와는 다른 민족적 조형미를 보여준다. 오로지 원통형 기둥이어야 한다는 서양 등대 고정관념에 젖어 있는 대다수 사람들에게 파고다 등대는 등대 건축에서도 민족적 형식이 도입될 수 있음을 일깨워준다. 우리 등대도 근래 들어 다양한 건축적 실험을 시도하고 있다. 등대가 항로표지뿐 아니라 정서적, 미학적 공간으로서의 기능도 가진다는 각성이 낳은 결과다. 거북선 모형의 한산도등대, 새가 올라앉은 형상의 몽하도등대, 첨성대를 바위에 올려놓은 듯한 호도등대와 같이 재미있는 등대도 있다.

민족 건축양식은 아니더라도 현존하는 오래된 등대의 건축사적 의미를 과소평가할 수는 없다. 등대 건축은 1900년대 초반부터 콘크리트를 사용한, 당시로서는 최첨단 공법이 적용된 건축물이었다. 단애의 험난한 곳에 절묘하게 세워진 등대들은 그 자체로 건축기술사의 정교함을 말해준다. 벽돌조, 철근 콘크리트조, 철골조 등

중국 마호타 파고다 등대. 서양의 등대와 달리 동양적 미학을 잘 보여준다(874년, 상하이).

다양한 건축기술은 다양한 실험을 가능하게 해 로마시대나 르네상스풍을 연상케 하는 등대도 많다. 실용적이되 미학적 관점을 놓치지 않고 있으니 근대문화유산의 총아로 등대들을 손꼽을 만하다. 우도등대도 예외가 아니다. 깎아지른 절벽에 버티고 서 있어 관해(觀海)의 미감을 유감없이 연출하고 있다.

그런 점에서 지금 남아 있는 수십 개의 등대들을 문화재로 지정하는 일을 더 미뤄서는 안 된다는 생각을 떨칠 수 없다. 그만큼 문화사적으로 값진 유산이기 때문이다. 우도에 왜 이렇게 수많은 등대 모형을 만들어 전시했느냐고 묻자, 부원찬 제주해양수산청장(2004년 당시)은 이렇게 답변했다.

"한국 등대사가 100년을 돌파했음은 새로운 100년을 준비하라는 뜻이기도 합니다. 21세기가 문화의 세기인만큼 등대도 변해야 합니다. 바

〈우도점마〉. 1702년(숙종 28) 7월 13일 순력(巡歷). 우도 목장 내에 있는 말을 점검하는 그림이다. 마필 수는 262필이며, 이들 말을 관리하는 목자(牧子) 보인(保人)의 수가 23명이다. 우도의 모습이 마치 동두(東頭)라 표기된 곳을 머리로 하여 소가 누워 있는 형상을 하고 있다. 포구와 어룡굴이 표시되어 있다. 어룡굴은 신룡(神龍)이 사는 곳으로 어선이 접근하면 대풍, 뇌우가 일어나 나무를 쓰러뜨리고 곡식을 해친다는 속설이 전해지는 곳이다(오른쪽, 《탐라순력도》, 1703년, 제주시청 소장). 오늘날의 우도등대는 바로 동두에 위치한다(위).

닷길만 밝힐 게 아니라 시민들과 함께하는 해양문화의 바닷길도 아울러 열어야지요."

등대의 역사 자체가 '제국의 역사'였던만큼 이전까지만 해도 '시민과 함께하는 등대'는 사실 구두선이었다. 그러나 근래 등대들은 분명히 변신하기 시작하였다. 영도등대에서는 문학인들의 시 낭송회가 열리고, 우도등대에도 숙박을 하며 등대를 생각해볼 수 있는 공간이 마련돼 있다. 사람들이 등대를 열심히 찾는 것을 보면 그동안 금기시되던 성역에 대한 호기심이 일거에 터져나오는 인상이다. 게다가 등대만 한 관해의 절경이 없기 때문이다.

우도에는 6월같이 관광객이 몰려들 때는 하루에 1천여 명까지 구경오며, 보통 400~500명이 찾아온다. 기존 업무 이외에 관광업무가 가중되어 비명을 지를 지경이지만 그래도 적적했던 등대에 선남선녀들이 몰려오니 전에 없던 풍경이라 힘든 일만은 아니다. 손님맞이를 겸하여 2년마다 한 번씩은 대대적인 청소와 페인트칠을 하여 늘 새롭게 태어나

牛島點馬

城山

東徐取

牛島

東頭

賓龍

高浦

楮尾崎

壬午七月十三日
中軍
旌義縣監
牧子保人并二十三名
馬二百六十二匹

75

고 있다. 이제는 명승지나 대충 둘러보고 마는 바다여행이 아니라 등대
여행을 꿈꿔볼 일이다.

　지인들에게 가끔 이런 농담을 한다. "대한민국 바다에서 가장 뛰어난
절경은 등대 아니면 해안초소"라고 말이다. 동해안의 절경마다 해안초
소가 서 있어 사람들의 접근을 막고 있다면, 만이 훤히 굽어보이는 높
다란 곳에는 등대가 서 있다. 그러니 근대적 관해의 가장 빼어난 조망
지는 등대일 수밖에 없다. 불빛이 퍼지자면 사방팔방 관망되는 절벽이
나 산봉우리, 우뚝 솟은 암초의 등을 타고 서 있어야 하기 때문이다. 우
도등대도 그런 곳이다.

　숙종조에 제주목사로 왔던 이형상의 《탐라순력도》를 보면 우도 목장
내에 있던 말들을 점검하는 그림 〈우도점마(牛島點馬)〉가 있는데, 거기
에는 우도의 포구와 어룡굴(魚龍窟)이 표시되어 있다. 이 어룡굴은 신룡
(神龍)이 사는 곳으로 어선이 접근하면 대풍(大風)과 뇌우(雷雨)가 일어
나 나무를 쓰러뜨리고 곡식을 해친다는 속설이 전해진다. 오늘날 등대
가 서 있는 곳에서 굽어보면 천애의 낭떠러지가 굽이치며 지금은 검모
래라 부르는 어룡굴이 내려다보인다. 지도에서 동두(東頭)라고 표시된,
나무가 무성한 거친 절벽이 우도등대가 서 있는 곳이다. 바로 건너편에
성산이 마주 보인다. 조선 효종 때의 제주목사 이원진(李元鎭)의 사찬읍
지(私撰邑誌)인 《탐라지(耽羅志)》(1653)에서도 우도를 이렇게 설명하고
있다.

　　섬 서남쪽에 구멍이 있는데 작은 배 한 척이 들어갈 수 있고 좀더 가면 5,
　　6척을 감출 수 있다. 그 위에는 큰 돌이 집과 같은데, 마치 햇빛이 떠서
　　비치고 별이 찬연하게 벌려 있는 것 같다. 기운이 몹시 차고 머리털이 쭈
　　뼛한다. 세상에 전하기를 신통이 있는 곳이라 하는데 7~8월에는 고기잡

이 배들이 가지 못한다. 가면 큰 바람이 일어나고 천둥이 쳐서 나무가 뽑히고 곡식을 손상시킨다. 그 위에는 닥나무가 많다.

이제 그 위에는 닥나무 대신에 등대가 올라서 있다. 등대에 오르니 그야말로 일망무제의 바다가 열린다. 절벽 아래로 아낌없이 부딪혀 부서지는 파도를 보노라니 세상을 잊고 이곳에서 살았으면 하는 과욕(?)이 머리를 쳐든다. 조용하다. 그리고 아름답다.

그러나 막상 역할이 바뀌어 정작 내가 등대지기가

우도 검모래 해변. 옛지도에서 어룡굴(魚龍窟)이 위치한 곳이다.

되어도 주변의 모든 것이 마냥 아름답고 조용하기만 할까. 오고 가는 배들이 모두 걱정거리로 보이는데도 말이다. 그래도 좋다. 제주도에서 풍광이 가장 뛰어난 곳 가운데 한 곳에 서 있다는 사실만으로도 세상을 다 가진 기분이다.

우도등대는 돔형의 탑으로 1906년 3월부터 불을 밝히기 시작했다. 돔형의 구등탑을 잘 보존하고 있으며 신등탑은 콘크리트로 별도로 세웠

다. 우도등대도 백 살의 나이를 꽉 채웠다. 이렇듯 오래전에 만들어진 등대들은 나름의 설치 배경이 있다. 모두 하나같이 외해(外海)로부터 들어오는 길목의 험난한 곳에 자리 잡고 있다. 우도등대 앞은 물살이 거세기로 유명한 곳이다. 수심도 깊다. 그래서 다리도 놓지 못하고 늘 도항선으로 성산포를 오가야 한다. 우도등대가 제주도 등대의 맏형이 된 것은 이런 배경 때문이다.

1906년에 세워져 한 세기 동안 제주 바다를 밝혀온 우도등대. 지금도 많은 사람들이 등대를 두고 환상적 낭만을 떠올리지만 물산과 정보가 거미줄처럼 얽힌 바닷길을 지키고 선 등대는 낭만 이전에 해난사고를 막고, 해양정보를 모으는 '교류'와 '소통'의 전진기지로 존재하는 '현실의 상징'이다.

등대의 낭만은 만들어진 환상

　등대는 '낭만'인가. 많은 사람들은 그렇게 생각한다. 그러나 단연코 그렇지 않다. '등대 낭만'은 등대에 관한 수많은 미화와 환상이 불러일으킨 환영일 뿐이다. 영국의 역사학자 홉스봄(E. Hobsbawm)의 표현대로 '만들어진 전통'이다. 근대적 등대가 선보인 이래 등대의 전통을 만들어 나가는 '환상 창조'의 위력이 문학예술 곳곳에서 발휘돼 그런 '환영'을 만들어낸 것이다.

　우리나라에 등대가 처음으로 도입되었던 20세기 초만 해도 등대는 '선진기술'의 집약체였다. 단순하게 불빛만 비추는 곳이 아니라 이곳에 최초로 무선 전신지국을 설치해 시시각각 변화하는 국제 정세의 동향을 감지하고 보고하는 중요한 목적까지 수행했다. 무선국의 존재는 등대지기가 최소한 무선기술을 습득한 사람이어야 한다는 말인데, 당시에 무선사는 최고의 첨단기술자였다. 그러니 전쟁이 벌어지면 적의 함대나 항공기가 등대를 우선 공격 목표로 삼았던 이유를 알 것 같다.

　청일전쟁, 러일전쟁 등 제국주의 전쟁이 대개 군함을 통하여 이루어지던 시절에 항로의 안전과 무선통신의 신속성은 대단히 중요했다. 그래서 일제강점기의 모든 등대장들은 일본인들로 채워졌다. 비밀유지를 위해서였으며, 한국인들은 일용직으로만 일할 뿐이었다. 해방 당시에 정식 등대원으로 잔존한 한국인은 고작 네 명에 불과했다. 지방에서 중요한 행사가 있을 때면 등대장도 초대받아 한자리를 차지했으니 그 사회적 위상이 만만치 않았음을 알 수 있다. 또한 등대는 근년에 개방되기 전까지만 해도 '민간인 출입금지' 지대였다. 군사요새를 방불케 하는 절경에 자리 잡아 함부로 공개되지 않았던 성역이었으니 군사시설에 준하였다.

해방되던 해, 많은 등대들이 민중들의 공격을 받았다. 일본인 등대지기가 철수한 상태에서 등대의 값진 설비들을 모조리 뜯어가기도 했다. 그만큼 등대의 장비가 첨단시설이자 고가품이었다는 방증이다. 또한 당시 민중들의 의식 속에 깃든 등대에 대한 민족적 적대감도 엿볼 수 있는 대목이다. 작은 오지의 섬에서 등대에 파견된 일본인들의 위세와 권위는 대단하였으며, 민의 삶과는 무관하였다. 심지어 등대를 건설할 때 섬의 노동력이 동원되어 착취되기도 하였으니 등대지기와 섬 백성의 삶은 동떨어진 경우가 많았다.

등대는 지난 100여 년간 묵묵히 우리 바다를 지켜왔다. 좀더 정확히 말하자면 등대지기, 즉 항로표지원들이 지켜온 것이다. 등대는 휴일이나 밤낮 없이 24시간 가동해야 하므로 3교대를 돌리자면 쉴 틈이 없다. 우도등대의 경우 주변에 흩어진 8개의 등표도 함께 관리해야 한다. 하루에 세 번씩 이상 유무를 점검해 해난의 여지를 살핀다. 선박 조난의 책임을 등대에서 져야 할 이유는 없지만 막상 관할 해역에서 사고라도 나면 등대원들의 마음은 무겁기만 하다. 그런즉, 등대를 두고 말하는 '낭만타령'은 얼마나 속절없는가!

지금도 등대가 밝히는 뱃길을 따라 상상을 초월하는 물동량과 정보가 숨가쁘게 세계에 전달된다. 그 '오고 감'이 없다면 우리 경제가 아예 돌아가지 않는다. 등대는 '낭만'이 아니라 '현실'이다.

바다에서 올라온 미륵과 물마루의 세계

제주도 북부해안 곳곳에서 바다 미륵이 올라오다

오래전, 북제주 김녕에서의 일이다. 이곳에 사는 어부 윤동지가 고기를 낚으려고 물 깊이 천근수를 내렸더니 커다란 돌덩이가 걸려 올라왔다. 이상하다 싶어 돌을 내던지고 다시 그물을 내렸지만 똑같이 돌덩이가 걸려 올라왔다. 장소를 바꿔서 그물을 내려도 마찬가지였다. 사흘째도 돌이 올라오더니 드디어 그날 밤 현몽하였다.

"나를 곱게 모셔주면 자식 귀한 사람들이 자식을 얻도록 해주겠다."

윤동지는 '조상이 내게 오셨구나.' 싶어 그 돌을 가져다 미륵(彌勒)으로 모셨다. 그러나 아기가 울어대고, 강아지가 짖어대는 바람에 미륵을 편히 모실 수 없게 되자 지금의 미륵당으로 옮겨 따로 모셨다고 한다. 말하자면 '바다에서 온 미륵'인 셈이다.

이렇듯 '바다 미륵'에 관한 전설은 북제주군 곳곳에 남아 있다. 김녕의 미륵당은 서문 하르방당, 윤동지 하르방, 미륵보살 하르방으로도 불린다. 옛날 김녕에 동·서문이 따로 있었는데, 서문 밖으로 미륵당을 옮기면서 서문 하르방당이 되었다. 윤씨 하르방이란 윤씨가 바다에서 건졌다 하여 붙여진 이름이다.

김녕 미륵은 일주도로변 아름다운 해변에 좌정하고 있다. 바닷가로 흘러내린 용암과 백색의 모래사장이 바닥이 들여다보이는 파란 바닷물과 조화를 이룬 곳이다. 바람막이 돌담을 거느린 미륵이 바다를 향해 정좌해 있고, 작은 나무 두어 그루가 해풍을 막아서 있다. 제주도에 널린 용암석에 불과하지만 이곳 사람들은 이를 미륵이라고 굳게 믿고 신봉한다. 이 서문 하르방은 기자(祈子)와 미륵신앙이 하나로 결합된 산육신(産育神)인 셈이다.

북제주 삼양에도 비슷한 전설이 남아 있다. 김첨지라는 이가 어느 날 잠자리에 들었다가 화들짝 잠을 깼다. 미륵 먹돌이 현몽한 것이다. 이상하다고 여긴 그가 서둘러 꿈에 보인 곳을 찾아가 낚싯줄을 던지니 먹돌 하나가 걸려 올라왔다. 김첨지는 먹돌을 품고 집으로 돌아와 알가름의 팽나무 아래에다 미륵으로 모시고, 물때에 맞추어 서물날(셋째물, 음력 11일과 26일)마다 제를 올린다. 그 후 첨지 집안은 우환이 사라지고 복이 넘쳤는데, 이를 전해들은 동민들도 그를 따라 미륵 먹돌을 모셨다. 서물날에 미륵돌을 건져 서물당이 되었기 때문에 서물 물때에 맞춰 제례를 올린다. 지금도 나무가 우거진 돌담 안에는 제단이 놓여 있고, 미

북제주 김녕의 아름다운 바다와 그 바다에서 건진 미륵돌을 모신 당. 푸른 바다와 미륵당의 검은 돌담이 조화를 이루고 있다.

륵 먹돌은 제단 밑에 묻혀 있다.

여기서 잠시 서물당에 대해 살펴볼 필요가 있다. 제주도 당신화(堂神話)는 칠일당계신화(七日堂系神話)와 팔일당계신화(八日堂系神話)가 있다. 칠일당은 제일이 매 7일(7, 17, 27일)이라 붙여진 이름으로 일뤳당이라고 부르며, 신명(神名)도 일뤳도, 일뤠할망이라 부른다. 일뤳당 분포는 거의 제주 전역에 걸쳐 있으며 그 수가 90여 개에 이른다. 이들 당본풀이들은 다시 세 계열로 갈라지는데 토산당(兎山堂) 당신화계열, 서귀포의 호근리 당신화계열, 중문의 당신화계열이다. 이들 칠일당이 제주도 북부권에서 미륵신앙과 관련을 맺고 있는 것이다.

북제주 화북의 미륵 역시 바다에서 태어났으나 약간 다른 점이 있다. 바다에서 건져 '나에게 태인 조상'이라고 믿고 조상신으로 모셨더니 동지벼슬도 얻고 부자가 된 것까지는 같다. 그러나 마을 청년들이 소용없는 짓이라며 미륵을 당 밖에 내버리고 불을 지르려고 했다. 그러자 돌미륵이 제 발로 걸어 나왔으며, 이 와중에 미륵의 몸 곳곳에 상처가 났다. 이 상처는 동민들에게 피부병으로 나타나 엄청난 고통을 주었다.

뒤늦게 이를 깨달은 동민들이 다시 미륵을 정중하게 모시자 피부병이 씻은 듯 나았다고 전한다. 피부병을 다스리는 미륵불인 셈이다.

제주시내 동광양에는 은진미륵보살로 불리는 미럭당, 물할멍당이 한라산에서 내려오는 샘물가에 있었다. 샘 이름은 외새미(牛女泉)라 부르며, 맑은 물이 솟구쳐서 물할멍당에 갈 때는 택일하여 새벽에 가서 물을 떠서 바쳤다고 한다. 미륵이면서 수신(水神)인바, 아이를 낳게 해주는 탁월한 기능을 가졌다. 동자석(童子石)에 가까운 형상이며 용암바위로 빚은 전형적인 민중적 조각품이다. 금녕, 화북, 신촌, 함덕의 영감신이 대개 바다에서 주워온 돌미륵이라면 동광양의 물할망은 동자석에 가깝다. 이런 노래도 전해진다.

미륵할아버지 미륵보살
물할머니 물할아버지
돌석(石)자 돌하르방
은진미륵보살

제주시내 동광양에는 은진미륵보살로 불리는 미륵당, 물할멍당이 한라산에서 내려오는 샘물가에 있었다. 지금은 사라지고 없으며 사진만 남았다(1950년대, 홍정표 사진).

이 밖에도 제주시 동회천의 봉화사 동쪽에는 봉개 본향당이 있고 여기도 미륵신앙이 전해진다. 동회천의 본향신도 제주도 신화의 원조인 송당당신(松堂堂神)의 아들이라고 하며 제주시에서는 유일하게 당굿이 전승되고 있는 곳이기도 하다. 동회천에서는 절에다 돌을 다섯 개 세우고 오석불(五石佛)이라고 부르는데 마을굿을 할 때 떡과 과일을 바쳐서 제사 지낸다. 석불은 마을에서 관리하는데 오석불이 있어 호열자가 없고 전염병을 막는다고 한다. 다섯 미륵이 마을의 전염병을 퇴치시켜준다고 하겠다.

제주도 미륵은 왜 바다에서 올라왔을까

이상의 민중의 삶에 유전되는 미륵을 '마을 미륵'으로 규정하고 이를 책으로 펴내면서(《마을로 간 미륵》, 1994), 특히 제주도 마을 미륵을 '바다에서 올라온 미륵'으로 규정한 바 있다. 바다 미륵의 출현은 확실히 '제주도적'이어서, 육지에서는 찾아볼 수 없다.

육지 미륵의 원조는 역시 백제 무왕이 건설한 익산 미륵사. 미륵사 미륵은 삼존불이 솟구치면서 현현(顯現)하였다. 이렇듯 육지의 미륵은 거개가 땅에서 솟구쳤다. 꿈에 미륵이 나타나서 자신이 흙 속에 갇혀 있음을 현몽하거나 어느 날 갑자기 돌이 흘러내려와 이를 미륵으로 모시게 되는 식이다. 미륵 출현의 기이(奇異)는 대단히 비의(秘儀)적이라 현몽하여 자신의 존재를 알린다. 그런데 제주 미륵은 땅이 아닌 바다에서 올라왔다.

제주도의 미륵신앙은 우리가 알고 있는 고구려, 백제, 신라 불교에서 벗어난 변방 오지 중의 오지인 고도의 섬에 불교가 전래되는 불교사적 의미도 지니고 있다. 고대사회에 전파된 미륵신앙은 여러 가지 역사 기록으로 복잡다단하게 얽혀 있어 자료가 풍부한 만큼 막상 견해를 달리하면 재론의 여지가 높다. 그런 면에서 볼 때, 뭍에서 탐라로 들어간 전파과정은 사태 추이과정이 상당히 분명할 뿐더러 흥미진진하기까지 하다. 그동안 불교사를 연구해온 논객들은 상당 부분 육지의 사찰 중심으로 사고하는 편향성을 보여주고 있다. 과연 사부대중들의 구체적인 삶의 현장으로 직접 들어간 불교신앙을 논외로 치고 이루어진 불교사가 도대체 어떤 의미를 지닐까.

알다시피 미륵은 '미래불'이다. 석가모니 불타는 2,500년 전에 중생을 제도하면서 미래의 희망을 열어두는 것을 잊지 않았다. 도솔천 용화수 아래에서 중생제도를 행할 삼회(三會)를 기다리는 '마스터 플랜'이 그것이다. 불교가 개창된 이래 미륵신앙은 하나의 운동, 즉 미래불을 향한 기다림이었다. 그 미륵이 천 년의 세월을 넘어 우리에게 다가오고 있는 것이다.

미래불은 다양한 모습으로 우리에게 다가왔다. 이 땅의 민중이 미륵신앙을 대하는 모습은 포괄적이었다. 목 잘린 불상, 목만 남은 불상, 내력도 모른 채 밭을 갈다가 얻은 불상, 더 나아가 단순한 돌덩이일 뿐인 바위, 민중은 그것을 미륵이라고 믿어왔다. 미륵불의 현신이 이처럼 다양한 나라가 또 있을까. 제주도 미륵은 이 다양성에다 '바다'를 보탰다.

땅과 달리 바다에서 미륵이 출현하는 방식은 해양문화사나 불교문화사적으로도 중요한 의미를 지녀 가히 '물마루의 세계관'이라 이름할 만하다. 물마루는 수평선을 뜻한다. 수평과 수직의 세계관은 다르다. 한국문화의 기본 신앙격인 산신신앙의 산은 수직적이다. 단군 할아버지가 신단수로 '내려온다'고 했을 때, 당수나무에 빌면서 "설설이 내리소서." 했을 때도 수직적 강신은 금방 확인된다. 제주도에도 한라산에 오르면 이런 산신이 있다.

제주도 불교의 해양적 성격

그러나 바닷가는 다르다. 바다의 민중은 물마루를 보며 산다. 물마루는 희망이자 절망이다. 외지 물화를 가득 실은 배도 물마루에 오를 때는 돛대 끝자락부터 모습을 드러낸다. 신기한 박래품이 환상처럼 다가오는 순간이다. 벌떼처럼 들이닥치는 왜구 선단의 출현도 물마루에 돛대를 들이밀면서 시작된다. 그 순간 바닷가 사람들은 서둘러 산으로 숨어들어야 했다.

바다 위에 뜬 섬은 물마루에 홀연 나타났다가 홀연히 사라져 이내 망망대해로 변하곤 한다. 난파한 배가 오랜 배고픔과 갈증을 견디면서 가

노라면 불현듯 물마루에 섬이 등장한다고 한다. 사막을 횡단하는 사람들에게 보이는 신기루 같은 것인데 바다도 예외 없이 유혹하곤 한다. 그렇듯이 물마루에는 섬사람들의 희망과 절망이 뒤섞여 있다. 이처럼 제주도의 바다 미륵에는 평생 동안 물마루를 지켜보면서 일상을 시작하고 마감하는 섬사람들의 수평적 세계관이 층층이 잠복해 있다.

재미있는 점은 제주도의 바다 미륵이 모두 북제주 쪽에 집중돼 있다는 점이다. 생각건대, 이는 육지에서 전래된

김녕 미륵당 앞 조개잡이. 미륵은 이들 제주민의 삶을 지켜주는 지킴이로 자리 잡아왔다.

불교가 북쪽에 먼저 선을 보인 결과이리라. 제주목사 이형상이 논하였듯이, 제주도는 '절 오백 당 오백'의 문화적 정체성을 보여준다. 제대로 된 절, 즉 육지의 사찰 개념에 걸맞은 절이 거의 없었다. 제주도 사람들은 당(堂)에 의지하면서 살아갔고, 본풀이는 그들의 역사이자 문화이며, 마을 구술사의 중심이었다.

《신증동국여지승람(新增東國輿地勝覽)》에 의하면, 존자암(尊者庵), 월계사(月溪寺), 수정사(水精寺), 묘련사(妙蓮寺), 문수암(文殊庵), 해륜사(海輪寺), 강림사(江臨寺), 보문사(普門寺), 서천암(逝川庵), 소림사(小林寺), 관음사(觀音寺) 등이 확인된다. 정의현에는 영천사(靈泉寺)·성불

암(成佛庵), 대정현에는 법화사(法華寺) 정도가 전해진다. 한라산 영실 입구에서 불래악(佛來岳)으로 들어가면 한천(寒泉)에 당도하고 천 년 이전에 창건된 존자암 터가 있다. 그러나 제주 불교는 민간적인 토속신앙에 의지하는 경향이 강하여 민간신앙의 의존도가 가장 강했던 지역이다. '절 가듯이 당(堂)에 가고, 당 가듯이 절에 가는' 태도였으니 가히 비승비속(非僧非俗)이요, 무불융합(巫佛融合)의 전형이다.

이러한 제주도 사람들이니 남해 보리암이나 양양 낙산사, 강화 보문사와 같이 바닷가에 흔한 해수관음을 먼저 받아들이지 않고 미륵신앙을 받아들였다. 해수관음보다 미륵을 받아들임으로써 독자적인 민중적 신앙체계를 구축한 제주도 바닷가 사람들의 면모가 새삼 돋보인다. 당래하생(當來下生)을 서원했던 제주 사람들의 꿈이 바다 미륵으로 구현된 셈이다. 민간적 토속신앙과 결탁하는 경향이 강하였으니 수많은 불교신앙 중 미륵만이 유일무이하게 신당(神堂)과 결부돼 전승되고 있는 것이다.

오키나와에도 바다에서 건너온 미륵이

물마루의 수평적 질서는 우리나라만의 내림이 아니다. 음력 7월 16일이면 일본 오키나와의 최남단인 팔중산(八重山)제도, 즉 이시가카지마(石垣島)에 딸린 머나먼 섬인 하테루마지마(波照間島) 주민들도 어김없이 미륵제를 지낼 것이다. 이들은 해마다 풍년을 기원하며 미륵보살을 앞세워 축제를 벌인다. 미륵신앙이 바다 건너 머나먼 섬까지 파급된 것이다.

그 미륵제를 꼭 보고 싶었지만 막상 하테루마지마까지 날아갈 만한

제주 건입동 바닷가의 하르방 미륵불. 육지의 미륵과는 생김부터가 확연히 다르다(제주돌문화공원, 복제품, 왼쪽). 물마루의 수평적 세계관이 잘 구현되고 있는 오키나와 하테루마지마 미륵제에 등장한 마을 미륵의 모습(오른쪽, 2006년 1월 찍음).

시간적 여유가 없던 차에 마침 2006년 1월에 오키나와의 오키나와무라, 즉 우리의 민속촌에 해당되는 그곳을 방문하였을 때 미륵제를 거행하는 장면과 운 좋게 맞닥뜨렸다. 민속공연으로 만들어질 만큼 오키나와 제도에서는 매우 유명한 신앙이다. 커다란 탈을 쓴 미루쿠(彌勒)가 부채를 들고 천천히 앞장서서 걷는다. 그 뒤를 각종 깃발과 악기를 든 악사들과 신도들이 따른다. 미루쿠의 노란색 옷은 흡사 타이완 등지에서 자주 만날 수 있는 미륵님인 포대(布袋) 화상의 복식을 연상케한다. 마당에서 오키나와 특유의 공연이 진행되는 동안 만복의 상징인 미루쿠는 한가롭게 부채를 부치면서 위엄 있는 표정으로 복을 내린다. 농사의 신이자 어업의 신이요, 풍요주술의 상징으로 독립왕국이었던 유구(琉球) 시절부터 이어져온 오랜 풍습이다.

하테루마지마의 미륵신앙은 베트남에서 전래한 것으로 전해진다. 1791년에 유구왕국의 수도인 슈리성(首里, 오늘의 那覇市)으로 돌아오던

한 관리의 배가 풍랑을 만나 안남(베트남)에 표착한다. 거기서 미륵풍년 제를 목격하고 돌아온 이래로 미륵신앙이 전파되었다고 한다. 그런데 이같이 정확한 연대 기사 말고도 전혀 다른 차원의 해석이 가능할 것이 다. 예부터 오키나와에는 바다 어딘가에 낙토(樂土)가 있다는 믿음이 있어왔다. 풍년과 부귀의 낙토가 있고 오곡의 신이 존재하여 미륵세상 을 구현한다는 믿음이다. 일상적 기아에 시달리는 섬 백성의 입장에서 는 오곡이 풍성한 어딘가의 낙토는 신화처럼 각인되었을 것이고, 미륵 의 미래불적 모습이 이에 투영되었음 직하다.

오키나와 슈리성의 슈리전(首里殿)에서도 매년 음력 8월 16일에 미륵 제를 거행하고 미륵무용으로 의식을 집행한다. 일본 본토의 이토(伊豆) 반도 같은 해안가에도 미륵신앙이 전래돼 풍요와 다산의 주술을 담당 한다. 오키나와의 수많은 불교신앙 중 미륵이 차지하는 위상은 단연 돋 보인다. 그 미륵은 엄숙하게 사찰에 모셔지지 않고 마을민의 축제에 불 려 다니고 있다. 이런 마당에 해상교류 강국이었던 옛 유구국 사람들의 물마루적 세계관을 새삼 강조할 필요가 있을까.

물마루의 수평적 세계관

오키나와도 해수관음(海水觀音)신앙과는 무관하다. 중국 저우산군도 (舟山群島)의 보타(普陀) 낙가사(洛迦寺)에서 관음신앙이 흘러 들어왔음 직한데 그렇지가 않다. 낙산사 창건주 의상의 사례에서 볼 수 있듯이 관음신앙이 뛰어난 구법승들에 의해 장엄한 의발(衣鉢) 전수로 전파되 는 반면에 미륵신앙은 그야말로 바다로 흘러흘러 '갯것들' 민중의 손으 로 전수된다. 제주도와 오키나와의 미륵신앙은 해양 불교의 또 다른 핵심이 해수관음이 아니라 바다 미륵임을 암시하는 대목이다.

바다 미륵을 말하자면 제주읍성의 동·서문 밖에 1기씩 남아 있는 미륵도 빼놓을 수 없다. 바로 지금의 제주시 동편 건입동과 용담동 한두기(大甕)가 그곳이다. 마을에서는 이 미륵을 일러 미륵돌 미륵, 미륵 부처, 혹은 동자복(東資福)과 서자복(西資福) 미륵으로 부른다. 《신증동국여지승람》에서는 해륜사(海輪寺)를 일명 서자복사, 만수사(萬壽寺)를 동자복사라고 부르고 있는데, 여기에서 미륵의 명칭이 유래됐음 직하다. 지금은 민가에 둘러싸여 있지만 제주시 한두기포구와 제주항이 굽어보이는 건입동 쪽에 위치해 지금까지 거친 제주 바다를 지키고 있는 중이다.

망망대해를 오가면서 배를 기다리다 보면 사람들의 시선은 한결같이 물마루에 모인다. 물마루에 배가 떠올라야 그 지루한 기다림이 끝나기 때문이다. 누구나 미술시간에 수직과 수평의 구도를 배웠으리라. 바다에서는 물마루의 수평선 하나가 다른 모든 구도를 압도한다. 그 수평은 평온한 것 같지만, 태풍이라도 거느리면 노도로, 해일로 거칠 게 없는 '파문'을 일구기도 한다. 이런 '물마루의 철학'을 이해하는 일이야말로 바다를 이해하는 첩경이다. 세계의 수많은 모험가와 항해자들이 애타게 지켜보았을 그 물마루를 바라보면서 제주 민중은 바다 미륵을 건지고 있었던 것이다.

느림의 재부를
간직한 미완의 섬

햇빛이 흰 모래빛과 어우러져 오묘한 빛 탄생

초록빛 바닷물에 두 손을 담그면 어찌 될까. '시인의 마음'이라면, 두 손
도 초록으로 물들 게 분명하다. 그래서 '초록빛 바닷물'은 오랫동안 인기
동요로 불리는 게 아니겠는가. 그러나 '현실의 바다'에서 순진무구한 초록
빛을 보기란 그리 쉽지 않다.

바다처럼 오묘한 빛깔의 원천이 또 있을까. 바다는 시시각각 변한다. 칠
면조나 카멜레온의 변신 차원이 아니다. '여자의 변신은 무죄'라는 광고

카피처럼 '바다의 변신도 무죄'라고나 할까. 아침의 짙은 해무(海霧), 한낮의 강렬한 태양, 저녁의 노을 진 풍광, 게다가 험악한 파도, 심지어는 적조같이 붉게 오염된 해양 조건까지 개입하여 변화무쌍한 신화를 낳는다. 수많은 예술가들이 그려왔지만 한결같은 바다는 없다.

색깔이 가장 아름다운 우리 바다를 꼽으라면 어딜 들까? 아름다움의 기준 자체가 애매한지라 결론이 쉽지 않다. 같은 바다라도 앞에 든 이유로 늘 다르게 다가오기 때문이다. 그러나 굳이 '꼭 집어서' 말하라면 나는 제주도에 딸린 작은 섬 비양도(飛揚島)를 먼저 떠올린다.

바다의 색이 투과하는 빛의 파장에 따라 달라진다는 사실은 초보적 과학 지식이다. 빛의 파장과 흡수 정도에 의해 바다의 색깔이 결정된다. 수심 10미터 이내에서 대부분의 빛은 흡수되며 미생물이나 부유물질이 많은 경우에는 흡수량이 감소한다. 햇빛은 스펙트럼을 통해서 보면 무지개색이다. 빨강이 가장 먼저 흡수되며(보통 수심 5미터 이내), 가장 늦게 파랑이 흡수된다. 그래서 바다는 파랗다.

그러나 파란색조차도 수심 70여 미터에 이르면 모두 흡수되고 만다. 수심 1천 미터가 넘는 독도 근해가 검정에 가까운 검푸른색인 이유가 여기에 있다. 그렇다면 비양도는 어떻게 '전국 최고의 초록빛 바다'를 늘 유지하고 있을까.

협재를 다녀간 이들은 건너편에 보이는 비양도까지 5미터 내외의 얕은 바다가 이어짐을 기억하리라. 까만 용암이 많은 여느 제주 바다와 달리 고운 모래밭의 천해(淺海)다. 빛의 파장이 흰 모래빛과 어우러져 오묘한 빛깔을 탄생시켰다. 흡사 신이 현현하는 듯, 에메랄드빛 양탄자를 깔아놓은 듯하다. 천혜의 바다 빛깔이니, 경관(景觀) 가치만으로도 엄청난 부를 창출하는 바다이리라. 사진에서 보듯 에메랄드 양탄자 위에 비양도가 솟구쳐 있다.

이런 낙원도 있다. 마치 신의 작품인 듯 황홀한 에메랄드빛 바다 위에 얹힌 제주 비양도. 이름에서 보듯 어디에선가 사뿐 날아와 앉은 듯한 비양도는 관해의 관점에서도 상상을 초월하는 가치를 지녔을 뿐 아니라 어디에도 차가 없어 '빠름'에 지친 현대인들에게 '느리게 사는 법'을 일깨우는 사유의 공간이기도 하다(뉴시스 강정효 사진).

관해의 미학에서 그동안 바다 빛깔의 경관은 너무 자주 무시돼왔다. 외국에서는 바다빛 고운 해변에 친수공간(親水空間), 이른바 워터프런트(water front)를 조성하여 바다를 바라보게 하는 것만으로도 떼돈을 벌어들이기도 한다. 바다의 색깔을 즐길 수 있는 안목과 여유를 갖춘 이야말로 바다를 제대로 읽는 격조와 자격을 갖춘 사람이다. 미크로네시아 팔라우(Palau)에 갔을 때, 산호초가 부서진 모래 덕분에 바다 빛깔이 우윳빛이었으니 이름도 밀키웨이(milky way)였다. 한마디로 환상적인 바다빛으로 관광객을 끌어모으는 포인트였다. 이런 점에서 협재에서 비양도에 이르는 물목은 엄청난 경관적 재부(財富)를 지닌 곳이 아닐 수 없다.

가오리 형상의 비양도는 글자 그대로 '날아온 섬'이다. 비양도 소개 책자에는 '천 년의 섬 비양도'라고 적혀 있다. "산이 바다 가운데서 솟았다. 고려 목종 5년(1002)에 산의 네 구멍이 터지고 붉은 물을 5일 동안이나 내뿜다가 그쳤다."는《신증동국여지승람》의 기록 때문이리라. 그러나 산견되는 신석기 유적으로 미뤄 불과 천 년 전 화산 폭발로 이 섬이 생겼다고는 볼 수 없다. 신석기 토기편이 출토되고 '탐라시대' 유물 산포지가 산견되는 것으로 보아 천 년을 뛰어넘는 역사를 지닌다. 다만 본디 있던 섬에서

다시 화산이 폭발해 오늘과 같은 모양의 화산섬이 완성되었음 직하다.

밀물에 수위 줄고 썰물에는 높아지는 염습지 '펄낭'

비양도를 가자면 아침 9시 정각에 한림항에서 출발하는 도항선을 타야 한다. 불과 20여 분이면 닿는다. 거리는 짧아도 섬은 섬인지라 교통 편한 제주도 같지 않다. 피서철에는 배편이 자주 있다지만 늦가을 아침 그 배에는 나를 포함하여 고작 다섯 명이 탔을 뿐이다. 겨울철에는 손님 한두 명을 태우고 운항하기도 예사다. 당국의 지원 없이는 운항 자체가 불가능한 항로다.

섬을 한 바퀴 돌았다. 대형 화산탄이 즐비한 해변에는 큰자재여, 구븐들, 밧서비녀, 안서비녀 등의 여, 애기업개돌 같은 용암 굴뚝이 신선하게 다가온다. 화산 등성이에 밭은 없고 갈대만 우거져 있어 식량 마련이 만만치 않았을 섬이라는 게 느껴진다. 섬으로 떠나오기 전날 밤, "참으로 아름답지요. 그런데 먹고살기는 척박한 섬이니 제대로 보고 오세요."라며 이런저런 사람을 소개시켜주던 오승국(4 · 3연구소 사무총장) 시인의 말이 생각났다.

비양도 경관에서 빼놓을 수 없는 곳이 염습지인 '펄낭'이다. 바닥으로 바닷물이 스며 형성된 '펄낭'은 조수운동과 반대로 밀물에는 수위가 줄고 썰물에는 높아진다. 펄낭의 끝에는 마을 본향당이 있어 비양도 사람들이 펄낭을 얼마나 신성스럽게 여기는지를 말해준다. 바닷물이 스며든 펄낭은 제주도만의 독특한 용암환경이 빚어낸 자연의 선물이다. 화산암으로 이루어진 하와이에도 이런 염습지가 많거니와 이를 이용하여 물고기못(fish pond)이라 하여 옛 왕족들이 쓸 고기를 공급하였다. 태평양에는 이와 비슷한 화산섬들이 즐비한즉, 제주도는 세계의 섬 형성사에서 국제적 공통성을 확보하고 있는 셈이다.

염습지의 소금기가 배어들 만한 용암에는 신목인 사철나무가 서 있어 강인한 생명력을 보여준다. 사철나무의 초록색과 검은 용암의 강렬한 대조는 모진 풍토에서 살아남은 생명의 힘 그 자체다. 오죽하면 마을민이 공동체의 신목(神木)으로 모셔왔을까. 비양도 신목은 얼마 전까지만 해도 인근을 지나는 배들이 일부러 찾아들어와 인사를 드리고 가는 순례 코스였다. 그래야만 고기도 많이 잡고 사고도 없다고 한다.

본 마을이 형성된 앞개포구까지 걸어왔는데도 한 시간이 안 걸렸으니 지

바닥 지층으로 바닷물이 스며들어 형성된 '펄낭' 모습(왼쪽).
대형 화산탄이 즐비한 해변에는 용암 굴뚝이 신선하게 다가온다. 일명 '애기업개돌'이다(오른쪽).

극히 작은 섬이다. 비양봉에 올랐다. 불과 30여 분이면 오르는데, 한림항
은 물론이고 자잘한 오름들, 그리고 한라산 정봉이 성큼 다가선다. 한라산
이야 제주도 어디서나 볼 수 있지만, 이처럼 제주도에 딸린 섬에서 바라보
는 멋이 색다르다.

섬의 시간, 느림의 시간

  비양봉 정상에는 무인등대가 있어 밤새워 신호를 내보낸다. 푹 꺼진 분
화구 너머 초록빛 바다가 한눈에 잡힌다. 펄낭의 좁고 긴 물매, 앞개포구
의 고즈넉한 풍경, 한림항의 조금은 번잡스러운 풍경이 모두 들어온다. 지
금은 잠든 쌍둥이 분화구가 다시 폭발할 것 같은 백일몽에 빠져든다. 제주
도란 섬에 한라산 분화구가 있다면, 제주도에 딸린 섬에도 분화구가 있는
것이다. 불과 천여 년 전 비양도가 폭발하던 당시를 생각하면, 당시 비양
도의 형성과정을 지켜보던 고려 사람들의 후예가 오늘날까지 이어지고 있

으리라.

등대 옆 풀밭에서 팔베개를 하고 누우니 그렇게 마음이 편할 수 없다. 참으로 오랜만에 휴식다운 휴식을 취해본다. 초가을 나른한 햇볕에 깜빡 잠이 들었다. 섬의 시간이란 이렇듯 무한대다. 시간은 충분하다. 오후 3시 30분이 되어야 배가 나가므로 작은 섬에서 남는 건 시간뿐이다. 번잡스러운 음식점이 많은 곳이라면 대개는 질펀한 술판에 끼어들어 거하게 잔을 나누며 시간을 때우기 십상이지만 이곳에는 피서철 빼면 찾아들 음식점도 없어 끼니를 거를 판이다. 우리의 여행이란 늘 과보호, 과식, 가속도 등으로 점철되어 이렇듯 한가한 시간을 갖기가 어렵다. 분명히 '자본의 시간'을 살아가고 있지만, 적어도 섬에 오면 섬 특유의 시간을 소유하게 된다.

섬에서는 서두르면 안 된다. 서두른다고 될 일이 없다. 배는 정해진 시간에 떠날 뿐이고 폭풍이라도 불면 며칠씩 묶이기도 한다. 밀려오는 관광객들로 저잣거리 같은 마라도의 시간과 배를 타고 들어온 외부인이라고는 나 혼자밖에 없는 비양도의 시간이 같을 수 없다. '섬의 시간', '느림의 시간'을 배울 양이면 비양도의 해산(海山) 정상에 올라 한두 시간쯤 누워 있다가 내려오길 권해본다.

비양도는 본디 물이 없던 섬이다. 오로지 빗물에만 의존해서 살았다. 빗물조차도 금세 밑으로 빠지는 화산토인지라 본섬에서 가져온 질흙을 다져서 빗물을 모았다. 닭똥 같은 오물이 물에 섞여 온갖 풍토병을 일으키기도 했다. 물 없는 섬의 삶이란 참으로 절박하다. 조금 전까지의 초록빛 예찬과는 판이한 현실이다. 다행히 1965년, 해역사령부가 나서서 협재에서 이곳까지 해저 파이프를 연결하여 식수 공급이 가능하게 되었다. 오죽 큰 사건이었으면 포구에 송덕비까지 세워 식수가 들어오게 된 역사적 내력을 각인시켰을까.

삼별초의 대몽항쟁에서 주요한 격전장으로 기록된 것을 보면 그전에도 사람이 살았음 직하다. 김상헌(金尙憲, 1570~1652)의《남사록(南槎錄)》(1601)에는 "비양도에서 전죽(箭竹)이 잘 자라 삼읍에서 모두 여기서 베어다 쓴다."고 기록되어 있다. 화살용 대나무를 가져다 쓴 것으로 나온다. 이형상의《탐라순력도》에는 1702년 사슴을 생포하여 비양도에 옮겨 방사하였다는 기록과 함께 방사하는 모습과 붉은 오름, 대나무숲, 배 한 척이 펄낭 근처에 정박해 있는 그림이 그려져 있다. 그러나 현존 주민들의 구술로는 고종 13년(1876)에 서(徐)씨 일가가 처음 이 섬에 입도했다고 전해온다.《한국수산지》를 보면, 당시에 조선인은 21호가 살고 있었고 협재에서 매일 물을 가져다 먹고 있었다. 제주도 동북권 사람들이 비양도를 활용하기는 하였으되, 물사정이 좋지 않은 것으로 미루어 대대적인 촌락 형성

비양도 정상에서 굽어본 해안 풍경.

은 만만치 않았을 것이다. 당시에 일본인 연승어업자들이 비양도에 진출하였다는 기록도 등장한다. 일본인 어부들이 진출하여 인구는 희박하고 수산물은 풍부하기 이를 데 없는 비양도 주변을 누비고 있었음을 알려준다.

〈제주삼읍도총지도(濟州三邑都摠
地圖)〉. 삼읍의 연결도로망, 목장,
봉수, 방호소, 포구 등이 비교적
자세히 그려져 있고 명칭도 표기
되어 있다. 이 중 비양도는 다른
고지도에 비해 자세히 표현되고
있다. 네 봉우리, 대나무, 펄낭[池]
이 그려져 있으며, '飛揚島', '池',
'呈平淸', '赤四峯', '一名瑞山' 등
이 명기되어 있다. (1770년대, 제
주도민속자연사박물관 소장).

　재미있는 점은 펄낭의 본향당 주신(主神)이 건너편 금릉에서 갈라졌다는
당(堂)의 내력이다. 금릉당은 '임씨 하르방'이고 비양도당은 '김씨 할망'이
린다. 금릉당과 비양도당이 '도채비불'이 되어 예의 그 '초록빛 바다' 쯤에
서 만나 빛을 발하곤 한단다. 하르방과 할망이 데이트를 하는 셈이다. 이
전설은 금릉에서 최초로 누군가에 의해 시작된 비양도 입도(入島) 역사를
말해줌이다. 사람이 살다가 사라지고, 다시 사람이 살고, 끝내 조선시대쯤
에 다시 입도한 사람들의 입도 역사가 신화로 남아 있는 셈이다.

　화산이 폭발하는 모습을 금릉에서 지켜보았고, 섬이 탄생하고 나무가 자
라고 차츰 육지 사람들이 섬을 오가면서 대나무도 베고 고기도 잡았을 것
이다. 당의 갈래퍼짐을 통하여 유사무서(有史無書)의 역사를 알 수 있으니,
섬 민중의 역사란 어느 곳에서나 이와 같을 것이다. 제주도의 심방이 본향
당에서 구연하는 본풀이가 '本＋풀이'이듯이, 마을의 근본을 풀어내는 당

　〈비양방록(飛揚放鹿)〉. 1702년(숙종 28) 10월 11일 사슴을 생포하여 비양도에 옮겨 방사하는 그림. 이 그림은 무엇보다도 제
주목 서면의 53개 마을 위치가 한 장의 그림에 상세하게 표시되어 있을 뿐만 아니라 제주읍성의 서문에서 명월진에 이르는
지형을 담고 있는 점이 주목된다. 해안의 지형, 봉수·연대의 위치, 애월진·명월진, 토성(土城)의 위치가 잘 드러나 있다. 그
외 병문천(兵門川), 대천(大川), 무수천(無數川), 정자천(亭字川)의 흐름이 보인다. 그리고 비양도에 대나무가 많이 자생하고 있
음을 그림으로 강조하고 있다. 부기(附記)의 내용은 1702년 10월 11일 사슴을 생포하고, 1703년 4월 28일에 비양도에 방사했
음을 말해준다(탐라순력도), 1703년, 제주시청 소장).

飛 揚 放 鹿

壬午十月十一日生擒
癸未四月二十八日移放

의 역사 안에 제주도 역사의 핵심이 녹아 있다. 그러한즉 어느 섬에 가든지 '섬 무지렁이'들에게 기록 없음을 탓하지 말 것이며, 기록만으로 섬의 역사를 함부로 재단할 일도 아니다.

감태가 무성함은 물고기집이 많다는 증거

포구에서는 주민들이 말린 감태를 묶고 있다. 2004년 가을에 찾아 들어 갔을 때, 태풍으로 감태가 많이 밀려와 제법 풍년이었다. 일제시대 때는 폭약 재료로 쓰였으며, 지금은 의약품에 쓰이는 감태는 사실 '물고기의 숲 그늘'이다. 비양도 주변에 감태밭이 무성함은 그만큼 물고기집이 많다는 증거이리라. 2003년에는 60킬로그램에 6만 원을 받았는데 2004년에는 3만 8천 원에 불과하다며 볼멘소리들이었다.

바다의 삶이란 늘 그렇다. 풍어기에는 가격이 떨어져 속상하고, 흉어기에는 고기가 안 잡히지만 대신 값이 올라 그런대로 버틸 만하다. 횟집에 가격표 대신 '시가(時價)'라고 쓰여 있는 것도 다 이런 현실을 반영한 것이다. 농경에 종사하는 농민들이 1년을 주기로 살아간다면 어민들의 삶은 이같이 시시때때 '시가'로 매겨지는 것이니, 어민들이 그만큼 돈도 많이 벌지만 낭비벽도 심한 것은 생활환경에서 비롯된다. 막말로 돈이 떨어

포구에서 주민들이 말린 감태를 묶고 있다.

지면 '나가서 잡아다 팔면 되지.'라는 사고가 강한 반면에, 농민들은 노심 초사 1년을 기다려야 하므로 양자의 세계관은 이처럼 다른 것이다.

여름 한철, 한치와 갈치잡이가 주업이다. 중문에서 서부산업도로로 차를 달려 제주공항 쪽으로 가다 보면 밤바다를 수놓은 불빛들이 비양도 근역에 흩어져 있다. 잠녀 물질로 거둬들이는 전복, 오분작, 소라 등도 비양도의 주요 산물이다. 물론 제대로 된 전복이 잡힐 리 없다. 어장 관리가 제대로 되지 않아서다. 비양도를 마주 보는 제주도 서북 해안의 월령, 귀덕, 협재, 웅포, 한림, 금릉, 수원, 한수리, 용운동 등 아홉 어촌계가 '관행'을 내세워 이곳에서 대대적으로 어패류를 채취하기 때문이다. 무인도 시절부터 비양도를 주 어장으로 조업하던 이들 아홉 마을에서 100년 이전의 관행을 내세워 공동어장으로 이용하고 있는 것이다. 관습법이 사회적 관심을 끌고 있는바, 비양도에서도 지난 100여 년의 관행이 현실의 법이다. 수백년간 지속되어온 관행 어법의 역사적 권한이 존재한 뒤에 섬마을이 새롭게 형성된 결과이리라.

그런즉 협재쯤에서 '초록빛 바닷물'만 보고서 물장구치다 돌아가는 사람들이 어찌 비양도의 진실을 알 수 있겠는가. 비양도는 가난한 섬이다. 나그네가 돈을 써주어야 할 터인데 돈 쓸 곳조차 없다. 음식점도 마땅치 않아 라면으로 때운다. 그러나 떠나오는 뱃전에서 또 한 번 감동한 게 있으니, 그것은 비양도에 차가 한 대도 없다는 것이다. 차를 타고 한 바퀴 돌아도 불과 10여 분이다. 한 시간 천천히 걸을 수 있는 자그마한 섬을 차를 타고 씽씽 달리는 것은 미련하기 짝이 없는 짓이다. 섬의 시간이 유난히 길었음은 바로 차가 없었기 때문이기도 하다. 차가 없는 섬! 바로 우리가 꿈꾸던 유토피아 아닌가. 초록빛 바닷물에 차까지 없는 섬 비양도는 확실히 '빠름'보다 '느림'의 재부를 간직한 '미완의 섬'이다.

남해에 놓인 제주도와
전라도의 징검다리

제주도, 전라도도 아닌 중간문화권

행정구역명은 북제주군 추자면이다. 그런데 추자도에서 제주도 토박이 말을 듣기가 쉽지 않다. 대개 호남 말씨다. 다만 남도 사투리의 '징함'이 빠진 채 표준화되어 조금은 무미건조하다. 공무원들을 만나보면 조금 달라 제주도 말투가 엿보인다. 주민은 호남 말을 쓰고 있고 관리들만 제주도에서 발령이 난 만큼 제주도 말이다. 자연 지리적으로나 문화적으로 중간지대라고나 할까.

역사적으로 오랫동안 전라남도 영암, 완도군 등에 딸린 섬이었다. 1946년 북제주군에 편입됐으니 불과 60여 년 전이다. 재미있는 것은 1831년에 잠시 제주목에 이속됐다가 1891년에 완도군이 창설되면서 그곳으로 되넘어간 기록이 나온다. 좀 왔다 갔다 했지만, 추자도는 틀림없는 호남문화권이었다. 토박이 추자도민들의 대부분이 전라도에서 넘어왔다. 귀양살이 와서 정착하거나 먹고살려고 섬으로 흘러 들어온 경우다. 간혹 상추자도에 가면 제주 고씨 할머니들이 보이는데 잠녀 물일을 왔다가 추자도 남자와 결혼하여 눌러앉은 경우다.

뱃길은 여전히 목포로 열려 있어 농산물 공급은 물론이고 상급학교도 대부분 그곳에서 다녔다. 덕분에 추자도 1세대들은 '전라도적'일 수밖에 없다. 그러다가 근래 20여 년 전부터 젊은이들이 제주도에서 학교를 다녔는데, 덕분에 그들은 비교적 '제주도적'이다. 이곳 공무원들이 대개 제주도에서 '내려오기' 때문에 그런 영향도 없지 않을 것이다. 추자도가 제주도 본도에서 떨어져 있는 탓에 낙도 취급을 받고 있으므로 그에 따라 각종 혜택이 주어지고, 더욱이 제주도가 관광문화로 '뜨고' 있는 덕분에 추자도의 젊은이들은 호남의식보다는 제주도민 의식이 강하다. 서울 가는 교통편도 목포로 나가는 것보다는 제주도로 나가서 비행기로 움직이는 편이 빠르다. 게다가 낙도 주민들에게는 뱃삯을 대폭 할인해주는 제도가 생겨나서 제주도 출입이 부쩍 잦아졌다.

그런데 매우 재미있는 현상을 발견했다. 추자도 묵리는 150가구가 넘는데 가까운 제주시보다도 서귀포에 가서 사는 경우가 많다. 서귀포에서 주로 어장일에 종사하는데 갈치채낚기, 연승 그리고 그물어장도 추자도 사람들이 많이 하고 있다. 그만큼 추자도 사람들의 어업기술이 뛰어나다는 증거다. 그런데 완도에 딸린 보길도 사람들도 서귀포에 많이들 가서 산다. 그네들도 어업진출이었으며 해방 이후에 많이들 내려갔다. 호남 및 추자

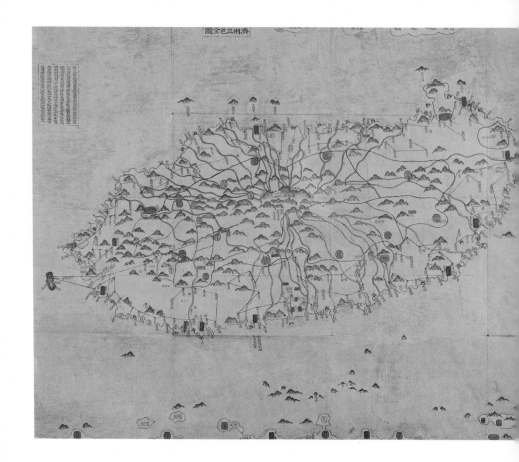

도 사람들의 서귀포 바다 진출은 어업문화사적으로 매우 흥미로운 대목이
아닐 수 없다.

추자도 토박이로 제주도에서 교육받고, 집에서는 전라도 말을 쓰는 사람
의 경우, 그 문화적 정체성은 대단히 복잡하다. 제사나 장례, 세시풍속 등
은 확실히 전라도적이다. 반면 제주도 출가 잠녀가 아니라 토박이 잠녀들
이 물질하는 형태는 '제주도적'이며, 전복이나 소라 맛 역시 '제주도적'이
다. 제주도의 보편적인 테우는 추자도에서도 널리 쓰였다.

묵리에 가면 바위톱이 튀어나온 '당목재'가 있고 처녀당이 서 있다. 처녀
가 자살하였는데 이를 달래려고 해마다 2월 초하루에 소와 돼지를 잡고 풍
물을 치면서 당제를 올린다. 무당이 개입하는 경우가 없으며, 걸궁이란 풍

관 해 기 · 觀 海 記

108

〈제주삼읍전도(濟州三邑全圖)〉. 제주도와 전남 사이
에 추자군도가 널려 있다(1872년, 규장각 소장).

물굿을 동원하는 것부터가
'전라도적'이다. 풍물굿이
없던 제주도에 '걸궁'이 전파
된 것이니, 추자도 걸궁은 호
남에서 제주도로 전파된 풍
물굿의 중간 기착지다. '유
왕'에게 밥을 바치는 것도,
당목 너머로 밥을 던지는 것도 전라도 바닷가에서 자주 눈에 뜨이는 유왕
제(요왕, 용왕)를 연상케 한다.

물산의 교류에서 쌀, 채소 같은 농산물은 지금도 여전히 목포항에서 가
져다 먹고 있다. 아무리 큰 섬이라고 해도 제주도는 역시 섬이다. 쌀이 거
의 나지 않아 배로 쌀을 실어다가 먹는 제주도에서 다시금 쌀을 사올 수는
없는 문제다. 추자도의 운명이 제주도에 의탁하면서도 육지와의 탯줄을
끊을 수 없는 이유는 이처럼 식량 사정에도 있다.

예전에 추자도 처녀들이 건너편에 보이는 완도군의 청산도와 보길도를
'육지인 줄 알고 그리로 시집갔다.'고 한다. 그만큼 육지를 그리워하던 섬
사람들의 고난이 엿보인다. 제주도에는 잠녀 물질이 성하다. 5개 어촌계
에 평균 15명씩 대략 80여 명이 있은즉, 이는 전적으로 제주도식이다. 흥
미로운 연구거리가 아닐 수 없다.

추자도의 이런 중간자적 성격은 예부터 육지와 제주도의 징검다리였다
는 지정학적 요인에 의해 결정지어졌다. 제주행 비행기에서는 망망한 바
다 위에 떠 있는 추자군도를 어렵잖게 볼 수 있다. 고려시대에 최영 장군

이 목호의 난을 진압하기 위해 제주도로 가다가 바람을 피해 머물렀다는 곳이 바로 추자도다. 지금도 상추자항의 봉굴리산 기슭에는 최영 장군 사당이 위엄 있게 포구를 굽어보고 있다.

재미있는 것은 예전에 추자도 어민들은 제주도 한라산이 보이는 관탈도까지 진출하지만 정작 제주도에는 진출하지 않았다는 사실이다. "거기는 탐라국이라 그곳에 가면 죽는다고 했다."고 전한다. 제주도 해변은 수심이 얕고 파도가 세므로 난파를 두려워했던 탓이다. 추자도가 육지부와 가까웠던 것은 역사문화적 배경 말고도 이같이 제주도 바다에 대한 육지 출신 추자도 사람들의 두려움이 깔려 있는 셈이다. 훗날 선박이 발전하여 뱃길이 더욱 안전해진 뒤에야 제주도와 교통이 빈번해졌음을 시사하는 대목이다.

옛날에는 추자도를 징검다리 삼아 제주도로 향하였다. 추자를 주자(舟子)라고 불렀으니, 영암, 무안, 나주, 진도 등 전라남도 남서해안으로 가는 뱃길이었다. 제주도는 애월이나 조전으로 드나들었다. 당연히 이름난 유배지였다. 유배객 중에는 해배 후 되돌아간 이도 있었으나 아예 섬사람이 된 이도 많았다. 정조 때 안조환은 유배 당시 천신만고의 생활상을 이렇게 노래했다.

출몰사생 삼주야에 노 지우고 닻을 지니
수로 천리 다 지내어 추자섬이 여기로다.
도중으로 들어가니 적막하기 태심하다.
사면으로 돌아보니 날 아는 이 뉘 있으리.
보이나니 바다이요 들리나니 물소리라……

추자도 최남단에는 관탈도(官脫島)가 있다. 옛적 귀양객들이 이곳에 이르러 다 왔다는 생각에 갓을 벗었다 해서 '관탈'이라는 지명이 붙었단다.

제주 처녀의 영혼을 모셨다는 처녀 신당(위)과 주민들이 길흉화복을 관장한다고 믿었던 최영 장군 사당·추자도 포구를 굽어보고 있다(아래).

관탈도에서는 불과 30분이면 제주항에 닿는다. 추자도에는 딸린 섬들이 42개나 되며 유인도가 4개다. 그러니 완도 - 청산도 - 추자도 - 관탈도 등이 징검다리처럼 일렬로 늘어서 육지와 제주도를 연결하고 있는 셈이다. 그 옛날 설문대 할망이 제주도와 남해 바다를 만들 때 징검다리로 박아놓은 섬들은 아닐는지.

일제가 설치던 어장

상추자, 하추자로 위 아래 섬이 갈리는데 지금은 추자교로 이어져서 상

옛 추자도 민가. 민가들이 해안 가까이에 빼곡하게 몰려 있다(유리원판, 국립중앙박물관 소장, 1914년).

하 구분이 없어졌다. 상추자항은 대서·영흥리, 하추자항은 신양리 소속이며, 그 밖에 예초·묵리 같은 아름다운 포구들이 흩어져 있다. 단단한 바위밭에 해류가 거칠게 흘러 흐리멍덩한 고기들은 살 수가 없는 곳이다. 참돔이나 감성돔, 돌돔, 조피볼락, 농어 같은 고급 어종이 바위밭에서 물살과 씨름하면서 육질을 키우는 까닭에 그야말로 '바다낚시의 천국'이다. 숨은 여가 100여 개에 달해 물고기들의 서식지로 적격이니 도처에 보이는 게 낚시꾼들이다.

추자도는 끊임없이 왜구에게 시달렸다. 왜구들은 제 집 드나들듯 추자군도를 드나들었으며 심지어 20세기 초반까지도 수적(水賊)이란 이름의 바다도둑이 설쳐댔다. 일제시대, 이곳 수산자원에 눈독을 들인 일인 몇몇이 장작리(신양2리)에 계절적으로 진출하였다. 여름이면 멸치를 잡아서 '메루치'를 생산하였다. 평사(자갈밭)가 터져 있어 샛바람이 불면 멸치가 몰려왔다. 음력 5월부터 9월, 10월까지 후리로 잡았는데 갈매기가 따라오면 그것을 보고 그물을 둘러서 끌어당겼다. 후리법은 배 한 척이 그물을 풀어놓고 여나믄 명의 인력으로 잡아당겨 끌어내는 방식이다. 후리어법은 추자도

사람은 하지 않던 것으로 전적으로 일본인들에 의해 이루어졌다. 멸치는 '채배'라는 전통적인 배로 잡았다. 솔가지를 태워서 불빛을 만들어 몰려드는 멸치를 잡았다. 멸젓을 담가서 목포 등지로 팔았다. 그런데 해남 엄낭포에서 3~4리터짜리 동우(독)를 사다가 젓갈을 담아 팔았으니 이처럼 물산 및 사람의 교류방향이 호남 쪽이었음을 알 수 있다.

일본인들은 상추자 대서리에 집단적으로 진을 쳐서 약 20여 가구가 살았다. 학교와 조합을 만들고 멸치, 삼치, 방어 등에 매달렸다. 그때는 "죽은 것을 잘 먹었응께, 지금은 산 거만 먹제."라고 한다. 무엇보다 일본인들이 선호하여 상품성이 높았던 삼치잡이가 이름을 떨쳤다. 기선급 선박이 엄청난 양의 삼치를 잡아 그대로 상고선(商賈船)에 실어 일본으로 가져갔다.

이른바 추자도 삼치파시는 이들 일본 배들 때문에 이뤄졌다. 삼치는 납봉을 단 외줄낚시에 복쟁이 오린 것을 미끼로 매달아 잡는다. 복쟁이의 껍질은 질기고 반짝반짝하는데 삼치가 그 반사빛에 홀려서 미끼를 덥석 물게 된다.

천여 명이 넘는 '뱃동서'들이 일시에 포구로 쏟아져 들어왔으니 술집과 여관이 번성할 수밖에 없었다. 덩달아 일본 기생도 들어오고, 술꾼들은 취하여 쌈박질을 일삼아 이래저래 '난장'이었다. 당시의 여관 흔적 등이 아직까지 남아 있다. 일본인이 물러간 다음에도 삼치어업은 이어졌다. 삼치는 예전 방식대로 잡는 즉시 일본으로 수출했으며, 덕분에 파시도 1970년대까지 명맥이 이어졌다. 일본의 무역선이 상추자도까지 들어와 즉시 실어 나갔으니 일제강점기부터 해방되던 해까지 이어지고, 잠시 중단되었다가 다시 한일협정 이후에 재개되어 1970년대까지 수출이 이루어진다. 파시가 사라진 포구는 늘 그렇듯 을씨년스럽다. 그러나 "부자가 망해도 3년은 먹는다."는 말이 있듯이 과거의 전통을 이어받아 조그마한 포구에 음식점과 다방 등이 유난히 많이 눈에 뜨인다.

삼치를 잡다가 9, 10월이 되면 고등어가 "겁나게 들었제라."고 한다. 자잘한 풍선들이 3~4시간 달려가 제주도 쪽 곽개(관탈도)에서 잡는다. 스물셋날(세물)에 떠나면 열두물 셋날(열두물)까지 잡다가 돌아온다. 고등어를 잡고 있다 보면 중간에 보선이 다가와서 고기를 실어간다. 배 안에서 먹고 자면서 보름 넘게 조업하기 때문에 얼굴과 다리가 붓고 고생이 심하다.

이곳에는 '시와다 그물사건'이라는 전설 같은 일제강점기 어민항쟁이 전해진다. 1926년 5월 14일, 추자면민들이 대거 운집해 면장과 추자어업조합에 대한 불편과 불만을 토로했다. 형세가 대단히 격렬해 목포와 제주에서 경찰이 들이닥치고, 주동자 21명이 검거, 압송되기에 이르렀다. 어업조합과 면장 등이 공모하여 은행 빚으로 어구를 사들인 뒤 두 배나 비싸게 팔았는가 하면, 주민 의견을 무시하고 우뭇가사리를 강제 매입해 빚어진 사건이었다. 낌새를 알아챈 조합장이 주재소와 결탁해 어민들을 억압하려 하자 예초리 남녀 700여 명이 시위를 일으킨 것이다. 본디 이곳 사람들은 외줄 낚시로 필요한 만큼의 고기만 낚았으나 일본인들이 대형 그물로 싹쓸이하듯 고기를 잡아가자 이에 반발한 사건이었다는 증언도 있다. 이곳 노인들은 "물 반 고기 반이었는데 왜놈들이 싹쓸이해가니 그걸 못 보고 다들 일어선 게지."라고 말한다. 일제의 약탈어업이 빚은 필연적 결과였다.

돈대산에 올라서니 완도군 청산도가 한눈에 들어온다. 청산도 삼치파시가 추자도 삼치파시와 다르지 않았음을 확인할 수 있다. 즉, 넓은 의미에서의 쿠로시오 해류의 영향권에 속하는 청산도와 나로도, 추자도 남쪽에 삼치 떼가 몰려든 것이다.

떠나가는 섬

이곳 토박이인 황필운 선장(38세)과의 약속에 맞춰 선착장으로 나갔다. 매일 아침 9시면 정확하게 행정선 추자호가 바다로 떠난다. 횡견도와 추

추자도와 횡견도 주민들.

포도를 들러 돌아오는 데 걸리는 시간은 한 시간. 길게 누워 있는 횡견도의 바람막이 돌담이 이곳의 모진 삶을 웅변해준다. 열세 가구가 사는 이곳에서 여자들은 물질로 전복·소라 등을 잡고, 남자들은 톳·가사리·미역 등 해초를 뜯어 생활한다. 잠녀가 네 명 있는바, 제주도 출가자가 아니라 본디부터 있던 추자도 잠녀다. 자생적인 잠녀가 존재하는 것으로 보아 추자도의 제주도적인 성격을 말해주는 일면이기도 하다. 한때 횡견분교까지 있었으나 잡초만 무성하고, 보리농사로 자급자족이 가능했던 섬이 지금은 인적이 끊겨 한적하다.

추포도는 두 가구가 등록돼 있으나 실제로는 한 가구만 산다. 정길동 씨가 부인과 단 둘이 살아가고 있는데, 낚시꾼 민박 등 뒷바라지로 생계를 잇는다. 부인은 물질을 해서 수입을 얻는다. 기름을 태워서 자가발전으

이웃도 없이 추포도를 지키고 있는 단 한 채의 민가. 추자군도의 최대 문제는 역시 물이다. 추자 본도에 담수화 공장이 있어 바닷물로 만든 비싼 물을 먹고 산다.

로 전기를 만들고 식수를 배로 실어나르는데 식수 이외의 물은 역시 빗물이다. 단독가구가 홀로 사는 고도(孤島)의 삶, 결코 쉽지 않은 삶일 것이다.

다산 정약용이 '남도경영'을 부르짖으며 《경세유표(經世遺表)》에서 "남도

의 섬을 잘 다스려야 재물이 숲처럼 일어서리라."라고 했건만, 이들 낙도는 오로지 낙도라는 오명만 뒤집어쓰고 파도 아래 잠들어 있을 뿐이다. 요트처럼 빠른 배라면 뭍에서 불과 한 시간도 채 안 돼 당도할 수 있는 이 '보물섬들'이 오로지 '떠나가는 섬'으로만 인식되고 있으니 이곳에서도 우리 바다의 미래는 아득하다.

추자군도의 최대 문제는 역시 물이다. 횡견도 같은 섬에서는 아예 빗물을 받아 쓴다. '물 쓰듯'이라는 말은 이곳에서는 도저히 내뱉을 수 없는 말이다. 추자 본도에는 담수화 공장이 있어 바닷물로 만든 비싼 물을 먹고 산다. 그래서 집집마다 집채만 한 물탱크 한두 개쯤은 갖추고 있다. 담수화공장에서 증류법으로 소금물을 민물로 전화시켜 하루에 900~1천 톤을 내보내고 있다. 산이 높고 암반층이 좋아 양질의 물이 있을 것 같지만 사정은 다르다. 저수층을 찾으려고 지하 250미터까지 파고들었지만 민물은커녕 짠물도 나오지 않았다. 노인들은 전라도에서 제주도로 편입된 다음에 좋아진 일 중의 하나로 물사정을 꼽았다. 제주도에서 뽑아올린 삼다수를 공급하는데 추자도에서는 2리터짜리 물통 하나에 무조건 400원이다. 추자도에 큰 관광시설이 들어서지 못하는 이유도 바로 물사정 때문이다. 섬에서 물이 얼마나 중요한지를 추자도는 온몸으로 보여주고 있다.

추자도는 아름다운 풍광에 비해 너무나 덜 알려진 섬이다. 강태석 면장은 "청정해역일 뿐 아니라 천혜의 어족자원을 갖고 있어 21세기형 관광에 적합한 곳인데, 문제는 뱃길이지요."라고 말한다. 무인도를 이용한 청소년 자연생태 체험학습장과 유료 유어장 등이 면에서 꿈꾸는 사업들이다.

제주항에서 불과 한 시간도 걸리지 않아 1일 관광도 가능하지만 배편이 하루에 편도 1회뿐이라 잠을 자고 나와야 하는 번거로움이 있다. 하추자의 돈대산을 오르자 눈 아래 신양항이 굽어보이고, 멀리 전라도 바닷가가 한눈에 잡힌다. 날씨가 맑으면 한라산도 보인다. 해양성 기후라 바람 심한 것을 빼면 아열대식물도 생존 가능한 곳이다. 그래서인지 곳곳에 동백이 유난히 많다. 추자도에 딸린 사수도는 상록활엽수림이 하늘을 가릴 정도로 우거져 있고, 여기에 흑비둘기와 슴새들이 번식해 1982년 천연기념물(333호)로 지정되었다. 전복, 소라, 미역, 톳, 천초가 지천인 곳이 이곳 말고 또 어디 있겠는가.

새로운 명품으로 떠오른 추자 굴비

그런데 사람들이 잘못 알고 있는 상식이 하나 있다. 추자도 특산품 하면 대개 멸치젓을 꼽곤 한다. 지금도 멸젓이 팔리고는 있지만 오늘날 추자도

의 최고 특산은 '추자 굴비'다. "어획량은 최고지만 문제는 덜 알려졌다는 점"이라는 김금충 수협 상무의 말이 아니더라도 실제로 조기들이 동중국해에서 추자도 근해로 몰려오기 때문에 해마다 엄청난 양이 잡힌다. 예전에는 그대로 영광 등지에 생조기로 출하했으나 이제는 브랜드화에 어느 정도 성공하여 아예 추자 굴비로 말

멸치젓과 함께 또 하나의 명물로 떠오른 추자 굴비.

리고 있다. 어족이란 참으로 묘한 것, 칠산 바다를 떠돌던 조기들이 어디로 갔나 했더니 추자도에 운집했었나 보다.

　20~40톤급 유자망 60여 척이 조업하고 있다. 주로 9월부터 4월까지 겨울에 조업하는데 10~11월이 성수기이기 때문에 가을 조기라 부른다. 법성포에서 연평도, 평안도 철산까지 조기의 회유를 따라서 봄부터 초여름까지 잡아 나가던 봄 조기가 사라진 조건에서 겨울 조기잡이가 생겨났다. 지금 추세라면 법성포 굴비 못지않아 '추자 굴비' 없으면 차례도 지내지 못할 날이 오지나 않을까. 종의 변화에 따라서 어민들의 생업과 풍습도 변하는 것이니 바다에서의 삶은 이처럼 생태적 환경조건에 민감하게 반응하는 셈이다. 실제로 추자군도에서 최대의 주력품으로 굴비를 키우고 있으니 곳곳에 조기잡이 어선들이 눈에 뜨인다.

　조기를 잡다 보면 부수입으로 갈치를 잡기도 한다. 조기를 잡지 않는 비수기에는 돔이나 고등어 낚시로 살아간다. 소라, 전복, 해삼이 많이 나고 있다. 조류가 심하고 암반층이라 육질이 단단하여 씹는 맛이 강하게 전달된다. 해초도 지천이라 톳, 검풀(앵초), 가사리, 멀, 미역 등이 두루 나온다. 해초 채취만큼은 공동체적 관행이 강하게 남아 있어 개인적 채취는 허락되지 않고 공동으로 생산하여 공동분배한다.

　떠나오면서, 추자도가 '오지'란 생각을 싹 잊어버렸다. 제주항에 한 시간 만에 도착했고, 곧장 공항으로 가 비행기를 타고 서울로 오는 데 고작 한 시간이 걸렸을 뿐이다. 스티로폼 박스에 횟감과 함께 넣은 얼음이 서울에 도착해서도 그대로이니 '멀고도 가깝다'거나 '가깝고도 멀다'는 야누스적 표현이 모두 맞는 곳이다.

'바다를 경영하라', 수백 년 내다본 다산의 '남도경영론'

제주도까지 옹기를 팔던 탐진 사람들

여름이 끝나가는 전남 강진만의 구강포(九江浦)를 굽어보며 200여 년 전에 예서 살았던 한 선비를 만나기 위해 걸음을 재촉했다. 위당 정인보 선생이 말했던가. 다산 정약용은 조선 사회의 총체적 연구 과제라고. 바다를 논하는 자리에서도 예외 없이 우리는 다산과 만나야 한다. 200여 년 전 19세기 초반의 인물인 다산 정약용의 '불패 신화'는 지금도 계속되고 있다. 생애의 결정적 대목을 남도 바닷가의 귀양살이로 꽉 채운 이 불우한 '천재'의 행장(行狀)에 관하여 후인들은 깊은 경의를 표하곤 한다. 그러나 그 '천재'가 해양정책 분야에서까지 탁월한 견해를 드러냈다는 사실은 의외로 알려져 있지 않다. 해양에 주목한 그의 예지를 재론하고자 강진만까지 찾아든 것이다.

물비린내와 개펄 냄새가 해조음에 섞여 묘한 음색을 자아내는 강진만 하구 구강포. 아홉 골 물길이 모여 만들었기에 《신증동국여지승람》에는 구십포(九十浦)로 기록된 곳이다. 전남 3대 강의 하나인 탐진강(耽津江)은 보림사(寶林寺)가 있는 장흥 유구를 거쳐 강진 읍내를 적시며 구십포로 흘러든다. 워낙 뭍으로 깊게 혀를 내민 만인 데다 간척까지 이뤄져 지금은 바다인지 강인지 경계조차 애매하다. 구십포가 가장 잘 보이는 곳으로 안내해달라고 했더니, 송하훈(51세) 강진문화원 사무국장은 거침없이 읍내 고층 아파트로 이끈다. 아파트 옥상에 서니 구강포가 끄트머리까지 한눈에 들어온다. 거듭된 간척의 결과다.

구강포는 탐라로 가는 지름길이다. 오늘의 강진은 도강(道江)과 탐진(耽津) 두 현을 합하여 이루어진 명칭이므로 이미 '탐라 나루'라는 뜻을 내포한다. 또한 인근 대구면의 고려청자를 배로 실어내던 외길 항로였다. 걸작 청자를 쏟아냈던 곳. 600여 년 동안 단절된 기예가 복원돼 '청자마을'로 기지개가 한창이다. 바닷길이라는 특성을 염두에 두지 않으면 왜 개성에서 천 리가 넘는 궁벽진 이곳에 도요지를 만들었는지 이해하기 어렵다.

칠량의 봉황마을을 찾아드니 감개가 무량하다. 바닷가에 바짝 붙어 있는 옹기점이 눈에 띈다. 바닷가에 바짝 접해 있는 전국 유일의 옹기점이다. 배에 실려 제주도나 인근 도서로 팔려 나갔다. 대구면의 청자 전통은 사라졌어도 옹기 전통으로 이어졌다. '봉황 옹기'로 불리는 이곳 옹기는 곧바로 제주도는 물론이고 여수, 목포, 김해, 마산, 부산까지 팔려 나갔다. 빛 바랜 사진에서 보듯 옹기점 바로 앞에 배를 대고 실었으니 당대 물류의 이점을

이용하여 포구에 옹기점을 마련하였던 것이다. 풍선이 40여 척 떠 있어 옹기들을 실어 날랐는데 지금은 배편 운송이 사라진 지 오래다. 옹기점도 수십 집이 하다가 모두 그만두거나 타향으로 떠나갔고 정윤석 장인이 아들 영균을 데리고 3대째 흙과 씨름하고 있는 중이다.

옹기의 소멸도 플라스틱의 등장과 함께 이루어진 사건이었다. 이렇듯 고려청자와 봉황 옹기는 오로지 구강포를 둘러싼 바닷길과의 연관으로만 설명된다. 구강포를 찾은 이유는 너무도 단순하다. 뱃길을 생각하지 않고서는 대구면 청자도, 봉황 옹기도 성립할 수 없기 때문이다. 근자에 고군산군도의 야미도 수중에서 다량 발굴되고 있는 고려청자들도 12세기 초에 전남 강진과 전북 부안에서 개성으로 가던 배들이 침몰하면서 수장된 것으로 확

1 강진에서 실려 나가는 옹기와 풍선.
2 강진에서 실려온 옹기배가 정착해 있는 제주시 동한두기 버랭이깍 자연포구. 사진 1, 2는 제주와 강진의 교류를 선명하게 말해준다(《사진으로 엮는 20세기 제주시》, 2003년).
3 유일하게 남은 봉황의 바닷가 옹기점.

인되었다. 아마도 이곳 구강포 등지에서 뱃길을 이용해 개성으로 끊임없이 오고 갔을 것이다. 적어도 1960년대 초반까지만 해도 뱃길이 살아 있어 옹기 운송에 쓰였다.

18년간 어민과 호흡하며 방략 구상

구강포가 굽어보이는 곳에서 18년이나 살았던 정다산이 당대 뱃길을 모를 리 만무하며, 뱃길만이 일거에 많은 물산을 이동시킬 수 있음을 유심히 지켜보았을 것이다. 구강포 등지에서 민중들의 일거수일투족을 지켜보면

남쪽바다

123

서 자신의 사상을 다부지게 다져갔을 법하다. 오늘날에는 횟집촌으로 변한 마량포구도 거닐었을 것이며, 칠량의 청자마을과 만덕산의 백련사에서 다산초당에 이르는 호젓한 오솔길, 초당 아래 귤동마을도 자주 오갔을 것이다. 그러면서 갇혀 산 18년 동안 자신의 생각을 써나갔으리라.

역사는 더러 우연의 소산이기도 하다. 하필이면 다도해 연안으로 쫓겨온 덕분에 그가 바다를 읽는 방식은 다른 사람들과 확연히 달랐다. 알려져 있듯 정약용과 그의 형 정약전은 영암에 뿌리를 둔 월출산 아래 성전쯤에서 길이 엇갈렸다. 형은 남서쪽으로 내려가 우이도를 거쳐 흑산도에 유배됐으며, 동생은 남동쪽 강진만의 백련사 인근에 갇혀 살았다. 형은 흑산도에서 '장대'라는 어부를 만나 불후의 수산서 《자산어보(玆山魚譜)》를 남겼고, 동생은 강진만을 굽어보면서 쓴 《경세유표》 속에 원대한 해양방책을 녹여넣었다.

500여 권의 방대한 편질(篇帙)을 남긴 다신의 저술에서 《경세유표》는 단연 압권이다. 1표 2서(一表二書) 중의 하나로, 강진 유배생활(1801~1818)이 끝나갈 즈음(1817)에 저술하였다. 다산은 유표에서 해양에 관한 원대한 뜻

《경세유표》(규장각 소장).

을 펼쳐 보이며, 유원사(綏遠司)라는 해양 총괄기관의 설치를 주창한다. 오죽했으면 《경세유표》에서 "우리나라는 삼면이 바다이나 어염(魚鹽)에 대한 이득은 모두 사삿집에 돌아가고 국가에는 하나도 득이 없다."고 했을까.

이런 현실을 너무 잘 아는 그는 착취의 대상으로 전락한 어민과 국가가 통제하지 못하는 도서의 처지를 살펴 해양경영론을 제기하며 조정의 해양에 대한 무관

심과 무대책을 아프게 비판하고 있지 않은가.

그는 "나라 땅이 편소하여 북은 2천여 리, 남은 1천여 리에 불과함"을 지적하면서 "오직 서남쪽 바다 여러 섬, 그 중 큰 것은 둘레가 100리나 되고 작은 것도 40~50리는 된다."고 썼다. 당시에 섬은 오로지 국영목장, 소금 생산지 등으로만 효용가치를 인정받고 있는 실정이었다. 조선 말(1895) 기준(各道各邑牧場案田畓結數, 규장각 소장), 목장이 22개처였으니 경기도의 영종도·장봉도·강화·주문도·황해도 백령도, 전라도 임자도·신지도·진도 같은 섬에 국가경영 목장이 있었다. 섬 백성은 수탈의 대상으로만 존재하고 있었다. 국영목장의 목동이나 염전의 간쟁이[鹽夫]로 종사하면서 착취의 대상으로만 전락하여 제 힘을 발휘하지 못하고 있는 섬의 처지를 간파한 정다산은 조정에서 전혀 해양에 대해 관심을 두지 않음을 비판하였다.

별이나 바둑판처럼 벌려 있고, 작고 큰 것이 서로 끼어 있어 수효가 대략 1천여 개인데 나라의 울타리다. 개벽 이래 조정에서 사신을 보내 이 강토를 다스리지 않았다. 그러므로 바닷가 고을끼리 각자 자력으로 서로 부리고 붙여서, 강한 자는 많이 차지하고 약한 자는 적게 얻는다. 한 무더기 푸른 산이 분명 고을 앞에 있는데 그 소속을 물으면 수백 리 밖의 아주 먼 고을을 말한다. 또 명목은 고을에 예속되어 있으나 실상은 딴 곳에 종속되어, 혹은 궁방(宮房)이 세금을 뜯어갔고, 혹은 군문(軍門)이나 고을 토호가 착취했다. 간사한 짓이 사방에서 나와 제멋대로 백성을 토색질한다.

이처럼 문란한 풍조, 신라·고려 때부터 이어진 오랜 구악(舊惡)의 유래를 그는 간파하고 있었다. 다산은 "내가 오랫동안 바닷가에 있었으므로 그 실정을 익히 알게 되었다."고 말한다.

섬은 우리나라의 그윽한 수풀이니

섬을 관할하는 고을이 엉망으로 편재되어 있고 궁방과 군문에 절수되거나 토호에게 절수되어 수탈이 심할 수밖에 없었다. 그래서 유원사라는 섬을 관장하는 관청을 세워 온 나라의 섬을 관장하여 민중의 질고를 제거토록 하자고 《경세유표》에서 제의한다.

> 모든 해도(海島)에서 상납하는 것은 세물, 부물을 막론하고 그곳 백성이 직접 유원사에 바치도록 허락하며 그 고을에서는 간섭하지 말게 하고, 상납하는 날에 도정이 직접 수납한다면 거의 폐단이 없을 것이다. 그러나 만약 여러 섬에서 각자 와서 바치도록 하면 그 폐단이 더욱 클 것이다. 큰 섬 10개를 묶어서 1총(摠)을 만들고, 그 부근 여러 섬을 부용(附庸, 작은 나라가 큰 나라에 의탁하는 것을 뜻하며 여기서는 부속의 뜻임)으로 만들어 무릇 한 총 물품은 한 백성이 영솔해서(10개의 섬에서 영솔해가는 사람을 번갈아 가면서 내는 것) 유원사에 납부하는데, 비록 뇌물이 오가더라도 각자 납부하는 것보다는 반드시 나을 것이다.

물론 그의 탁월한 견해를 조정이 받아들였을 리 만무하다. "나라의 재력이 빈약한데 무엇으로 관직을 증설하느냐?"는 질문에 이렇게 답한다.

"내 생각에 섬은 우리나라의 그윽한 수풀이니 진실로 경영만 잘하면 장차 이름도 없는 물건이 물이 솟아나듯, 산이 일어나듯 할 것이다."

그 자신이 강진 바닷가에서 오랜 귀양살이를 한 탓에 바다를 잘 알고 있었다. 그는 북방에 지지 않는 외번(外藩)으로서 남방을 중시하는 '다도해 정책론', '남방경영론'을 표방하고 있다. 올바른 해양경영으로 무명의 물건이 산처럼 쌓이는 풍경을 다산은 예견하였던 것이다. 국방, 경제, 수산

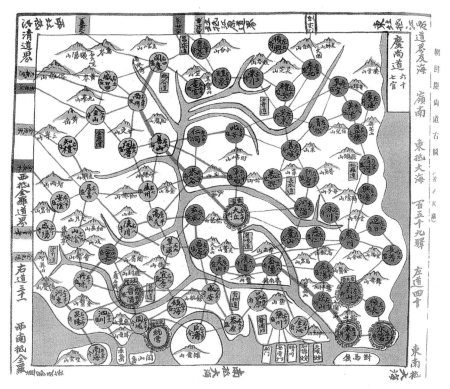

〈경상도 67官圖〉는 임진왜란 당시 일본인이 작성하여 사용한 듯한 옛지도다. 우리가 바다를 등한시하는 동안 일본은 이처럼 지도까지 만들어 대비하고 있었다. 일본의 역사학자 도구도미 소호(德富蘇峰, 1863~1957) 소장본.

의 보루로서 종합적인 해양정책을 일찍이 제시한 다산의 실사구시를 끝내 받아들이지 않은 봉건왕조의 그릇된 정책은 유전인자처럼 20세기까지도 고스란히 이어졌다.

정다산은 심지어 간척론까지 제시한다. 나라가 삼면이 바다로 둘러싸여 있고 동서는 천 리도 못 되니 바닷가 갈라진 항구 안에 둑을 쌓아 개간하는 일을 멈출 수 없다고 하였다. 그러면서 간척 기술상의 문제와 간척으로 생긴 새 땅의 토지 분배를 거론한다. 일찍이 정조의 명을 받아 설계하였던 화성 축성에서 거중기를 사용한 경험을 지녔던 그는 둑을 쌓는 데도 거중기를 쓸 것을 제안하고 있다. 둑이 완성되면 법대로 1/9은 거두고, 8부는 모두 가난하여 논밭이 없더라도 건장해서 힘이 있는 자를 널리 모집하고 엄선하여 경농하도록 하여 평생의 업으로 삼게 해야 한다고 하였다. 다산의 토지공유사상이 잘 드러나는 대목이다.

그의 해양방략은 하루아침에 구상된 것이 아니라 18년이란 세월을 강진만의 어민들과 벗하면서 숙성시켜 구체화한 것이다. 그가 얼마나 어민의 삶에 가까이 다가섰는가는 그가 남긴 시어(詩語)에서도 산견된다. 가령 〈탐진어가(眈津漁歌)〉에 등장하는 궁선(弓船)은 활선, 맥령(麥嶺)은 보릿고개, 고조풍(高鳥風)은 높새바람, 마아풍(馬兒風)은 마파람을 뜻한다.

한문투긴 하지만 민중의 토속 언어를 끌어들였으니, 당대 언어의 '종 다양성'을 확장시켰다는 점뿐 아니라 해양방략이 민중의 삶에 근거한 이론임을 설명하는 명쾌한 증거가 아닐 수 없다. 우리는 여기에서 탁상물림은 상상할 수도 없는 실천 학문의 예증을 본다.

쌀이 창자라면 수레와 배는 혈맥

다산은 북방에 뒤지지 않는 변방 외변으로서 남방의 섬을 중시했다. 그러나 옹졸한 세계관에 갇혀 살던 봉건왕조는 국방, 경제, 수산의 근본이 될 종합 해양정책을 망라한 다산의 해양방략을 수용하지 않았다. 《경세유표》조차도 먼 훗날에야 일반에게 알려졌을 정도이니 말해 무엇 하랴. 다산만 그러한가. 당대 실학자들은 대개 바다의 중요성을 간파하고 있었다. 초정(楚亭) 박제가(朴齊家, 1750~1805)가 또한 우리의 눈길을 끈다.

실학자로 잘 알려진 초정 박제가이지만 그의 '무역입국론'은 거의 주목을 받지 못하고 있다. 해금(海禁)의 시대에 지극히 드물게 해외통상을 주장한 인물이다. 그의 주장대로 바다를 통한 대외개방의 준비를 차근차근

해나갔더라면, 열강에게 그렇게 수모를 당하지는 않았을 것이다. 당시 아시아의 모든 국제정보가 모여들던 중국 연경(燕京)을 네 번이나 다녀온 철저한 북학론자(北學論者)였던 박제가는 토정(土亭) 이지함(李之菡, 1517~1578)과 반계(磻溪) 유형원(柳馨遠, 1622~1673)의 영향을 받아 '해외통상론'을 전개하였다. "쌀이 창자라면 수레와 배는 혈맥"이라고 강조하면서 통역관을 양성하고 사족들의 무역참여를 주창하였다.

불행하게도 초정의 통상개국론 역시 정책에 반영되지 않았지만 우리나라 '개국론의 횃불'이었던 셈이다. 그래서 그의 존재 자체가 우리 사상사의 '기적'이다. 어떻게 바다를 통한 해외무역 주창이 '기적'처럼 느껴질까. 200여 년 전에 이미 무역입국론을 주창한 초정 같은 인물이 있었고, 이를 열렬히 지지한 반계 유형원 같은 인물들이 있었건만 이러한 정책이 실제로 받아들여져서 팽창해오는 해외제국의 압력에 서서히 대응하는 준비자세는 결코 '기적'처럼 오지 않았다.

유럽의 경우 기록적인 항해나 대규모 약탈의 이면에는 국왕이나 자본가, 심지어는 왕비나 호사가 등 든든한 후원자들이 즐비했으나 내 땅의 바다라도 잘 다스리자는 이 뜻 깊은 방책에는 어느 누구도 귀를 기울이지 않았다.

다산이 《경세유표》를 쓴 지 불과 26여 년 뒤인 1843년 중국에서는 50여 권의 방대한 《해국도지(海國圖志)》가 출간된다. 이는 아편전쟁에서 해양제국 영국에 패한 뒤 난징조약에 따라 홍콩과 주룽 반도를 영국에 할양하는 아픔을 겪고 나서야 제시된 대응책이다.

서구 열강의 서세동점은 서구 제국주의 침략의 본격화를 의미했으니, 해양제국의 침략을 예감하기는커녕 자신들의 영토조차 장악하지 못한 슬픈 왕조의 자화상을 《경세유표》는 예감하고 있었던 것이 아닐까. 돌이켜보면 참으로 안타까운 일이거니와 결국 이 땅이 일본을 위시한 해양세력에게

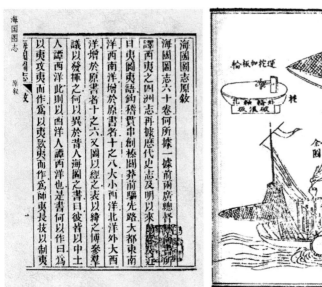

《해국도지》 서문(왼쪽)과 본문에 실린 증기기관선의 설계도면(오른쪽).

유린딩하고서야 그를 다시 생각한다는 사실이 새삼 폐부를 저민다. 역사
에 가정은 있을 수 없다지만 지금도 '그때 그의 도서경영론이 받아들여졌
더라면 어떻게 됐을까?' 하는 아쉬움을 떨쳐버릴 수 없다.

선인들에게서 21세기 바다경영의 지혜 배워야

지금도 민감한 국제 해양질서의 도전에 진땀을 흘리고 있는 우리로서는
다산이 200여 년 전에 주창한 해양방략의 경륜이 어떻게 구현되고 있는가
를 끊임없이 곱씹어야 하리라. 따지고 보면 노르웨이령 북극에 '다산기
지'가 존재함이 우연은 아니다. 해양연구원에서 북극 전초기지를 마련하
고 해양학자를 파견해 본격적인 북극 탐사를 시작하면서 명명한 '다산'이
라는 기지명은 탁월한 선택이다. 혹자는 다산과 바다가 무슨 관계냐고 묻

겠지만, 수많은 실학자 중에서 그처럼 명료하게 해양방책을 제시한 사람이 또 누구인가.

나는 그의 '미완의 해도경영론'을 21세기 바다경영의 기본 노선으로 받아들일 것을 감히 주창한다. 또 '어제 같은 옛날'을 살았던 다산에게서 과거를 거울 삼는 감고계금(鑑古戒今)의 배움을 청한다. 강진만에서 다산을 만나면서 내내 보듬고 있었던 화두는 '이 많은 섬들을 어찌할 것인가?' 하는 고민이었다. 공무원들이라도 먼저 《경세유표》를 찬찬히 되읽어 다산으로부터 변방의 섬들이 번성해 국력의 영화로 이어질 해양방략의 지혜를 얻어야 하리라. 예부터 맑고 고매한 이야기를 청담(淸談)이라 하였거니와, 선인들의 청담을 귀에 새겨 미래를 대비할 일이다.

게와 거북이와 물고기가 숨쉬는 바닷가 절집

땅의 끝은 바다의 시작

습관처럼 반도의 땅끝으로 가고 있다. 먼 해남의 땅끝으로 가야지만 왠지 본격적인 바다가 시작될 것 같다는 느낌 때문이다. 사실 나는 '땅의 끝'이라는 '육지 중심적 사고'에 전적으로 동의하기 어렵다. 북반구 지도를 거꾸로

미황사 대웅전 주춧돌에 새겨진 거북이의 모습이 선명하다.

놓고 보면 땅끝이 아니라 바다로
진출한 곶(串)이기 때문이다. 육지
의 끝은 바다의 시작이기도 하므로
시작과 끝을 일도양단으로 갈라서
생각하기도 어렵다. 땅의 끝과 바다
의 시작은 무엇인가. 문득 이문재 시
인이 쓴 〈나는 바다를 바로 보지 못한다〉
라는 글을 떠올렸다.

땅끝은 바다의 끝이다. 몇 해 전 여름날 저녁, 해남 땅끝마을
에 가서 알았다. 그리고 그 땅끝에 서서 또 깨달았다. 땅끝에서 돌아서면
거기가 바로 땅의 시작이란 엄연한 사실을, 끝에 가서 문득, 예기치 않았던
처음을 본 것이다. 바다도 마찬가지였으니, 모든 해안은 바다의 끝이면서
동시에 바다의 맨 처음이었다. 끝과 맞물려 있는 시작, 맨 처음과 겹쳐져
있는 맨 끝, 그것은 거대한 원이었다.

그런데 남도 바닷길을 가다가 그만 '엉뚱하게' 산 속으로 들어가보았다.
해중산인(海中山人)의 속깊음을 미황사(美黃寺)에서 확인해보려 함이었다.
바다와 육지가 둘이 아니라는 불이(不二)의 뜻 깊은 변증의 세계가 미황사
에서 펼쳐지고 있기 때문이다.

땅끝이 바다의 시작이듯이 미황사는 육지 절집의 끝이자 바다 절집의 시
작이다. 큰 절집인 대둔사(大屯寺)의 유명세에 비해 작은 절집인 미황사는
대중적으로는 덜 알려졌다. 사하촌의 그 흔한 번쩍거림도 없으며 무명의

마을에 밥집 몇 개가 있을 뿐이다. 그러나 미황사는 남도에서 바다로 가는 길목 풍경의 매혹을 가장 잘 껴안고 있다. 동백나무숲, 장중한 부도밭, 게다가 기암절벽이 병풍처럼 펼쳐진 해발 600여 미터의 달마산(達摩山)은 '호남의 금강산'으로까지 불린다. 그 무엇보다 미황사 대웅보전 기둥 주춧돌의 게딱지와 거북이는 미황사가 바다 절집임을 알려준다. 왜 바다에 사는 게와 거북이를 양각으로 새겨놓았을까.

해답은 달마산에 오르면 풀린다. 남해가 한눈에 들어온다. 예의 땅끝은 물론이거니와 완도와 진도, 그네들 섬에 딸린 조도군도를 위시한 자잘한 다도해의 '호수'들, 심지어 날씨에 따라서는 한라산 봉우리가 다가온다. 한라산까지 보이는 산자락에 미황사가 안겨 있는 폭이니, 산이 바다를 안고 바다가 산을 품은 격이다.

달마산에서 맞이하는 다도해 낙조는 또한 무엇에 비할 것인가. 어느 석수장이가 있어 불현듯 게와 거북이를 새겨놓았으리라. 왜 그랬을까. 숙종 18년(1692)에 민암 장유(閔黯 長孺, 1634~1692)가 지은 미황사 사적비(美黃寺事迹碑)에서부터 출발해보자.

인도에서 들어온 배

신라 경덕왕 8년 8월 12일, 홀연 돌로 만든 배 한 척이 달마산 아래 사자포구(獅子浦口)에 와 닿는다. 하늘에서 들리는 음악인 듯 범패소리가 배 안에서 계속 들려오기에 어부들이 가까이 가서 살펴보려고 하자 배는 문득 멀어져버린다. 소식을 들은 의조화상(義照和尙)이 향도 100명과 함께 해안가에 가 기도를 올리자 돌배가 뭍에 닿았는데, 금옷 입은 사람이 노를 잡고 서 있었으며, 경전과 불상이 가득하였다. 또한 배 안에 있던 검은 돌이

벌어지며 검은 소 한 마리가 나타난다. 이날 밤 의조화상이 꿈을 꾸었는데 금옷 입은 자가 말하기를,

"나는 본디 우전국(優塡國, 인도)의 왕으로서 여러 나라를 두루 다니며 경상(經像)을 모실 곳을 구하였다. 그런데 이곳에 이르러 산 정상을 바라보니 일만불(一萬佛)이 나투었기에 여기에 머물기로 하였다. 경(經)을 싣고 가다 소가 누워 일어나 앉는 곳에 경을 안치하라."

이에 의조화상이 소에 경을 싣고 가는데, 산골짜기에 이르러 소가 눕더니 '美'라고 부르며 죽어버렸다. 소가 누워 죽은 그 골짜기에 미황사를 짓고 상을 봉안하였다. 여기서 미황사의 '미'는 소의 울음소리에서 취한 글자요, '황'은 사람의 색에서 취한 것이라 하였으니, 사적비의 연기설화(緣起說話)와 절 집 이름이 일치한다. 그런데 비문에 이르길, 당시 돌에서 나온 소며 금옷 입은 사람 이야기 따위는 허황하고 망연하여 세상의 귀로는 믿기 어려운 일이라 하였다. 그러나 연대의 고증을 그저 추측이라고만 할 수 없는 것이 패엽경(貝葉經)과 금구, 그리고 탱화 등이 있어서 완연하게 밝힐 수 있다고 하였다.

사적비가 세워지던 조선 후기까지도 남아 있던 이들 증거물은 불행히도 현존하지 않는다. 그러나 대웅전의 우물천장에 범어(梵語)로 쓰여 있으며, 인도에서 경상을 실어 보낸 배가 이곳에 도착하였다는 데서 국제적 해상교류의 느낌이 감지된다. 완도 청해진이 지척이니 이 일대 해상세력들의 단월로 미황사가 창건되었음 직하다. 사찰 창건에 필요한 주요 물자들도 해상에서 들어오고 있었고, 미황사 창건에 당대 해상세력들의 직간접적 지원과 참여가 있었을 것이다.

금강(金剛) 주지스님은 《미황사 부도군 실측조사보고서》를 한 권 꺼내면서 '물 흐르듯 꽃이 피듯(水流花開)'이라 서명을 해주었다. 사찰의 불사가 엄한 불상과 탑만 만드는 것에 반하여 이 같은 사찰문화사 연구도 또 하나의 진정한 불사이리라. 그 책에 쓰여 있듯이 미황사 연기설화는 반야용선(般若

땅끝이 바다의 시작이듯이 미황사는 육지 절집의 끝이자 바다 절집의 시작이다.

龍船)으로 해석될 수 있을 것이다. 건축학자 양상현(순천향대)도 논문에서 같은 입장을 피력한 바 있다. 대웅전 주춧돌에 게와 거북이 노닐고 있으니 주춧돌과 그 아래의 기단은 바다를 상징한다. 대웅보전은 바다 위에 떠 있는 배가 되는 것이다. 바닷길로 부처님을 모시고 온 배를 상징하는 것이리라.

미황사 대웅전 모서리의 초석에는 게와 거북이 조각되어 있다. 게와 거북이 노닐고 있으니 초석과 그 아래의 기단은 바다를 상징하게 되며 초석 위의 불전은 바다에 떠 있는 배가 되리라는 해석이다. 불전 어칸 양쪽의 기둥머리에 용의 조각이 몸을 빼고 나와 있으니 이 배는 바로 반야용선이다. 설화 속에서 바닷가에 나타났던 반야용선을 그 상징대로 지상에 옮겨 놓은 것이다. 대웅전의 내부 벽체 상단에 수많은 부처를 그려놓았는데, 이른바 천불(千佛)이라고 한다. 반야용선의 승객인 셈이다. 이야기 속의 설정을 건축으로 완성하여 연기설화의 진실성을 보장하고 있다.

이런 해석도 가능하다. 남쪽에서의 불교전래 루트는 두말할 것 없이 바닷길이다. 그러나 그들 바닷길은 길은 분명히 있으되 역사문헌이 없고 오로지 구술사만이 존재할 뿐이다. 동진(東晉)에서 전래한 백제의 마라난타 (摩羅難陀) 전래설도 법성포 인근에 흔적만 남길 뿐 결정적 증거가 없다. 그렇지만 끊임없이 바닷길로 오고 갔던 남방 전래의 역사는 엄연한 것으로 당대 고대인들의 항해술은 우리가 생각하는 것 이상으로 뛰어났으며 바다를 통한 문명의 교류가 대단히 활발하였다.

돌로 만든 배에 경전을 싣고 왔음은 뱃길을 이용한 남방에서의 불교전파 설로 여겨진다. 한갓 전설로만 볼 수 없는 것이 당나라 유학승 대부분이 뱃길을 선택하였으며, 도적과 외적이 득실거리는 육로에 비하면 뱃길이 훨씬 편하고 빠른 길이었다. 바닷길은 문명 교류의 '하이웨이'였으니, 미황사 연기설화는 그러한 문명교류사의 잔흔을 잘 간직하고 있는 것으로 비정된다.

절집 마당이 바다이다

바다 절집의 압권은 부도밭이다. 서편의 아름다운 동백숲길을 따라 10분 정도 들어가면 달마산을 배경으로 부도와 탑비가 모셔져 있다. 남쪽과 서쪽 부도밭 두 개다. 남부도군은 규칙적이지는 않지만 북서향을 향하여 대략 5 열로 자리 잡고 있으며, 서부도군은 남향을 하여 하나의 선상에 1열로 구성 되어 있다. 곳곳에 장엄된 부도 조각에는 서남해의 해산물과 우리 국토 어디에서나 볼 수 있는 동식물들을 문양의장으로 채용, 발전시키고 있다.

게와 물고기, 거북이, 심지어 다리를 꼰 오리, 방아 찧는 토끼에 이르기까지 자유분방한 장엄으로 가득 차 있다. 엄정하고 단아할 뿐만 아니라 소박하기까지 하여 일면 초라해 보이기조차 하는 조선 후기 부도양식에서 이처럼 '장난치듯' 민화풍 풍속의 세계관을 펼치고 있음은 미술사적 전환을 암시한다. 문화사적으로도 기존 질서를 파괴하는 '작은 혁명'을 성취하고 있

남쪽바다

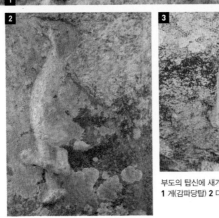

부도의 탑신에 새겨진 동물들.
1 게(감파당탑) **2** 다리를 꼰 오리(설봉당탑) **3** 방아 찧는 토끼(감파당탑).

는 중이다. 유독 해산물이 자주 등장함은 연기설화와 더불어 미황사가 바다와 불가분의 관계임을 암시한다.

부도밭의 주인공들은 서산(西山)의 제자들. 조선 후기 미황사를 비롯한 호남불교가 번창하기 시작한 것은 서산대사가 자신의 의발(衣鉢)을 저 멀리 남쪽 해남 대둔사에 보관할 것을 지시한 다음부터다. 이후 대둔사는 12

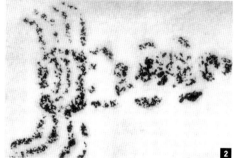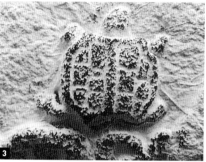

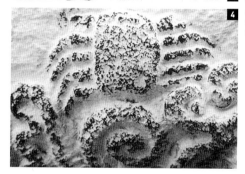

천진난만한 미학을 연출하는 탁본들. **1** 물고기(고양당탑) **2** 물고기를 문 게(벽하당탑) **3** 거북이(고양당탑) **4** 게(고양당탑).

대종사와 12장사가 배출될 정도로 대사찰로서의 면모를 지니게 된다. 대둔사와 지리적으로 가까운 미황사도 자연 번창하게 되며, 서산의 법맥은 강진의 만덕사, 해남의 대둔사와 미황사로 그 영향력이 확대되어간다. 서산의 후예들이 남도불교를 일으킨 진흥지가 되었으니 이들 부도들은 당대의 역사를 웅변해준다. 조선 후기에만 세 번에 걸친 중창불사가 이루어졌으나

남쪽바다

139

300여 년이 지난 지금은 다만 부도군만이 그 오롯한 자취를 남기고 있다.

바다와 연관이 깊은 스님들

재미있는 것은 부도밭의 주인공들이 대개 인근 해변이나 섬과 깊은 연관을 맺고 있다는 점이다. 7대 종사 연담(蓮潭)은 미황사에서 '천변불사소(川邊佛事疏)', '천변십왕소(川邊十王疏)'로 수륙도장(水陸道場)을 개설하였는바, 이는 바다에 인접한 미황사의 특성을 잘 반영하고 있는 것으로 보인다. 대둔사 8대 종사 운봉(雲峰)은 가끔씩 섬으로 숨어들어가 자신의 초가집 암자에 야은(野隱)이라는 편액을 걸고 살기도 하였는데, 남들이 물으면 병을 치료한다고 하였지만 실은 이름을 감추고 자취를 감추고자 함이었다. 숙종 22년(1696)에 태어난 금하(錦河)는 장산도 출신으로 어릴 적부터 아이들이 바닷가에서 고기를 잡을라치면 그도 따라가 그 중에서 살 수 있는 것을 골라 물 속에 넣어 살려주었으며, 매운 냄새가 나는 채소나 비린내가 나는 음식을 먹지 않았으므로 사람들은 무슨 일이 있을 것이라고 의아해했다. 즉원(卽圓)은 정조 18년(1794)에 궁복도(弓福島)에 있는 암자에서 열반에 들었다.

부도에 유난히 해산물이 많음은 부도의 주인공들이 바다에서 태어나서 바다로 되돌아갔음을 암시하기도 한다. 천진난만한 물고기와 거북이, 게 그림에서 흡사 이중섭의 서귀포 피난시절 그림이 떠오른다. 지고의 경지에 이르면 이렇듯 천진한 어린이들 세계로 빠져드는 것일까. 장난치듯 새겨놓은 해산물에서 바다 냄새가 달마산 자락까지 배어 있음을 감지한다.

바다는 늘 인자한 것만은 아니다. 120여 년 전 해남 출신 주지 혼허(渾虛) 이하 40여 명의 스님들이 바다에서 폭풍을 만나 목숨을 잃었다는 전설도 전해진다. 중창불사를 위한 군고단(軍鼓團)을 이끌고 완도와 청산도로 향하다 젊은 스님들이 모두 조난당하였다. 중창불사를 위한 사찰걸립패가 조직되었음을 알려주며, 걸립영역이 도서지방에까지 미쳤음을 알 수 있다. 이처럼 엄청난 일을 겪으면서 그로부터 절은 폐사되다시피 하여 몰락의 길을 걷는다. 지금도 사하촌(寺下村) 사람들은 비바람이 을씨년스러운 날씨를 두고 "미황사 스님들 군고 치듯 한다."고 하였으며, 인근 해남군 송지면 산정리의 농기에는 삿갓 쓴 스님들이 바다거북을 타고 있는 그림이 그려져 있다.

땅끝으로 가는 길을 잠시 접어두고 미황사에서 멈출 수밖에 없는 소이는 위와 같음이랴. 바다가 산을 벗하고 산이 바다를 벗하여 산중에 반야용선을 들여놓았고, 게와 거북이와 물고기를 풀어놓았음이랴. 지금은 남도의 끝자락으로 불리지만, 청해진을 필두로 동북아를 주름잡던 해상세력의 근거지가 이 일대였으니 '땅의 끝은 바다의 시작'이란 말을 실감하게 된다. 달마산에서 '왜 달마란 이름이 남쪽으로 왔는가'를 통속적으로 묻는 것은 참으로 부질없는 것이니, 《신증동국여지승람》에 나와 있듯이 이미 남송(南宋) 사람들에게도 달마산은 영험한 도량으로 알려져 있었음직하다. 1281년 겨울에 남송의 배가 표류하여 근역에 당도하였을 때, 달마산을 보고 "우리나라에서는 그 이름만 듣고도 멀리 공경할 뿐인데, 그대들은 이곳에서 생장했으니 부럽고 부럽도다. 이 산은 참으로 달마대사가 상주할 땅이다."라고 하였다. 신라시대는 물론이고 고려시대까지도 국제해상교류의 중심지였음을 설명해주며 달마산의 국제적 위상마저도 설명해줌이랴.

《택리지(擇里志)》에 이르길, 해남 근역들은 모두 살기에 부적당하다고 하였다. 그러나 육지 중심이 아니라 바다 중심의 세계관적 전환을 고려한다면, 그 언설을 전면적으로 승인하기는 곤란하리라. 더군다나 바다가 절집에서 숨 쉬는 풍경을 보노라면 바다와 육지를 가르는 불이(不二)를 도저히 승인할 수 없으리라.

완도 송징 당산제 :

만들어진 전통, 청해진에서의 송징과 장보고

적어도 수백여 년 이어져온 청해진 근거지에서의 당산제

장사의 뼈는 진작 초목과 더불어 썩었어도

의연한 그 혼백 노여움 머금어 바람 우레 사나우니

귀신이 영웅 되어 이 땅에서 받들어지며

신목에 꿩털 꽂고, 나무로 형상을 만들었도다

저 어떤 사람인가?

신당을 괴이하게 비웃으며

부수고 망가뜨려 강가에 던지다니!

백 년 풍상에 한 간 당집이 쓸쓸하고

철 따라 복날이고, 섣달이면 마을의 북소리

뉘엿뉘엿 해 질 무렵이면 무당이 굿을 하는데

하늬바람에 갈까마귀 춤을 춘다

당대의 문인 석천 임억령(石川 林億齡, 1496~1568)이 해마다 무명의 장군 신을 받들고 굿을 하게 된 내력을 읊은 장편 서사시 〈송대장군가(宋大將軍歌)〉의 한 대목이다. 시를 통해 송징(宋徵)을 모신 굿당을 무시하며 이를 음사(淫祠)로 치부하는 유생들의 고루함을 신랄하게 비판하고 송 장군의 영웅성을 노래했다. 석천의 고향이 인근 해남 땅이니 완도에 대해서도 소상히 알고 지냈으렸다. 시에서 송 장군은 '역발산기개세(力拔山氣蓋世)'의 위력을 보여주는 영웅, 무리를 이끌고 들어와 천험의 요새에 진을 치고 민중을 도와주었던 출중한 인물로 그려진다.

그러나 송 장군을 둘러싼 다양한 '설'만 있을 뿐 아무런 입증 자료가 없다. 분명한 것은 하나, 송징이란 뛰어난 인물이 있었던 것은 사실이고, 그가 완도민들을 위하여 무언가 선한 일을 했을 법한데 영웅으로서 피를 흘리며 비장하게 죽고 말았다는 점이다. 그리하여 바다의 영웅, 마을의 수호신으로 모시게 되었고, 임억령의 시에까지 등장하게 된 것이다.

시에서 '신당'이 있는 곳은 청해진 유적지로 잘 알려진 완도 장좌리의 장도(將島)다. 전설의 인물 송징이 마을신으로 좌정하고 있다. 해마다 정월 열나흘 밤이면 당산제가 열린다. 모두들 일렁이는 횃불을 들고 풍물을 치면서 물이 빠진 바닷길을 걸어서 섬으로 들어가 장군을 모신 신당 앞에 자리 잡는다. 굿은 밤새도록 이어진다. 새벽녘 동이 훤하게 터올 무렵에야 신당에서의 굿은 파한다. 여명이 들 무렵이면 들물이 차올라 장도는 다시 물길에 갇히고 만다. 아낙들은 아무런 속이 없이 그냥 흰 밥을 둘둘 만 굵직한 김밥을 하나씩 사람들에게 나눠준다. 김치를 곁들인 흰 김밥을 새벽 바다에서 먹는 맛이라니! 그 김밥으로 허기를 때운 사람들, 이제 마을로 돌아가기 위해 행장을 꾸린다.

굿패는 신당을 몇 바퀴 돌면서 굿거리장단을 펼친다. 올 때는 걸어왔지만 돌아갈 때는 배를 타야 한다. 배에서도 요란하게 풍장을 치면서 굿판의 여흥을 사른다. 아침 바다에 울려 퍼지는 풍물소리의 매혹을 어찌 글로 다 옮길 수 있으랴.

송징이 갑자기 사라지고 장보고로 뒤바뀌어

지금부터 꼭 20년 전인 1984년, 머나먼 이곳 장도로 답사를 왔었다. 그때만 해도 차편이 드물었던 시절이라 어쩌다 시골버스가 다닐 뿐 너무도 조용하여 굿장단에 귀가 멍멍할 정도였다. 동네 구멍가게에 자리를 잡고 물이 빠질 때를 기다렸다. 마침 마을 장정 몇이서 됫병 소주를 맥주 컵에 그득하게 따라 마시고 있었다. 그들은 나그네에게도 컵 가득 소주를 부어 권하였다. 그러면서 그 사내들은 송징 장군을 모시게 된 내력을 신명나게 풀어냈다. 그렇게 의기투합해 오래 대화를 나눴지만 그들의 말 어디에도 송징만 등장할 뿐, 오늘날 유명한 장보고 이야기는 없었다.

물이 빠지자 그대로 200여 미터를 걸어서 장도로 들어갔다. 바다에 에워싸인 언덕배기에는 푸른 밭이 펼쳐져 있었고, 섬 정상부는 유난히 푸른 동백나무숲이 무성했다. 반짝이며 생기가 도는 동백나무 잎에서 생명의 기(氣)가 무한히 뿜어져 나오는 듯했다. 그곳에 조그마한 당집이 있었다. 금줄이 쳐진 당집 문을 열자 송징 장군이 기다리기라도 한 듯 좌정하고 나를 맞았다.

그로부터 10여 년 뒤, 다시 한 번 그곳 장좌리를 찾았다. 불과 10년 사이에 초가 당집은 기와집으로 바뀌어 한눈에도 근엄해져 있었고 당집 문을 열자 예전에는 없었던 장보고의 영정이 마중하였다. 어느 노인이 들려주었다. "원래는 송징인데, 문화재에서 장보고래요." 노인이 말한 '문화재'란 문화재를 다루는 관계 공무원이나 학자들을 지칭하는 것이리라.

20여 년 전 조사할 당시만 해도 분명히 송징으로만 전달되었고, 임억령의 시에도 송징이 주인공이었다. 그런데 어떻게 이런 일이 빚어졌을까. 변모 과정을 꼼꼼하게 분석해볼 필요가 있다고 느꼈다. 그래서 필자가 쓴 논문이 〈신화 · 제의 · 민중영웅의 제 관계—민중영웅 송징과 장보고 변증〉이었으니(《역사민속학》, 2004), 이를 근거로 재론해본다. 《신증동국여지승람》(1530) 강진현조를 주목할 필요가 있다.

> 사현(射峴)이 완도에 있다. 전하는 말에 의하면, 옛날 섬사람으로 송징이라는 자가 무용이 절륜하여 활을 쏘면 60리 밖까지 나갔다. 활시위가 끊어진즉 피가 흘렀다. 지금도 반석 위에 화살 흔적이 남아 있는바, 그곳을 사현이라 한다.

송징이 완도 사람이라는 것, 활과 관련이 있다는 것 정도가 전부다. 그가 어떤 시대 인물인지는 드러나지 않는다. 알 수 없는 민중영웅 송징은 구전으로만 전승되다가 《신증동국여지승람》에 이르러 비로소 기록의 한 귀퉁이에 자리 잡게 된다. 참고로 이 기사의 키워드는 대략 다음과 같은 것들이다. "송징, 완도 사람, 무용(武勇) 절륜, 활의 명인, 활로 인한 죽음, 사현."

불과 19년 뒤인 1549년에 본격적인 자료가 출현한다. 앞에서 언급한, 임억령의 〈송대장군가〉를 통해서다(《석천집》 수록). 이 장시의 키워드는 영

웅의 탄생과 몰락 예감, 민중의 구원과 관군에의 거역, 이어지는 굿판의
현장과 음사 타파를 부르짖는 유생의 고루함, 세상 판갈이의 실패와 비원
의 꿈, 변방의 어려운 처지와 나약한 신하 등등이다. 한 시인의 눈을 통하
여 당대에 전승되고 있던 굿판을 묘사하면서 송징이란 이름 없는 영웅의
서사성을 드라마틱하게 펼쳐 보이고 있다. 사대부 문인의 눈으로 이만큼
'거역(拒逆)의 영웅'을 서술했다는 놀라움이 확인되지만, 역으로 송징이
완도지역에서 '미완(未完)의 영웅'으로 강력하게 전승되고 있었음을 반증
한다.

　석천의 시가 발표된 이래로 300년이 넘도록 송징에 관한 기록은 확인되
지 않고 있다. 그렇다고 하여 사라진 것은 아니리라.《완도군읍지(莞島郡邑
誌)》(1899)의 기사는 오랜만에 송징을 서술하면서 장보고도 설명하고 있
다. 장보고와 송징이 각각 시기를 달리하여 분명히 신라, 고려 인물로 그

전설의 인물 송징 장군을 추앙해 마을 신으로 섬겨온 장도 주민들은 해마다 정월이면 장도의 신당에 모여 섬마을이 들썩이도록 왁자하게 당산제를 벌여왔으나 언제부턴가 '장보고 신화'에 밀려 누대로 이곳 민중과 함께해온 토착신화의 자취가 점차 지워져가고 있다. 사진은 최근 송징 장군 당산제에 모습을 보인 장보고 깃발과 굿판에서 돌아오는 주민들 모습.

려지는바, 장보고와 송징은 전혀 별개의 인물이다. 양자를 복잡하게 섞지 않고 장보고는 장보고이며, 송징은 송징일 뿐이다. 정사에 좀처럼 등장하지 않던 송징을 《완도군읍지》에 편입시킨 것은 당시의 완도 관내에서 구전되던 송징 구전을 수렴한 듯하다.

그 후 지역 사람이 쓴 《청해비사(靑海秘史)》(1955)에는 송징이 삼별초의 장수로 그려진다. 1969년에 문화재관리국에서 장좌리의 당제 조사보고서를 내놓았을 때(《부락당제》, 1969) 송대장군이 '장보고의 별호(別號)'라는 말이 처음으로 등장한다.

1983년 8월 3일~5일까지 필자는 완도 답사의 일환으로 장좌리를 방문한 바 있다. 장도를 장군섬, 조금섬, 조음도 등으로 부르고 있었다. 그때까지만 해도 장보고를 당신으로 모시지는 않았다. 1년 전(1982)에 남도민속제에 장보고를 소재로 마을굿패들이 출연하여 성과가 대단했다며 자부심이 컸다. 그래서 "장보고를 마을 당신으로 모실까 한다."는 말들을 하고 있었다.

임형택은 조선시대 장편 서사시를 편찬하면서(《이조시대 서사시》, 창작과비평, 1992) 〈송대장군가〉를 '국난과 애국의 형상' 편에 소개하였다. 역주를 붙이고 간략한 작품 해설과 송대장군 고증을 붙였다. 그는 장도를 방문하였던 1987년도에 재미있는 기록을 남긴다.

〈송대장군가〉는 관찬사서(官撰史書)에서 취급하지 않는 민중영웅을 중시하고, 일부러 역사기술의 필법을 차용한 것이다. 옛 청해진 위치에 송징이 다시 요새를 구축한 셈이다. 정년(鄭年)은 옆에 모시면서 더 유명한 장보고는 왜 소외시켰는지 미상불 이상하긴 하다. 그러나 어쨌건 그 지방 민중의 의식 속에는 송대장군이 가장 중심부에 놓여 있었고 장보고에 대한 향념은 희미했던 것이 뚜렷한 사실이다. 아주 옛날부터 형성, 계승된 의식이었다. 그런데 내가 장좌리를 들렀을 때 그 당집에 모신 존재는 송대장군이 아니라 오직 장보고였다. 근래 더러 매스컴에 비쳐지고 외부적 입김이 작용한 결과라 한다. 어처구니없는 일이다. 일반 역사 지식에서 장보고의 위상과 그 지역에서 삶을 영위하던 민중의 의식 사이에는 괴리가 있는 것이다. 이 괴리 현상을 일반성에 맞추는 쪽으로 해소한 셈이다. 그리하여 오래오래 견지하던 한 민중영웅의 형상은 또 한 번 훼철(毁撤)당하고 말았다.

1999년 필자는 다시 한 번 장좌리를 방문하게 된다. 장보고가 사회적으로 각광받고, 해양수산부에 장보고재단이 만들어지고, 다양한 장보고 현양사업이 추진되는 상황에서 다시 한 번 장도를 방문해야 할 의무감을 느꼈다. 그때 현지에서 놀란 것은 신당에 장보고 장군의 초상화가 당당히 걸려 있었다는 사실이다. 송징은 흔적도 없이 사라졌다. 그렇듯 오랜 세월 동안 모셔지던 바다영웅 송징이 주인 자격을 잃고 느닷없이 장보고로 바뀌었다니……. 송징은 원래 장보고인데, 신라에서 장보고 세력을 대대적으로 숙청하였기에 내놓고 장보고를 모실 수가 없어 송징으로 이름을 바꿔 모시게 된 것이라는 궤변도 등장했다.

고려시대의 인물인 송징은 분명 신라시대의 인물인 장보고와는 살던 시대조차도 다른 실존 인물이었을 것으로 비정된다. 민중의 입장에서 영웅적인 인물로 받아들여지고 있으며, 영웅답게 당신(堂神)으로 신격화되었다. 그런데 1990년대 이래 송징의 의미는 격하되고 장보고라는 '새로운 신화'가 느닷없이 그 자리를 넘보기 시작하였다. 장보고의 시대적 필요성이 강조되면서 오랫동안 숭배되어온 민중영웅은 끝내 쫓겨나고 거짓 신화가 창조된 것이다. 세상에!

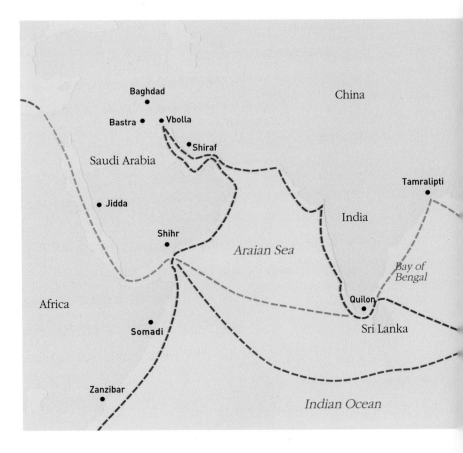

구전에 기초하여 열전에 착오가 없길 바랄 뿐

그동안 제 대접을 받지 못하였던 장보고의 인물사적 조망이나 유적지 발굴 등 현양사업의 필요성은 너무도 당연하다. 어느 누가 장보고 현양사업을 부정하랴! 문헌이 남아 있지 않으니 누구도 확신할 수는 없어도 문화재청의 발굴 결과 장도는 청해진의 진지로 비정되며, 학계에서도 대략 이를 공인하는 분위기다. 문헌으로만 전해지던 법화원 터도 발굴되었다.

일찍이 미국 하버드 대학의 라이샤워(E. O. Reischauer) 교수가 '해양 상업 제국의 무역왕'으로 표현하고 그의 직책을 총독(Commissioner)으로 지칭했

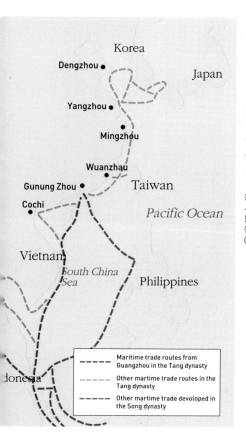

동아시아에서 멀리 지중해·아프리카까지 연결되었던 당·송 시대 해양 실크로드의 추정도(《南海海上交通貿二千年》, 홍콩박물관, 1996년, 왼쪽).
완도 청해진에서 중국 각지로 이어지던 장보고가 개척한 뱃길 (오른쪽).

듯 장보고는 백가제해(百家濟海)하던 해상국가 백제의 전통을 이어받았음이 분명하다. 따라서 해양의 원대한 미래를 위해서라도 현양사업은 계속되어야 하고, 그런 점에서 오히려 만시지탄의 감이 없지 않다.

그러나 장도의 주신은 엄연히 송징이다. 역사적으로 장보고가 남해안의 해신(海神)으로 좌정한 적은 구전으로나 문헌으로나 한 번도 없었다. 왜구를 물리친 최영도 남해안의 신이 되어 있다. 억울하게 죽은 민중의 영웅이라면 대개 민중의 신으로 좌정하는 것이 일반적인데, 이상하게도 장보고만은 민중의 신이 되지 못했다. 참으로 이상한 점이기는 하나, 이 점을 간과해서는 안 될 것이다.

중국 당(唐)의 《번천문집(樊川文集)》(위)과 일본 에도시대의 《속일본후기(續日本後紀, 1614년, 국립공문서관 소장)》에 실린 장보고에 관한 기록.

영국의 역사학자 홉스봄이 이론화한 '만들어진 전통(*The Invention of Tradition*, 1983)'의 개념은 이러한 일련의 사태를 설명하는 데 매우 유용할 것이다. '전통 만들기'로 인하여 반허구적 조작이 이루어지고, 역사적 연속성을 초월하여 과거가 새로이 만들어졌으며, 심지어 역사적인 연속성조차 새로이 만들어진다고 그는 설파하였다. 홉스봄은 새로운 전통이 만들어질 때는 역사적 과거와의 연속성과 최근에 만들어진 의례와 상징이 중점적으로 강조되었음을 주목하였다. 그리고 전통을 창출하기 위하여 고대

자료가 이용되었다는 점을 강조하였다. 결국 전통 만들기로 인하여 반허구적 조작이 이루어지고 역사적인 연속성을 초월하여 과거가 새로이 만들어졌으며, 심지어 역사적인 연속성조차 새로이 만들어졌다고 보았다. 홉스봄은 여러 가지 구체적인 실례를 들고 있는바, 우리가 알고 있는 많은 전통들이 후대에 만들어진 것들임을 지적하였다.

전통은 충분히 만들어질 수 있는 것이다. 완도 장좌리의 수백 년을 뛰어넘는 신앙사에서 장보고라는 인물이 추가되는 새로운 전통이 시작된 것이다. 이는 장보고를 필요로 하는 당대 한국 사회의 제반 인식과 행정조직들, 그리고 사회문화계, 또한 당대 민중들의 요구이기도 하다. 마을민의 입장에서도 송징에다가 장보고를 추가하는 일이 별 문제 없이 느껴지게 되었다. 급속한 변화의 물결 속에서 전통시대의 영성(靈性)마저 사라지면서 민중신앙 전통의 약화, 왜곡이 일반화되어 비속화된 결과다. 즉, 우리들은 영성이 사라진 시대를 살고 있기 때문이다. 더 이상 당신(堂神)의 위력에 겁이 나서 불안하거나 그를 영험스럽게 보는 사람들도 서서히 사라지고 있으며, 한갓 행사성 연례 굿으로만 이어지고 있는 추세다. 우리 자신도 모르는 사이에 하나의 새로운 전통 만들기에 동의하고 있는 것이다.

이제 천 년을 뛰어넘었을지도 모르는 민중영웅의 신앙사가 막을 내리거나, 아니면 장보고라는 아주 불편한 존재와 동거를 시작하게 되었다. 민중영웅의 거세가 이루어진 것이다. 영성이 없는 시대이기 때문에 마을 당신의 주인공이 송징이건 장보고이건 상관하지 않게 되었다. 더 이상 신령이 위력을 지니고 있다고 믿지 않는다. 이제 굿은 '문화재 굿'적인 것으로, 또는 연례행사로 이어질 뿐이다. 아직도 당의 영성을 믿고 그 영성에 의탁하여 공동체의 안녕과 풍요, 다산을 희구하는 이들이 없는 것은 아니지만 당신의 위력은 상당히 저하되었다. 따라서 '느닷없이' 장보고가 주신(主神)의 반열에 슬며시 끼어들어도 아무도 문제 삼지 않게 되었다.

그러나 민중의 장기지속이 가져온 이 중요한 문화사적 결과물이 갑자기 변화하는 현상에 관하여 이를 기록하고 비판하고 사실 근거로 남기는 것은 또한 학자의 몫이기도 하다. 모두에서 임억령이 〈송대장군가〉 말미에서 후인들에게 가르쳐준 대로 "구전(口傳)에 기초하여 열전(列傳)에 착오가 없길 바랄 뿐"이다.

만들어진 역사, 만들어진 전통

장보고를 되묻는다. 대단히 중요한 인물이다. 그러나 중요한 만큼 조심스럽게 다룰 필요가 있다. 혹시나 박정희 시대의 이순신 장군, 전두환 시대의 세종대왕, 김대중 시대의 장보고식으로, '위에서 아래로' 내려가는 방식을 취하면서 '정치적'으로 귀착한 것은 아닌지.

장도가 청해진이라는 발굴 성과가 제시되자 사람들은 한층 '전통 만들기'의 욕망에 허덕이는 듯 보인다. 장보고와 송징은 섞여서 해석되고, 장보고의 '만들어진 전통'을 위해 '거추장스러운' 송징은 마땅히 죽어야만 한다는 듯이 말이다. 송징의 옷을 빼앗아서라도 새롭게 갈아입은 장보고가 주인공이 되어야만 우리들의 시대가 펼치려는 온갖 장중하고도, 때로는 불필요한 일까지 포함하는 장보고 현양사업에 부합하기 때

TV 드라마 〈해신〉 세트장.

154

문이다.

방송의 위력으로 인하여, 역사를 통하여 드라마를 읽기보다는 드라마를 역사 자체로 받아들이는 시대다. 그러나 역사소설 《해신(海神)》과 드라마 〈해신〉은 소설과 드라마일 뿐이다. 역사는 소설도 아니고, 드라마도 아니다. 소설이나 드라마에서는 어떤 표현도 가능하겠지만 역사적 진실은 또 다른 문제다.

그리하여 '모든 길은 장보고로 통한다.'는 식에 가까운 확신으로 무장한 사람들이 하나둘 모습을 드러내기 시작한다. 온갖 추정과 가설이 정설로 둔갑하고 마침내 확고부동한 진실로 위력을 발휘하게 될 것이다. 어떤 유력 일간지는 아예 '천 년 넘게 이어져온 장보고 당제'라는 특집 기사를 실었으며, TV도 '장도와 청해진, 장보고, 마을 신앙'의 연결을 공식화하기에 여념이 없다.

송징은 조만간 완벽하게 죽을지도 모른다. 그리하여 훗날에는 장보고의 '만들어진 전통', 20세기 말기의 행위들이 당당히 사서(史書)에 기록되고, 새로운 구전(口傳)으로 이어져서 새 전통으로 거듭날지도 모른다.

그러나 실인즉, 민중 신앙사의 장기지속으로 연이어온 송징만큼은 훗날을 위해서라도 온전히 보존해두어야 하지 않겠는가. 매우 하찮은 일 같지만, 이렇듯 역사적 뿌리마저 뒤범벅으로 만들면서 어찌 후대의 역사적 평가 운운하는 말을 쉽게 할 수 있으랴. 임형택 교수가 앞에서 이를 경계하여 "민중영웅의 형상이 또 한 번 훼철당한 사례"라고 비판한 대목이 그것이다. 장보고를 핑계 삼아 희생양처럼 훼철된 송징이 원래의 자리로 되돌아가 늠름하게 좌정해야 하지 않을까. 송징만큼은 훗날을 위해서라도 온전히 보존해두어야 할 것 아닌가.

바다·강 잇는 갯벌, 그 '경계의 미학'

모처럼 사람과 동식물이 공존하는 평화의 낙원

무진(霧津)에 명산물이 없는 게 아니다. 나는 그것이 무엇인지 알고 있다. 그것은 안개다. 아침에 잠자리에서 일어나 문 밖으로 나오면, 밤사이에 진주해온 적군들처럼 안개가 무진을 삥 둘러싸고 있는 것이다. 그 순간, 무진을 둘러싸고 있던 산들도 안개에 가려 보이지 않는 먼 곳으로 유배를 떠나고 없다. 안개는 마치 이승에 한(恨)이 있어서 매일 밤 찾아오는 여귀(女鬼)가 뿜어 내놓은 입김 같다.

김승옥은《무진기행》에서 무진의 안개를 그렇게 묘사했다. 소설 무대를 순천만에서 빌려온 이유를 알 만하다. 만추(晩秋)의 마지막 순간에 찾아간 순천만의 아침도 온통 물안개에 젖어 있었다. 안개는 노천 온천의 김처럼 연신 올라와서 카메라 렌즈를 적셨다.

아침 6시 50분. 해가 뜨려면 족히 30여 분은 더 있어야 한다. 대대포구 선착장에서 배에 오른다. 모터의 굉음이 퍼지면서 물살을 가르자 오리 떼가 갈대밭에서 물을 박차고 날아오른다. 장관이다. 천연기념물 흑두루미가 사람을 경계하며 저만치 물러서 있다. 망원경이 아니라 육안으로 얼마든지 새 떼들이 잡힌다. 수 킬로미터를 달려도 양옆으로 갈대밭이다. 물길을 가로지르며 무수한 새 떼들을 만난다. 국제보호조인 흑두루미, 검은머리갈매기, 재두루미, 혹부리오리, 민물도요 등이 살고 있는 곳이다. 갈대와 염생식물지대는 그네들에게 은신처를 제공하고 먹이를 공급하고 있으며, 정확히 두 번 오가는 밀물과 썰물의 운동은 신선한 물과 영양물질을 교환하여 서식처를 안정적으로 갱신시켜주고 있다.

또한 새 떼들은 알고 있다. 사람들이 자신들처럼 자유롭게 날아다닐 수 없으며 오로지 갯골로만 다닐 수 있음을. 갈대밭으로 배를 들이밀지 않는 한 한가롭게 자신들의 일에만 몰두할 뿐이다. 그래서 순천만의 일상은 사람과 동식물이 공존하는 '평화' 그 자체다.

순천만이 이토록 '낙토'가 되기까지는 굴곡도 많았다. 시청부터 사태의 중요성을 잘 몰랐다. 보호습지 지정으로 재산권 불이익을 염려한 주민 반발도 뒤따랐다. 역시 세월이 필요했다. 수많은 이들이 순천만의 중요성을 국내외에 알렸다. 드디어 순천시의 결단이 내려졌다. 최덕림 주민과장은 "환경에 대한 인식이 뒤떨어졌던 공무원들이나 시민들도 서서히 중요성을 이해하기 시작했다."고 설명했다. 결과는 대성공이었다. 새만금이나 시화호 같은 실패작만 봐오다가 모처럼 순천만 같은 성공작을 만나는 것은 '기쁨' 그 자체다.

　세상에 더할 나위 없는 하구습지로 알려졌기에 신문, 방송은 물론이고
외국에서까지 찾아온다. 생태관도 만들었다. 대대포구 바로 옆에 개관한
'순천만 자연생태관'이 그것이다. 국제적 습지로도 지정되었다. 람사협
약(ramsar convention, '물새 서식지로서 특히 국제적으로 중요한 습지에 관한 협
약')에 의하여 대암산 용늪(강원도 인제군)을 필두로 우포늪(경남 창녕군),

순천과 여수를 중심으로 그
림처럼 펼쳐진 다도해(《호
남도서(湖南島嶼)》, 19세기,
국립중앙박물관 소장).

대장도 정상 부근의 장도습지(전남 신안군 흑산면) 등이 지정된 이래로 네 번째로 순천만 갯벌이 2006년 1월에 지정되기에 이르렀다. 순천시 해룡면 별량리 일대의 28제곱킬로미터, 보성군 벌교읍 일대의 7.5제곱킬로미터가 지정된 것이니, 이는 환경운동가들은 물론이고 관계공무원, 지역주민들의 호응이 없이는 불가능한 일이었다.

하여간 순천만은 뜨는 중이다. 충분히 뜰 만한 자격을 갖추고 있다. 관민이 모처럼 제대로 된 생태공간을 확보하는 데 열심이다. 두루미 한 마리 한 마리에 애정을 쏟는 공무원들을 손쉽게 만날 수 있다. 문득 새만금 방조제 연결 소식에 만세를 부르는 이들을 떠올려본다. 생태보존의 본질적 측면에서 본다면야 이른바 생태관광조차도 허구에 지나지 않겠지만 이만한 정도의 평화를 확보해낸 것만 해도 대견할 뿐이다.

단풍잎처럼 갯벌을 물들이는 칠면초

순천만 갯벌은 줄잡아 200만 평. 개략적으로 20여만 평 정도가 갈대밭이다. 사람 손길이 닿지 않자 갈대밭은 나날이 늘어나는 추세다. 짝지어 사랑을 하고 가족을 꾸리는 새들, 꼬막, 맛, 낙지, 짱뚱어, 갯지렁이, 숭어, 뱀장어 같은 주인공들이 번성한다. 갈대는 과다한 유기물질을 뽑아 올려 나날이 건강한 펄지대로 정화, 갱신해내고 있다. 순천시 교량동과 대대동, 해룡면의 중흥리·해창리·선학리 등에 갈대 군락지가 펼쳐져 있다. 갈대나 염생식물은 갯벌로 흘러들어온 각종 영양염을 빨아들여 살아간다. 식물의 신진대사가 온갖 유기물을 뽑아들인다.

유기물이 분해되면서 녹아 나온 영양염이 쌓이면 갯벌은 썩고 말 것을 조간대의 식물들이 정화시킨다. 갯벌 전문가 고철환 교수(서울대 해양학과)는 이를 박테리아가 해로운 물질을 해롭지 않은 물질로 정화시키는 과정으로 풀이한다. 정화작용이란 한마디로 유기물이 타는 과정이다. 우리 몸 속에서 음식을 소화시켜 힘을 얻는 과정과 마찬가지다. 유기물이 많은 지역에서는 박테리아의 활동도 활발하다. 그러나 유기물질이 너무 많으면 도저히 감당하지 못하고 썩어가기 시작한다. 갯벌을 파보았을 때 아주 검게 변한 개흙은 분해되지 못한 유기물들이 숯으로 변한 것이다. 그러나 역시 갯벌에 가장 치명적인 타격은 유기물질이 아니다. 갯벌을 통째로 없애버려 본질 자체를 소멸시키는 간척이 문제다. 순천만은 그러한 면에서 대단한 '행운'을 누리고 있는 셈이다.

1인당 5천 원을 내면 대대포구에서 작은 유람선을 탈 수 있다. 왕복 30여 분이 걸리는 뱃길, 선장은 이따금 배를 세우고 새소리를 듣게 한다. 바닷바람이 갈대에 부딪치면서 전투라도 벌이듯 사각거리는 소리는 직접 들어보지 않으면 그 묘미를 이해할 길이 없다. 유람선은 일단 성공적인 것 같다. 양동의 문화관광 과장의 말로는 "주말에는 순번을 기다려야 탈 수 있다."고 한다. 철새들도 유람선이 갯골로만 다닐 수 있음을 잘 아는지라 별로 겁을 내지 않는다. 새와 인간의 영역이 적절하게 균형 잡혀 있다. 사람만이 새를 아는 것이 아니라 새들이 먼저 사람의 의중을 알아차린다. 불가할 것 같던 새와 사람의 공생이 이루어지기 시작하였다는 것은 만의 생태계가 차츰 안정화되어간다는 증거이리라.

해룡면의 용머리산에 올랐다. 농로로 이어진 데다 간판도 없어 외부인이 홀로 찾기란 불가능하다. 얕은 산이기는 해도 일단 정상에 오르면 일망무제다. "혼자 보기는 정말 아깝다."고 했더니 "조만간 갈대밭에서 바로 넘어오는 환경친화적인 조망 다리를 설치할 계획"이라고 허남채 생태관장이 귀띔한다. 순천만 관해의 으뜸 절경(絶境)이니 시가 절로 나온다. 옛 시인들이 이런 풍경을 보면서 차라리 절창(絶唱)으로 표현했던 이유를

염생식물, 조개, 갯지렁이, 철새 그
리고 수많은 미생물들과 인간이
공생의 삶을 살아가는 갯벌이다
(《갯벌, 그 자연의 생명력 속으로》,
녹색연합 갯벌환경교육자료집).

알 것 같다.

해가 뉘엿뉘엿 서산에 걸쳐지자 칠면초가 한결 붉은빛으로 타든다. 일곱 색깔로 변한다고 하여 이름조차 칠면초라는데, 진홍빛 낙조 앞에서는 아예 단풍잎처럼 갯벌을 물들인다. 봄에는 갈대의 초록 새순이 햇솜 같은 꽃과 대비를 이루고, 여름에는 초록의 섬처럼 무리 지어 회갈색의 갯벌 위에서 피어난다. 가을 노란빛이 짙어지면서 눈발이라도 날리면 순천만의 사계는 한 바퀴를 돌아 다시 제자리에 다가서 있다. 바다에 물감을 풀어놓은 수채화라고나 할까.

통상적으로는 갈대밭 우거진 기수대를 순천만, 열린 바다 쪽은 여자만(汝自灣)이라고 부른다. 지도에는 여자만으로 올라 있으나 특별히 순천만을 떼내어 부르기 시작한 것이다. 멀리 고흥반도가 펼쳐져서 여자만은 흡사 호수 같은 인상이다. 옛 사람들은 여자만 안의 여자도(汝自島) 주변에서 잡은 고기를 싣고서 순천만을 거쳐 강을 거슬러 올라왔다. 일제시대까지만 해도 대대포구는 물산이 넘쳐흘렀다. 워낙 대촌이라 대대(大垈)라는 지명이 붙었다.

대대 사람들은 짚줄로 엮은 전통어법 '방'으로 고기를 잡아들였다. 근자에까지 남아 있는 전통어법으로는 '덤장'과 '발'을 꼽을 수 있거니와 지금도 곳곳에서 눈에 띈다. 물 깊은 곳에는 길게 덤장을 설치하여 봄과 여름에는 칠게, 가을에는 민물장어를 잡는다. 비교적 얕은 내만 쪽으로는 V자형의 발을 설치하여 숭어, 새우, 문절어 등을 잡아낸다. 썰물 때는 낚시로 짱뚱어를 잡는다 .

짱뚱어는 말뚝망둥어와 유사하다. 정약전의 《자산어보》에서는 철목어(凸目魚)라 하였으며, 속명으로 장동어(長同魚)라 하였다. 서유구는 《전어지(佃魚志)》에서 탄도어(彈塗魚)라 쓰고서 그 옆에 한글로 '장뚜이'라 적었다. '장동어'는 이두식 표현이고, '장뚜이'는 당시의 음가(音價)일 것이니 짱뚱어는 매우 오래전에도 쓰였던 말임을 알 수 있다. 작은 갑각류나 규조류를 먹으면서 기수대에서 서식하는 짱뚱어는 바닥을 기면서 유기물질을 먹는 갯벌 정화의 공신이기도 하다. 눈딱부리 머리꼴이 재미있게도 생겼다. 남도의 별미 쌍뚱어탕으로 더 잘 알려졌지만, 짱뚱어야말로 갯벌의 주인공이다. 어느덧 겨울 냄새를 맡았는지 놈들은 모두 갯벌로 숨어들었다.

순천만을 따라 보성 쪽으로 가다 보면 벌교 장암리의 드넓은 갯벌이 나온다. 찰진 진흙 갯벌에서 방금 일을 끝낸 아낙들이 '뻘배'를 타고 부지런히 물때를 따라 들어온다. 참꼬막이 그득하다. 전국 꼬막 생산의 절대량을 차지하는 양식 새꼬막이 아닌 참꼬막은 이곳에나 와야 맛을 볼 수 있을 것이다. 꼬막은 웬만한 갯벌지대에서는 모두 나오는 조개지만 벌교 꼬막을 견줄 만한 곳은 없다. 새꼬막이 껍질의 골, 즉 17~18개 줄지어 나 있는 방사륵(放射肋)이 얕고 부드럽다면 참꼬막은 꽉꽉 패어 있어 한눈에도 야생의 힘이 전달된다. 짱뚱어와 참꼬막의 존재는 그 자체만으로도 순천만에서 벌교에 이르는 갯벌지대의 또 다른 힘이며, 전통음식 짱뚱어탕과 삶은 꼬막은 남도 음식의 저력이기도 하다.

강, 바다 오가는 왕복성 어류의 천국

순천만은 강과 바다를 오고 가는 왕복성 어류의 천국이기도 하다. 숭어나 뱀장어들이 그곳의 주인이다. 한때는 장어들이 갈대밭마다 그득 차서 시쳇말로 '물 반 고기 반'이었다. 수중보 따위를 막지 않아 어로가 보장되었기 때문이다. 순천만 사람들은 한여름이면 이들 장어를 물통 가득 잡아들여 얼큰한 장어탕으로 여름나기를 하곤 했다. 전주천과 더불어 관리를 잘하여 천의 오염도도 낮다.

국립수산과학원 남해수산연구소의 황선도 박사는 재미있는 비유를 들이댔다. "갯벌은 자동차로 치면 범퍼지요. 범퍼가 사라진다면 조금만 스쳐도 큰 상처가 나겠지요." 갯벌의 중요성은 육지와 바다의 점이적 완충지대로서 온갖 생물종들의 보육장 역할을 한다는 것이다. 그는 "만이 유치원이라면, 유치원이 잘되어야지만 바깥 바다인 초등학교도 잘되겠지요."란 탁월한 비유법을 썼다.

수많은 사진작가들과 탐조객들이 몰려드는 모습을 보노라면 경관 가치를 새삼스레 고민하지 않을 수 없다. 간척 하면 오로지 땅의 부가가치, 아니면 고작해야 어획물의 경제적 이득부터 계산하게 마련이고 여기에서 경관 가치 계산법은 누락되기 십상이다. 아주 쉬운 예로, 공단에 둘러싸인 아파트군과 숲에 둘러싸인 아파트군에서 어디를 선택할 것인가. 더 나아가서 경관 가치는 '보는 즐거움'이라는 함부로 계산할 수 없는 미적 가치를 포함한다. 하찮게 보이는 갈대밭조차도 북슬북슬한 머리가 아침 이슬을 머금고 햇살에 따라 은빛과 금빛으로 물들면서 바람에 일렁이는 모습을 보라. 갈대밭이 동글동글한 원을 그리면서 연잎처럼 동동 떠 있는 풍경도 순천만에서만 볼 수 있다. 칠면초의 화려하고 변화무쌍한 색깔은 자연의 섹시함이라고나 할까.

소설가 김승옥이 《무진기행》에서 '진주해온 적군들'이라고 묘사한 무진의 안개는 바로 순천만 갈대숲의 날숨 같은 것이다. 20여만 평의 광활한 갈대밭을 거느린 순천만은 갯벌 습지생태의 낙원일 뿐 아니라 빼어난 경관 가치로도 가히 '불이(不二)'의 위상을 갖는 곳이다. 이곳의 무엇 하나 독일 홀슈타인의 갯벌국립공원에 못 미치는 게 없지만 두려움도 있다. 바로 한사코 손을 대고 싶은 인간의 욕망과 인공의 유혹이 그것이다.

남쪽 바다

165

만약에 모든 갯벌이 매립되어 아파트나 공단이 들어섰다면? 아름다움 자체가 사회적 재산이라는 생각을 하지 못하는 것을 보면, 우리 사회는 아직도 돈을 제대로 모르거나 아니면 아름다움을 모르거나, 그도 아니면 둘 다 모르는 게 아닐까.

순천만의 교훈은 '불이(不二)'다. 연기법에서 말하는 인간(正業)과 자연 (依報)은 둘이 아니라 큰 생명체라고 하는 의정불이설(依正不二說)이 아니 더라도, 어찌 바다와 강이 독립적으로 존재할 수 있으랴. 갯벌에 의지하 여 몸을 부대끼면서 살아가고 있는 짱뚱어나 갈대밭, 온갖 새들은 갯벌 그 자체와 떼어놓을 수 없다. 하구 갯벌은 바다도 강도 아니고, 육지도 바다도 아니며, 모든 것이기도 하고 모든 것이 아니기도 하고, 인간이 발 을 딛고 서 있을 만한 공간이기도 하고 전혀 그렇지 않기도 하다. 그래서 불이이며, 아름다움조차도 '경계(境界)의 미학' 그 자체다.

경계는 늘 불안하고 조마조마하다. 그러나 경계는 그 긴장감으로 생명 력을 잃지 않고 지켜낸다. 온갖 물고기와 패류, 조류, 심지어 순천만의 사람들까지도 생명으로 엮여 하나가 되고 있다. 갯고랑으로 노를 저어가 는 유장한 물살만큼이나 순천만 사람들의 삶도 유장하다. 그래서일까. 순천만이 빚어내는 먹을거리들은 쩍쩍 입에 붙는다.

'그냥 그대로 내버려두는 것'이 최선

높이 2미터가 넘는 순천만 갈대숲은 더운 지방의 맹그로브(mangrove) 숲에 비견된다. 맹그로브숲도 경계에 서 있다. 갯벌이 드러나고 숲의 뿌 리도 드러난다. 물이 차고 빠지기를 거듭해오면서 조간대의 삶을 살아오 고 있다. 맹그로브숲이 사라지자, 전 세계적으로 나무심기 운동이 벌어졌다. 숲 보존 비용보다 조성 비용이 훨씬 많이 들어감은 두말할 나위도 없다. 갈대밭이나 칠면초 등이 연출하는 아름다움을 인공으로 만든다면, 계산해볼 것도 없다. '있을 때 잘하라.'는 표현이 딱 어울린다.

독일 북해의 홀슈타인 주에 있는 갯벌국립공원에서는 늘 '문화적 경관'을 내세운다. 슐레스비히 – 홀슈타인 갯벌에서 살아가는 새와 잡초류, 그리고 어민들이 함께 동참하는 경관의 미를 내세워 수많은 관광객을 끌어들이고 있다. "갯벌의 보존, 특히 갯벌의 독특한 특성, 아름다움, 다양한 식물·동물을 보전하고 자연상태 그대로 진행되도록 한다."고 국립공원의 목적을 밝히고 있다. 얼마나 엄격한가 하면, "주민들이 고유의 이익을 위하여 이 지역을 이용하는 것을 금지한다."는 조항도 있다. 그렇다고 어업이 불가한 것은 아니고, 관행어업은 허가하되 엄격한 허가를 받아야 한다. 동식물 서식지를 훼손하는 행위, 외래종을 이식하는 행위, 갯벌에서 수송수단을 이용하여 이동하는 행위 등도 규제대상이다. 반면에 우리는 국립공원은커녕 '막느냐, 마느냐'를 두고 멱살잡이가 한창이다. 끝내 새만금을 막아버린 나라에서 갯벌에 입장료 내고 들어가라고 한다면, 어업허가를 받으라고 한다면, 관광객들이나 어민들은 어떤 반응을 보일까.

사실 순천만도 조금은 위태로워 보인다. 생태보존정책 속에서도 조금씩 인공적으로 가꾸고 싶은 욕망이 꿈틀대기 때문이다. 그러나 그런 욕구를 한사코 누르고 '그냥 그대로 내버려두는 것', 그것이야말로 순천만의 미래를 담보하는 최선의 원칙이자 해답이 아닐까.

따스한 겨울바다, 삼치가 습격하다

1킬로그램은 넘어야 삼치 반열에 낀다니

　겨울바다는 따스하다. 해풍이 강해 체감온도는 낮아도 실온은 높다. 쿠로시오 난류의 영향 때문이다. 일본에서는 아예 흑조문화권(黑潮文化圈)이란 문화권역을 설정하기도 한다. 가령, 북방한계선을 넘어서 평북 철산의 가도까지 동백이 자생하는 것은 이 난류 때문이다. 한겨울에 방어, 삼치, 참치 등이 남도를 습격함도 이 난류의 영향이다.

　삼치를 찾아서 멀리 고흥의 나로도까지 내려갔다. 요새야 길이 좋아서

어디든 어렵지 않게 갈 수 있지만 나로도는 정말 먼 곳이다. 좀 돌아가는 길이지만 유장한 득량만을 보고 싶어 장흥 쪽 수문리로 접어들었다. 보성 율포는 해수욕장으로 유명하지만 반지락회로 익히 알려졌다. 살짝 데쳐서 야채를 넣고 매운 양념으로 버무리는데 이 정도의 선도라면 맥주집의 통조림골뱅이는 완벽하게 제압할 수 있다. 득량만은 곳곳에 개막이들이 들어차서 흡사 개막이의 본향 같은 느낌이다.

나로도는 외나로도와 내나로도 두 개의 섬이 모두 다리로 연륙되었다. 고흥 자체만으로도 육지 남단에 고구마처럼 매달린 반도인 데다가 나로도는 읍내에서도 장장 한 시간여 거리다. 그

전남 고흥의 나로도는 쿠로시오 난류의 영향권에 들어 해마다 8~12월이면 몰려든 삼치 떼로 성시를 이루곤 한다. 그물보다는 채낚기로 잡아 올려 얼음에 1~2시간 재워뒀다가 회로 먹으면 부드러운 살집이 씹히는 맛이 일품인 나로도 삼치는 우리나라에 형성된 난류문화의 한 유형으로 남아 새로운 해양문화를 형성하고 있다. 그래서 이곳 주민들은 이렇게 말한다. "모든 삼치는 나로도로 통한다."고. 사진은 외나로도에서 본 다도해의 일몰(서울신문 도준석 기자 찍음).

러하니 다리 없던 시절에는 완벽한 오지의 섬이다. 그래서 그런지 나로도는 그곳만의 문화를 잘 간직하고 있다. '나로도를 모르면 삼치도 모른다.'는 논법이 가능할 것이다. '모든 삼치는 나로도로 통한다.'고 할까. 언뜻 이런 농담 같은 구호를 떠올려본다. '외국에는 참치, 우리에게는 삼치, 삼치는 나로도!'

축정항, 일명 나로도항에서 봉래면 수산 담당 김영우 씨와 군청의 정상태 씨를 만났다. 그들의 안내로 어판장에서 5킬로그램짜리 삼치부터 샀다. 가격은 킬로그램당 1만 원. 5킬로그램짜리인데 '중치'란다. 대형은 10킬로그램짜리도 넘는다니 뒷골목 삼치구이집에서 보던 삼치는 '삼치 반열'에 끼지 못한다는 말을 이해할 만하다. 삼치에 관한 기존 상식이 모두 깨진다. 우리는 그동안 너무 어린 것들만 먹고 살아왔다. 국립수산과학원 남해수산연구소의 김진영 박사가 "키워서 잡아야 하는데 1년생짜리들을 잡아들인다."고 개단했다.

삼치 하면 대개 고등어 크기의 '구이'가 떠오른다. 점심시간에 도심의 뒷골목을 지나칠 때면 구수한 냄새가 잡아끈다. 그러나 구이용으로 쓰는 길이 30센티미터, 무게 800그램 정도짜리는 현지에서 '고시'라 부르는 새끼들이다. "고시가 삼치축에나 든다요?"라고들 한다. 일본 수출품이라 일본어 '고시'가 일상어로 남아 있다. 이런 고시는 삼치로 쳐주지도 않는다. 적어도 삼치 반열에 끼려면 1킬로그램은 넘어야 한다. 맛있는 놈은 3~5킬로그램짜리란다. 너무 크면 맛이 없단다. 모든 고기가 그런 것 같다. 너무 커도, 너무 작아도 맛이 없다. 중간이 좋다. 어린 삼치는 '덜 여문 격'이라 비린내가 심하다고 한다. 9월 중순 이후에 10월 말까지 수확기에 잡힌 녀석들이 단백질도 최고로 차올라 가장 맛있다고 한다.

그런데 일명 '고시'라는 것은 맛의 문제만은 아닌 것 같다. 우리나라 연근해가 황량한 어장으로 변해버린 것은 어민들이 미성어(未成魚)를 잡아들이기 때문이다. 국립수산과학원에 따르면, 연근해 물고기의 80퍼센트가 산란능력이 없는 어린 물고기라고 한다. 삼치 등 일부 어종은 미성어 비율이 100퍼센트에 달한다. 그리하여 삼치의 경우, 최근 4~5년간 1970년대 전체 어획량의 20퍼센트대로 급격히 떨어졌으며 오래지 않아 완전 고갈까지 예상된다는 보도가 나오고 있다(《국제신문》, 2004. 8. 10). 1년이 안 된 '고시'라는 어린 물고기, 즉 삼치구이 정식의 주인공들이 미성어란 결론인데 참으로 비극적인 현실이 아닐 수 없다.

외국인은 참치, 우리는 삼치, 삼치는 나로도

아주 오래전에는 대나무 장대에 미끼 없는 낚시로 물고기를 낚았다. 오늘날은 달리는 뱃전에서 미끼도 없는 '공갈미끼'로 낚는데 '끌낚시'라 부른다. 달리는 미끼를 보면서 낚아채려고 덤벼들다가 잡히곤 한다. 성질이 급한 녀석이다. 손끝에서 입질이 강하게 느껴지는 순간 배는 속도를 낮춘다. 공갈미끼를 덥석 문 삼치의 입이 터지면 상품 가치가 떨어지기 때문에 속도를 늦추고 천천히 낚싯줄을 당긴다. 재빠른 전사(戰士)같이 날뛰는 도전정신은 가상하지만 제 꾀에 제가 넘어가서 잡히는 격이다. 채낚기는 주로 낮에 하고, 자망은 해질 녘에 놓아서 아침 녘에 거둬들인다. 푸른 등을 가진 물고기들이 모두 바다 윗부분에서 놀듯 삼치도 윗물고기다. 햇빛을 듬뿍 받고 사는 등푸른 생선이 몸에 좋음은 따로 설명할 필요가 없을 것이다.

격으로 따지면 낚시로 잡은 고기가 그물로 잡은 고기보다 위다. 정치망에도 삼치가 들며 유자망도 쓴다. 그렇지만 그물에서 발버둥치다가 살이 뭉그러지기 때문에 상품의 격이 떨어진다. 그래서 채낚기가 많다. 그러나 중국의 대형 쌍끌이 어선이나 정치망에서 잡힌 고기가 국내에 다량 유입되면서 삼치는 고작 냉동식품 정도로 인식되고 있다. 냉장기술의 발달은 유통의 장기보존이란 측면에서는 긍정적이지만, 이 기술을 믿고서 필요 이상으로 무한정 잡아들인다는 점에서는 반생태적이다. 냉동기술의 발달이 거꾸로 인간의 욕심을 무한대로 극대화시켜 생태계를 얼어붙게 한 꼴이다. 냉장기술과 생태환경의 상반된 노선을 명심할 일이다.

활어가 아닌 다음에야 삼치 맛은 저장기법이 좌우한다. 일단 잡은 삼치는 얼음에 묻어둔다. 냉동은 금물. 냉동하면 살이 녹아내려 씹을 것이 없

다. 살이 연하기 때문이란다. 층층이 얼음을 깔고 살이 다치지 않게 비닐을 깐 다음에 삼치를 한 겹 놓은 뒤, 그 위에 다시 얼음을 까는 식이다. 삼치는 잡은 즉시 먹는 것보다 두어 시간 얼음에 재어놓았다가 먹어야 시원한 제 맛을 느낄 수 있다. 활어가 아니라 선어여서 적당히 숙성시켜야 맛이 좋음을 나로도 사람들은 일찍부터 깨닫고 있는 셈이다.

지난 1960~75년도 연간에 나로도는 "개도 돈을 물고 다녔다."고할 정도로 흥청거렸다. 삼치파시가 열려서 엄청나게 많은 양이 일본으로 팔려 나갔다. 대하, 중하, 서대 등도 덩달아 일본으로 나갔다. 삼

삼치 반열에 끼려면 적어도 1킬로그램은 넘어야 한다.

172

치파시가 형성되어 술집이 번성하고 아가씨들의 노랫가락으로 밤을 새웠다. 포구는 불야성을 이루고 삼치로 벌어들인 돈들이 포구에 뿌려졌다. 파시가 막을 내린 다음에도 적은 양이나마 수출은 계속되어 부산을 거쳐서 일본으로 속속 나갔다. 그래서 본토 사람들은 사실 먹고 싶어도 먹기 어려웠다.

1990년대 초반까지 삼치, 서대, 대하, 중하 등이 부산항을 거쳐 일본으로 수출되었다. 그 뒤로 수출길이 막히자 그제야 내륙 사람도 맛을 보기 시작했다. 재미있는 것은 삼치회를 즐기는 이들은 보성, 고흥, 순천, 여수 등 전라 동부권 사람들이라는 점이다. 서울에서도 주문이 밀리지만 주로 출향 인사들에 국한된다. "서울에 올라갈 게 없지요. 물량이 달리는 데다가 그쪽 사람들은 삼치회를 모르잖아요." 그렇다. 서울에는 오로지 '구이'뿐이다. 부산이나 인근 하동에서도 즐기지 않는다. 그런데 제주시에 가면 서부두 횟집 등에서 심심찮게 삼치회를 맛볼 수 있다. 삼치의 식생활권이 지극히 토속적이며 지역적이라 나름의 제한된 문화권을 형성하고 있음을 확인시켜주는 사례다.

두어 시간 얼음에 재웠다 먹어야 제 맛

값도 애매하다. 많이 잡히면 떨어지고, 그렇지 않으면 금값이다. 명절 무렵, 출향 인사들이 귀향할 때면 집집마다 삼치를 준비한다. 그래서 값이 솟구친다. 광주에서는 아예 '차떼기'로 사들인다. 도시로 나간 자식들이나 출향 인사들이 돌아올 것을 대비하여 적절한 시간을 정해두고 삼치를 준비한다. 맛이 극대화되었을 때 먹으려고 시간까지 재가면서 냉장에 온 신경을 쓴단다. 삼치는 그만큼 다루기에 따라서 맛이 달라진다.

회를 먹어보니 냉동 참치를 녹였을 때와 맛이 비슷하다. 냉동 참치를 먹을 때 입에서 녹는 아이스크림과는 또 다른 맛이다. 이 없는 노인들도 쉽게 먹을 수 있을 것이다. 회를 먹으면서, "흐물흐물해서 맛이 그렇다." 고 하였더니 "서울에서 먹던 딱딱한 고시에 젖어 있어 그렇다."는 핀잔이 돌아온다. 서울에 올라가는 새끼 삼치는 대부분 배를 가른 냉동 삼치인데, 냉장고에 오래 둬 수분이 빠져나가면서 딱딱해졌다는 것이다. "요것이 막 낸 것인디, 이것을 드시고 서울 가서 묵어보믄 아마 돌 씹는 맛일 것이오." 한다. 같은 횟감이라도 가공처리 방식에 따라 맛이 완전히 달라질 수 있음을 금방 깨닫는다. 여기에서 횟감의 생명은 처리방식이란 배움을 얻는다.

먹다 남긴 회를 거둬간 주인이 계란 풀어 옷을 입힌 튀김을 별미로 내놓는다. 생선전과 비슷하다. 배가 불러 젓가락을 들고 엉거주춤하자, "네 명 가족이 오면 잘 먹는 사람들은 5킬로그램으로도 부족해요. 한 10킬로그램은 묵어야 삼치회 좀 묵었다 할 정도니까요." 삼치 맛을 아는 마니아들은 몇몇이서 두어 상자쯤 간단히 먹어치운다고 한다. 일본인들은 삼치회를 보면 사족을 못 쓸 정도로 선호도가 높다. 한국인들은 씹히는 맛이 강한 회를 즐기는 반면, 입에 넣으면 녹아 내리는 맛이 드는 남방계 회는 덜 좋아하는 편이다. 어렸을 때의 식습관이 평생을 지배하기 때문이다.

삼치회는 굵직굵직하게 썰어낸다. 맛들인 초장이 중요한데 시큼한 맛이 난다. 기름기가 거의 없어 참치에서 느껴지는 느끼함이 없다. 김려는 《우해이어보》에서 "삼치는 방어 종류다. 색은 엷은 청색이며 입은 작다. 맛은 방어와 비슷하나 더욱 신맛이다. 이곳 사람들은 신 것을 초라고 한다. 그래서 이곳 사람들은 삼치를 초어라고 부르고 맛이 매우 좋다고 한다."고 하였다. 내가 신맛을 느낀 것이나 김려 시대 사람들의 미각이나 같은 듯하다.

김려는 《우해이어보》에서, "삼치는 방어 종류다. 색은 엷은 청색이며 입은 작다. 맛은 방어와 비슷하나 더욱 신맛이다. 이곳 사람들은 신 것을 초라고 한다. 그래서 이곳 사람들은 삼치를 초어라고 부르고 맛이 매우 좋다고 한다."고 하였다.

회를 발라낸 뼈와 머리는 무를 숭숭 썰어넣고 미역, 수제비 등을 넣어 맑은 장국으로 푹 끓여낸다. 일종의 어죽인데 국물이 시원하여 술안주 겸 식사 대용으로 그만이다. 일본인들은 회도 즐기지만 소금을 살짝 뿌려서 구워 먹는다. 일식집에서 이른바 '시오야키'라고 소금을 뿌려서 구워주는 구이는 별미 중의 별미로 친다. 나로도 사람들은 가능한 한 구워 먹지 않는다. "이 비싼 놈을 어떻게 날름 구워 먹을 수 있느냐?"고 반문한다. 씨알이 자잘한 놈들만 반찬용으로 구워 먹는단다.

삼치는 본디 고등엇과에 속하며, 마어(서남해 연안)·망어(동해 연안)·망에(경남 통영) 등의 지역명이 있다. 고등엇과 어류들이 원양이나 외양에서 알을 낳는 것에 반하여 삼치는 내만으로 들어온다. 다른 물고기들이 대개 일부다처제인 데 반하여 드물게 일부일처제를 고집하는 순정파이기도 하다. 덩치가 크기 때문에 먹이사슬에서 상위종이며, 내만에서도 생존력이 보장된다. 나로도 근역의 내만으로 몰려드는 것도 이 같은 이유 때문이다. 비단 나로도뿐 아니라 서해 중부의 위도·연도·어청도 주변, 그리고 나로도를 중심으로 한 서남해안이 중점 산란지다. 그러나 내만이 오염되면서 산란지의 환경이 예전 같지 않다.

2004년 10월에 나로도 수산물축제를 처음 개최하였는데 지역의 네티즌들이 "왜 삼치축제가 아니고 수산물축제냐?"고 항의하였다고 한다. 공무원들의 답변은 "삼치가 나지 않으면 어떻게 하냐?"였다. 나로도가 삼치의 주 어장이기는 하지만 어족자원이 고갈되면서 해마다 어황이 조석지변이기 때문이다. 산란기가 가까워지면 은빛이 사라지고 점차 검은색의 혼인색을 띠게 되는데 일본에서는 이런 삼치를 '먹물삼치'라 부르며, 그때부터 즉시 삼치잡이를 종료한다.

삼치에 관한 한 나로도가 헤게모니를 쥐고 있다. 인근 여수에서도 많이 잡히지만 여수항에서는 제값을 받지 못한다. 아귀가 마산항에 가야 제값을 받는 것과 같은 이치다. 같은 고흥 땅에서도 녹동항에서는 제값을 못 받는 대신, 나로도 축항으로 가면 제 대접을 받는다. 즉, '삼치의 메카'는 나로도에서도 축항인 것이다.

모든 삼치는 나로도 축항으로 통한다

삼치는 거문도와 나로도 사이가 주 어장이다. 7~8월 중순까지는 대개 어린 새끼잡이다. 찬바람 부는 8월 말부터 12월 초까지가 삼치잡이 절정기. 인근 완도 청산도에서도 삼치가 많이 난다. 그러나 거문도나 청산도 삼치도 반드시 나로도를 거쳐서 위판을 하므로 '모든 삼치는 나로도 축항으로 통한다.'

고흥의 주요 항구는 나로도항과 풍남항, 그리고 녹동항이다. 소록도가 지척거리인 녹동항은 아주 조그마한 어촌이었다. 반면에 나로도항은 일제시대부터 어업 전진기지였다. 나로도항은 수심이 7미터나 되어 배가 드나들기에 별 장애가 없다. 어장이 발달할 수밖에 없다. 사실 오지의 섬에서 어로 아니면 해먹을 것이 없었던 것도 이곳에서 어업이 발달한 이유다.

이제 나로도는 우주항공센터로 발돋움하고 있다. 발사대는 물론이고 우주체험관이 생기면 관광객들이 떼지어 몰려들 것이다. 낙후되고 소외된 지역발전에 이만한 희소식도 없다. 반대로 발사 소음 때문에 사람은 물론이고 가축들도 섬을 떠나야 할 운명이다. 나로도의 본디 이름은 '나라의 섬'에서 비롯되었으니 흥양현(興陽縣)에 딸린 국영목장이었다는 뜻인데, 다시금 '나라의 섬'이 되고 말 것이란 쓸쓸함이 없지 않다.

나로도와 여수 화양면을 연결하는 연륙교도 착공하였다. 지도가 바뀔 판이다. 그러나 나로도 사람들의 삼치회 선호도는 바뀔 것 같지 않다. 오랜 역사문화성에 기초하기 때문이다. 일본의 경우, 조그마한 포구마다 각각 자랑하는 해산물이 있어 사랑받고 있으며, 나로도의 삼치문화도 이런 토속성을 유감없이 보여준다.

등푸른 생선을 선호하지 않는, 심하게 말하면 건강음식을 기피하는 기존의 식문화 보수성이 일조일석에 바뀔 수는 없는 것 같다. 어릴 적 입맛이 평생을 좌우하기 때문이다. 삼치나 방어 등은 남방어로답게 남방 쪽에서 선호도가 높다. 바로 쿠로시오 난류가 배태한, 더 큰 차원에서의 난류문화권임에 틀림없다. 그러나 태평양의 참치가 입맛에 길들여졌듯이 얼마든지 변화 가능한 대목이다. 수산물 기호도의 역사문화성이란 것도 21세기 패턴에 알맞게 바꿀 일이니, 그 첫걸음으로 삼치회부터 즐겨볼 일이다.

한여름밤,
공룡의 꿈을 꾸다

수많은 발자국으로 뒤덮인 고성 화석지

　열대야다. 뒤척이다가 밤을 새우기 일쑤다. 이런 때는 그야말로 공룡을 주인공으로 한 '한여름 밤의 꿈'이 제격이다. 갑자기 나타난 육식 공룡, 무지막지한 놈이 이빨을 턱 치켜세우고 잠자리를 굽어보며 혀를 날름거린다. 생각만 해도 시원하지 않은가. 그런 공룡을 실제로 만날 수 있다면 얼마나 좋을까.

　공룡이 '뜬 지' 오래다. 공룡영화의 고전이 된 영화 〈쥐라기 공원〉은 공상소설은 물론 만화, 패션, 박물관, 기념품과 애니메이션의 단골 소재가 됐다. 이런 공룡 문화산업은 한반도 남단까지 밀려와 일찍이 전남 해남 우항리에 공룡박물관을 낳았다. 8,300만 년 전 중생대 백악기시대의 퇴적층이 그대로 보존되어 있으며, 나무가 돌처럼 굳어진 규화목, 초식공룡과 육식공룡, 그리고 익룡 발자국, 물갈퀴 새 발자국 등이 돋보인다. 2006년에는 경남 고성 한려수도에 드디어 세계 수준의 공룡박물관이 개장하였다.

마치 시루떡을 포개놓은 듯한 형상으로 역사 이전의 세상을 증명하고 있는 백악기의 퇴적암 지층과 선녀탕으로 불리는 석간수 옹달샘.

고성 땅으로 접어들면 타임머신을 탈 필요도 없이 공룡세계로 바로 들어갈 수 있다. 아예 '공룡나라(The Land of Dinosaur Goseong)'라고 '공룡공화국'을 선포했다. 중생대 백악기의 공룡 발자취가 남아 있는 하이면 덕명리 상족암 바닷가는 명실공히 '백악기 공원'에 걸맞은 곳이다. 무엇보다 아름다운 바닷가인 데다가 공룡까지 만나게 되었으니 관해의 즐거움이 더해진다.

돌이켜보면 1982년 1월, 겨울방학을 이용해 학생들과 남해안 일대 지질조사를 하던 지질학자 양승영 경북대 교수의 눈에 거대한 발자국 화석이 눈에 띄었다. 같은 대학 임성규 교수(고생물학)가 전공을 살려 집중 연구한 결과 전 세계적인 공룡 집단서식지로 세계학계의 공인을 받기에 이르렀다.

상족암 해안에 1억 년 전 중생대 한반도에 살았던 수많은 공룡들의 발자국이 찍혀 있다. 군립공원으로 지정된 명승지 상족암, 일명 상다리바위라 부르는 퇴적암지대는 마치 시루떡처럼 켜켜이 퇴적암이 층을 이루고 있으며 각각의 층마다 공룡이 잠들어 있다. 그림 같은 사량도가 눈앞에 떠 있고, 율포만을 돌아가면 한려수도의 전형을 보여주듯 자란만(紫蘭灣)의 크고 작은 섬들이 공룡 신화와 더불어 나그네를 맞는다. 고성 땅에 공룡이 살던 시대는 중생대 백악기로 화산활동이 활발하였다. 스필버그 감독의 '쥐라기 공원'과는 시대부터가 다르다.

거대한 호수로 이루어졌던 한반도

우리나라가 공룡 연구의 문을 연 지도 제법 세월이 흘렀다. 연구자층과 애호가층이 넓어져, 2006년 4월에는 중국의 자공, 일본의 후쿠이 현, 캐나다 로열티렐 공룡박물관이 모두 참여하는 공룡 엑스포까지 열렸다. 가히 공룡 문화산업이 공룡화하는 느낌이다. 중생대 지층은 육성층(陸成層)이라 화석이 드물다는 통설을 깨면서 해성층(海成層) 공룡 화석이 속속 발견되고 있다.

세계 학계에 보고된 해남 우항리, 전남 보성의 대규모 공룡 알과 알 둥지, 전남 화순의 육식 공룡 발자국, 여수시 사도·추도·낭도 등 도서지역에서 발견된 3,500여 점의 발자국, 시화호와 통영시의 공룡 알 등은 우리나라가 공룡의 보고임을 말해주는 물증들이다. 고성의 하일면을 포함한 개천·영현·삼산·동해·마암·회화면 등지의 고성군 관내의 화석지는 수많은 공룡 발자국으로 어지럽다. 심지어 옥천사가 자리 잡은 연화산 도립공원 같은 내륙에도 공룡의 흔적이 있으니 상전벽해란 이를 두고 말함이렷다.

중생대에 거대한 호수가 있었다. 굳이 이름을 붙이자면 '경상호수'쯤 되리라. 이 물길은 일본까지 연결되어 하나의 호수를 형성했다. 수많은 공룡이 잔잔한 물가를 거닐었을 것이다. 당시의 파흔(波痕)이 굳어진 퇴적암을 보면 물결은 잔잔했다. 호수 주변은 이질(尼質) 평원 퇴적층으로, 공룡 발자국 대부분이 이 암상에 찍혀 있다. 기후는 건조한 가운데 건기와 우기가 반복되는 계절성이었을 것이다. 걸어 다닐 수 있을 정도로 얕고 경사가 완만한 호수였던 듯 물가를 또박또박 걸은 흔적뿐 아니라 수많은 공룡들에 의해 헝클어진 공란작용(dinoturbation)의 흔적까지 보인다.

큰 놈은 발자국이 40~50센티미터에 이르니 그 크기가 짐작된다. 날카로운 발톱을 보건대 더러 육식 공룡도 있었지만, 대부분 유순한 초식 공룡이었음이 분명하다. 익룡의 날카로운 발톱이 새겨진 게 우항리 것과 흡사한 발자국도 남아 있다. 학계의 의견을 종합하면 공룡이 발자국을 남긴 과정은 다음의 세 단계로 정리된다.

1단계 : 가뭄 시기 가뭄에 물을 먹기 위해 호수 주변에 공룡이 출몰함.
2단계 : 오랜 시간 노출 석회질 토양화가 일어나면서 발자국이 찍힌 퇴적물이 굳어지는 고화현상이 진행됨.
3단계 : 홍수에 의한 범람 발자국이 찍힌 퇴적층이 매몰되면서 지층에 보존됨.

억겁의 세월이 흘렀다. 공룡들은 죽고, 또 죽어서 발자국을 남겼다. 진흙이 발자국을 덮고 다시금 덮어서 바위가 되었다. 훗날 호수가 바다로 바뀌고 지각변동으로 퇴적암이 땅 위로 솟구쳤고 성난 파도에 퇴적암이 한꺼풀씩 벗겨져 나가자 발자국이 드러난 것이다. 시루떡 같은 퇴적층 안에 잠들어 있는 공룡들이 언젠가 서서히 한 마리씩 걸어나와 바닷가를 거니리라. 그리하여 남해안 전체가 살아 있는 공룡박물관이 되리라.

공룡의 멸종과 호모사피엔스의 미래

'호모사피엔스가 무엇인가?' 하는 고민에 빠지지 않을 수 없다. 《오리진》의 저자 리처드 리키와 로저 르윈의 《제6의 멸종(The Sixth Extinction)》은 호모사피엔스가 결코 특권을 부여받지 않았음을 분명하게 밝히고 있다. 지구를 온통 늪으로 몰아넣은 5대 멸종. 수많은 생물체가 사라졌고, 무수한 생물군이 새로 생겨났다. 그러나 살아남은 우리는 억세게 운 좋은 생물 종 가운데 하나일 뿐, 그 이상도 그 이하도 아니다. 뜻있는 많은 이들은 인간들의 탐욕스러운 행동이 다시 한 번 대멸절, '제6의 멸종'을 부르고 있다고 거듭 경고한다. '호모사피엔스'는 진화의 창조과정과 이따금씩 일어나는 변덕스러운 멸종 사이의 복잡하고 예측하기 힘든 상호작용에 의한 산물, 즉 지극히 많은 종들 가운데 단지 하나일 뿐이다.

유카탄 반도에는 약 6,500만 년이나 된 거대한 분화구가 있다. 이것은 백악기 말의 멸종을 이끈 원인이 소행성의 충돌이었다는 가설을 뒷받침하는 직접적인 증거로 알려진다. 일부 학자들은 중요한 멸종이 2,600만 년마다 정기적으로 일어난다고도 한다. 1994년 7월, 천문학자들은 약 21개의 혜성 파편이 목성 표면으로 쏟아져 내려 행성의 두꺼운 대기층에 일련의 거대한

일찍부터 동양인들의 삶에서도 공룡 화석은 중요했으며, 용골 같은 한약재는 틀림없이 공룡의 화석을 의미했다.

1·2 바닷가의 공룡 발자국(고성 상족암).
3 대형공룡의 발자국. 세계에서 유일하게 발자국 내 '별' 모양의
내부구조가 확인된다(해남 우황리).

흠집을 내는 것을 목격했다. 대충돌이 태양계에서 일어날 수도 있으며, 지금도 실제로 일어나고 있음을 보여주고 있다. 우리 인간의 정상적인 경험 범위를 넘어서는 힘, 외계에서 이따금씩 찾아오는 파괴적인 충돌을 피할 수 있을 것인가.

그러나 한편으로 고생물학자들 중에는 극적인 공룡멸종론에 동의하지 않는 이들도 많다. 순식간에 사라진 것이 아니라 백악기 말부터 서서히 쇠퇴의 길을 걸어오다가 중생대에서 신생대로 넘어오는 시기에 사라지게 되었다는 주장이다. 하여간 공룡의 멸종이 전 지구적으로 이루어졌음이 밝혀지자 고생물학자들은 그 원인을 확실하게 풀려고 오랫동안 고민하고 있는 중이다.

바로 이어지는 신생대에서는 포유류가 공룡의 뒤를 이어 육지의 지배적인 척추동물이 되었다. 포유류가 공룡보다 특별히 잘났던 것은 아니다. 쥐새끼만 한 작은 크기였던 포유류는 공룡 눈치나 보다가 잡아먹히는 비운을 늘 당하면서 1억 년을 버텼다. 공룡이 멸절하지 않았더라면 호모사피엔스가 '만물의 영장' 어쩌고 하는 시대는 결코 오지 않았을지도 모른다. 약 500만 년 전 최초의 사람종이 나타났을 때 그것은 단지 '지극히 아름답고 무한한 형태들 가운데 하나'였을 뿐이다.

구석기부터 따진다고 해도 인류가 세상을 지배한 시기가 과연 얼마나 될까. 공룡은 적어도 1억 4천만 년 이상 지구에 존재했다. 우리 인류는 극히 짧은 시간에 지구의 주인공이 되었고, 특히나 현대인들은 불과 100여 년 사이에 엄청난 개벽을 가져왔다. 우리 스스로 가져왔던 엄청난 변화는 공룡이 지배하던 1억 4천만 년을 뛰어넘는 것이다. 그렇다면 인류에게 미래가 있는 것인가. 의문이 꼬리를 문다.

상족암 옆의 단애 위로 올라가니 이곳에서는 가장 선명하다고 하는 공룡 발자국이 두 개 남아 있는데 발을 들 때 진흙과의 마찰에 따라 생기는

찰흔까지 선명하게 기록되어 있다. 그 공룡 발자국이 새겨진 바위에 걸터앉아 1억 4천만 년이라는 시공간과 고작해야 수백만 년이 넘지 않는 인류의 세월을 계산해본다. 불과 수백만 년도 안 되어 인류는 만물의 영장 정도가 아니라 '지구 파괴의 주범'으로 등장하였다. 여전히 유효한, 찰스 다윈이 《종의 기원》에서 마지막으로 장식한 구절을 떠올려보며 진화의 장엄함을 생각해본다.

생명은 그 여러 가지 능력과 함께 처음에는 소수의 형태, 또는 단 하나의 형태에 불어넣어졌다는 이 견해, 그리고 또 우리의 행성이 불변의 중력법칙에 따라 회전하는 동안 그렇게도 단순한, 지극히 아름답고 지극히 경탄스러운 무한한 형태가 진화했고 지금도 진화하고 있다는 이 견해에는 장엄함이 있다.

그렇다면 우리는 우리 자신이 진화하고 있다는, 그것도 지구 자체에 대해서 아주 가증스러울 정도로 파괴와 폭력으로 일관하면서, 서서히 종 다양성을 없애가고 있다는 이 미칠 것 같은 현대적 진화에 대하여 어떻게 생각하고 있는가. 바다에 관하여 말한다면, 바다의 종 다양성을 파괴하고 유엔에서 정한 소위 '지속 가능한 개발'이라는 이름으로 모든 야생적인 것들에 관하여 개발론으로 일관하고 있다는 사실에 대해 우리는 어떻게 생각하고 있는가.

동양인들의 삶에서도 공룡 중요

공룡은 호모사피엔스의 기억에서 영영 사라졌을까. 그렇지 않다. 창공을 가르는 새들은 바로 공룡의 직계 후손이다. 공룡은 또 인문학적 상상력에서도 여전히 살아 있으니, 영화 〈쥐라기 공원〉의 탄생 같은 공룡문화의 번성도 공룡이 영영 사라질 수 없는 것임을 웅변한다. 인류가 창조해낸 최고의 상상 동물인 용(龍)도 기실 공룡류의 조합이나 다름없다. 인류유년기의 추억 속에 기록된 거대하고 두려운 어떤 동물의 형상이 각인되어 DNA로 전승되었던 것은 아닐까. 신비로운 동물 용의 출발도 결코 인류사의 유년기적 추억에서 벗어나 있는 것은 아니다.

덧붙여 공룡의 발견 역시 서구학자들에 의해서만 이뤄진 것이 아니다. 일찍부터 동양인들의 삶에서도 공룡 화석은 중요했으며, 용골(龍骨) 같은 한약재는 틀림없이 공룡의 화석을 의미했다. 요즘 아이들의 비속어인 '용가리 통뼈'도 공룡 화석의 또 다른 비유법이리라.

1994년 여름, 시베리아에 있는 사하공화국에 갔을 때다. 그곳 주민들이 만드는 섬세한 뿔 조각품이 코끼리 상아가 아니라 지금은 역사에서 사라진 맘모스 상아, 즉 화석으로 만들어진 것을 보고 깜짝 놀란 적이 있다. 북극권의 얼음지층 안에는 홍적세 중기부터 후기까지 빙하기에 살던 맘모스 화석들이 잠들어 있다. 상족암 역시 공룡 화석은 물론이고 숱한 시인묵객들이 찾아오던 해식동굴에 '용굴'이라는 용 관련 지명을 남기고 있거니와, 이래저래 공룡의 문화사적 장기지속이 이루어지고 있다.

용을 생각하면, 자꾸만 《산해경(山海經)》이 생각난다. 중국의 기서(奇書) 《산해경》에 등장하는 온갖 괴물들은 어떤 뿌리를 지니고 있음이 분명하다. 《산해경》의 '기이(奇異)'들은 저마다 나름의 연원을 갖고 있다. 그러기에 사마천(司馬遷) 같은 이도 《산해경》에 대해 "감히 말할 수 없다(不敢言之也)."고 평하지 않았겠는가. 동진(東晉)의 문인 곽박(郭璞, 276~324)은 장자(莊子)를 인용하면서, "사람이 아는 것은 알지 못하는 것에 미치지 못한다."라고 했다. 생각건대 우주는 광활하고 뭇 생명체는 도처에 산재해 있으며 음양의 기운이 왕성히 일어나면 온갖 종류로 나뉘어 생김을 지적하였다. 그는 "소 발자국에 괸 물에서나 노는 수준으로는 붉은 용이 하늘까지 치솟는 경지를 이해할 수 없다."고도 하였다. 곽박의 말이 맞을 지도 모른다. 우리는 자동차 바퀴 자국에 고인 물에서나 노는 수준이 아닐까.

시간에 관한 현대인들의 관념도 그렇다. 초현대과학에서 몇만분의 1초를 계산하면서도 그 무한대의 끝에서 만나게 되는 무한대의 시간은 상실해버렸다. 1주일, 한 달, 몇 년은 생각하면서도 '백년대계'를 설계하지 못하고 한치 앞도 내다보지 않고 사는 것이 아닐까. 공룡 발자국에 괸 물을 바라보면 심한 자괴감에 빠지고 만다.

분류학, 생물충서학, 고생태학, 고생물지리학, 고환경학 등에서 공룡에 대한 관심이 고조되고 있다. 그런 영향일까. 오늘날 세계의 공룡학은 앙상한 골격이나 발자국 연구에서 한 걸음 더 나아간다. 새로운 세대의 디지털 고생물학자들은 공룡 화석에 생기를 불어넣어 가히 '공룡 연구의 르네상스'를 일으키고 있다. 진화생물학, 생물역학, 식물학, 생리학 등 다양한 분야의 젊은 학자들이 그들이다. 그들은 컴퓨터, CT스캔, X선, 전자현미경 등 다양한 도구와 방법론을 동원하여 '겁 없는 연구'를 계속하고 있다.

이제 우리는 고성의 공룡을 살아 있는 실체로 바닷가를 노닐게 해야 한다. 지금까지 공상영화가 창조해낸, 엉뚱할 수도 있는 선입견을 깨고 적지적시(適地適時)의 공룡을 탄생시킬 필요가 있다는 뜻이다. '공룡학'이 그야말로 공룡화되어 거대 골격에 묶인 채 끝내 관료화되는 비극을 피하길 기대해본다. 공룡 연구야말로 무한한 상상력과 이의 입증이 필수 아니겠는가.

예전의 가치관으로 보면 공룡 따위는 괴력난신(怪力亂神)에 속하는 것이니, 세상을 어지럽히는 괴이한 일에 지나지 않을 것이다. 그러나 오늘날에는 그러한 괴력난신들이 판타지 등의 현란한 이름으로 옷을 갈아입고 독특한 서사성을 획득하면서 애니메이션을 비롯한 다양한 창작물의 중요 소재로 등극한 지 오래이니, 죽은 공룡이 되살아오는 정도가 아니라 우리 시대를 먹여 살리는 문화자본주로 군림하고 있는 셈이다. 고성군도 공룡 같은 괴력난신에 온 정성을 들이고 있는 중이다.

미려한 한려수도 덕명리에서 심안(心眼)으로 공룡의 울음소리를 들으며 무거운 수수께끼를 안고 오는 길, 그 수려한 바닷가의 관해가 가져다 주는 미덕은, 공룡에 대해 '우리는 아는 것보다는 모르는 것이 훨씬 많다.'는 작은 성찰에서 싹튼 것은 아니었을까.

조선시대에도 바둑판처럼 널려 있던 죽방렴

삼천포로 빠져야 바다가 보인다

　"잘 나가다가 삼천포로 빠진다."는 말은 경남 사천시의 삼천포 사람들이 가장 싫어하는 말 가운데 하나다. 수년 전 모 방송프로에서 이 발언을 입에 올렸다가 주민들의 거센 항의를 받고 곤욕을 치른 적도 있다. 자기 터전을 나쁜 뜻으로 빗대는 것을 누가 좋아라 하겠는가.

　그런데 이 글에서만은 꼭 이 말을 써야겠다. 단, '삼천포로 빠져야 바다가 제대로 보인다.'로 고쳐 쓰겠다. 진주 나들목에서 동쪽으로 길을 잡으면 고성과 통영 방향이다. 삼천포로 가자면 '역시나' 밑으로 빠져야 한다. 육로로는 막다른 길이다. 그래서 '삼천포로 빠진다.'는 말이 나왔음직한데 막상 삼천포로 빠지면 정말 좋은 일만 생길 것 같다. 같은 말이라도 세월이 흐르면 전혀 달리 받아들여질 수 있음을 실감한다.

얼마 전까지 남해 읍내로 가자면 반드시 남해대교를 건너야 했다. 아니면 삼천포에서 철부선으로 늑도를 거쳐 창선교를 다시 건넜다. 번잡하게 '삼천포로 빠지는' 일은 여유 있을 때나 가는 코스였다. 그런데 삼천포대교가 놓이면서 사정이 돌변했다. 예전의 하동 – 남해대교 길목 못지않게 대전 – 진주 간 고속도로를 빠져나와 삼천포 – 남해로 곧장 들어가는 길목이 각광을 받는다.

삼천포는 통영, 여수 등과 더불어 남해안 유수의 어항이다. 조선시대에도 번화한 포구였으며, 일제 때는 일본인 이주어촌이 조성돼 어업 침탈이 본격화됐던 곳이기도 하다. 삼천포 동금리(팔장포)의 에히메촌(愛媛村)이 바로 대표적인 일제 이주어촌이다. 에히메켄(愛媛縣)에서 정책적으로 1911년에 '식

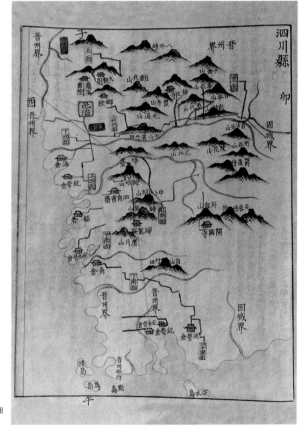

〈영남지도(嶺南地圖)〉의 '사천현' 부분(영남대학교 박물관 소장).

민지 어촌'을 삼천포 팔장포에 건설했던 것인데, 이주민들은 어업 이외에도 농업, 잡화상, 요리점 등에 종사하였다. 고등어잡이 건착망에 종사하면서, 한국의 값싼 노동력을 이용하여 많은 부를 축적하고 일본으로 되돌아갔으니, 일본 어업자본의 성공 이면에는 이러한 '식민지 착취', 혹은 '식민지 자본축적'의 역사가 상존하는 셈이다. 일본인들이 주목할 만큼 삼천포는 뛰어난 어장이었다. 삼천포 어시장에 가면 그러한 모든 의문이 풀린다.

남해안이 살아 있다는 마지막 자존심

더운 복중에 무슨 고기가 있을까 싶었는데, 고등어, 병어, 삼치, 새우, 오징어, 까치복, 참복, 상어, 갈치 등이 지천이다. 이판장의 활기가 버럭

이는 멸치 떼 같다. 아주머니들은 고등어를 선별해서 얼음을 채워 포장하는 일에 여념이 없고, 장정들은 갓 잡은 상어를 끌어 내놓는다. 리어카로 얼음과 고등어를 옮기는 짐꾼들도 대목 만난 듯 잰걸음들이다. 일제 시대부터 고등어로 유명했던 전통이 냉동 고등어로 바뀌기는 했어도 지금껏 이어지는 셈이다.

삼천포수협의 차윤원(57세) 지도과장은 "삼천포항을 모르고 어찌 남해안 수산업을 말할 수 있겠느냐?"고 되묻는다. 실제로 수협 직영 횟집에

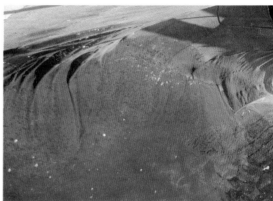

삼천포 인근의 죽방렴 어로 현장. 조수를 이용하는 죽방렴 어로는 현존하는 가장 원시적 어업 형태의 하나이지만 예전과 달리 이곳에서 거둬들여 '죽방렴' 상표를 단 멸치는 2킬로그램들이 한 상자에 30만 원을 호가해 더 이상 서민의 식품이 아니다.

서 함어, 독가시고기, 제도가리 같은 낯선 이름의 자연산 회를 먹어보니
자원 고갈 시대에 아직도 이런 자연산이 남아 있음이 그저 고마울 따름
이다. 이른바 '잡어'로 불리는 이들 토종들이야말로 지역의 종 다양성이
아직은 살아 있다는 지표이며, 우리 같은 객의 입장
에서는 또 하나의 바다생물 도감을 마중하는
순간이기도 하다.

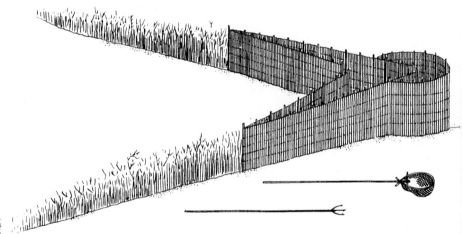

경상도 등 남해안 일대에서 널리 행해진 방렴(《한국수산지》, 1908년).

삼천포에 온 목적은 죽방렴(竹防廉)을 살피기 위해서다. 삼천포는 죽방렴의 원조다. 어판장에서 벗어나 실안동에서 전마선을 탔다. 문야성(47세) 씨가 운영하는 죽방렴으로 가는 길, 싱싱한 멸치 냄새를 맡았는지 갈매기 떼가 몰려들어 극성이다.

둥근 발통을 조심스럽게 오른다. 양쪽 활가지로 갈라진 말목은 예전 통대나무에서 H빔이나 참나무 각목 따위로 교체되었다. 발통 안의 통그물을 빙빙 돌아가면서 끌어올린다. 그물에 붙은 멸치를 대나무 장대로 툭툭 쳐가면서 떼내는 일이 여간 성가신 게 아니다. 멸치 못지않게 쓰레기도 많아 사둘로 연방 라면봉지나 스티로폼 폐물 등을 걷어내야 했다. 제법 위험한 작업이라 가파른 발통 위에서 조심스럽게 작업해야 한다. 통그물이 동그랗게 조여지면서 마침내 멸치 떼가 하얗게 발광하며 모습을 드러낸다. 문씨는 멸치 떼를 능숙하게 거둬 저장상자로 옮겼다. 잡아온 멸치는 곧바로 가마솥에 삶은 뒤 그물을 깔고 노천에 펴 말리며 하루 만에 값비싼 '죽방렴 머루치'로 변신한다. 사실 요새 죽방렴 멸치는 서민들이 넘볼 음식이 아니다. 흔하던 죽방 멸치의 생산량이 줄어, 있는 사람들이나 먹는 호사품이 되고 말았다.

2킬로그램짜리 특등품 한 상자에 30만 원을 호가한다. 2005년 7월 말에는 36만 원까지 가격이 치솟기도 했단다. 경매 가격이 그러니 실제 소비자 가격은 상상을 넘는다. 물론 중품은 7만~8만 원, 하품은 2만 원까지 떨어지나, 그것도 싼 가격은 아니다.

그러나 중국의 싸구려 수입 멸치가 급증하고 있고, 태안 신진도나 서해 해미 등의 멸치 건조장에서 이른바 뺑뺑이그물(낭장망)로 잡아올려 대대적으로 건조하는 저가 멸치가 공세를 펴고 있어 남해안 멸치가 점차 힘들어지고 있다. 더욱이 가격대가 만만치 않은 죽방 멸치는 서민들의 식탁을 거의 떠난 상태인지라 안타깝기만 하다. 위판된 죽방 멸치는 서울의 유명 백화점 매장으로 직행한다. 모든 죽방 멸치는 삼천포수협에서 경매되며, 남해수협에서는 멸치 경매를 하지 않으므로 삼천포가 멸치 위판의 중심지임을 알 수 있다.

죽방렴은 하루에 두 번 물을 보는데, 당연히 사리 물이 중요하다. 조업은 여섯 물부터 열 물 사이에 집중되며, 열두 물부터 열다섯 물, 그리고 첫 물과 둘째 물 때는 거의 조업을 하지 않는다. 조수간만 때 조류의 힘을 이용하기 때문에 월간 노동시간이 많지는 않다. 대부분 6~9월 여름이 제철이며, 겨울에는 소출이 적어 조업을 하지 않는다.

죽방렴도 거의 사라지고 없다. 목 좋은 죽방렴에서는 연간 기천만 원의 수입을 올리기도 한다지만 대부분은 천만 원 언저리의 수입이 고작이다. 한가하게 방렴으로 뛰어들 물고기가 줄어든 탓이다. 죽방렴 멸치가 비싸다고 하지만 어민들의 수입은 "엔간한 직장생활보다 쪼매 낫다."는 수준이다.

삼천포대교 공사 때, 죽방의 철거 보상비는 대략 2억 5천만~3억 원 수준이었다. 대를 이어 고기를 잡아왔고, 또 앞으로도 그래야 하는 생계수단임을 감안하면 턱없는 보상이지만, 일견 죽방의 '자본주의적 가치'가 만만치 않음을 입증하는 증거이기도 하다.

죽방 멸치는 싱싱한 은빛이 차라리 눈부시다. 햇빛에 반사되는 은빛의 찬란함은 자연산 멸치의 자존심을 고스란히 드러낸다. 죽방렴에서 파닥거리는 멸치를 사둘로 건져내 차린 즉석 멸치회는 가히 일품이다. 비린 멸치가 그렇게 맛있는 회로 둔갑할 수 있다는 사실을 알면 우리 입맛이 얼마나 통조림 문화에 길들여져 있는지를 금방 깨닫게 된다. 그러니 이런 단호한 선언도 가능하지 않겠는가.

"죽방렴, 남해안이 살아 있다는 마지막 자존심!"

바닷물이 여울져서 고기가 모이는 올

죽방렴은 말 그대로 대나무를 세워 만든 일종의 물고기 함정이다. 살, 발이라고도 부르는데, 모두 어살[漁箭]에 속한다.《경상도 속찬지리지》(1469) 남해현조를 보면 "방전(防箭)에서 석수어, 홍어, 문어가 산출된다."고 나온다. 방전은 죽방렴의 다른 이름이다. 이쯤에서 죽방의 어로 원리를 살피고 가자.

물살 빠르고 수심 낮은 곳에 V자로 물고기를 유인하는 활가지(양 날개)를 설치하고, 가운데에 고기를 몰아넣는 둥근 발통을 설치한다. 활가지는 참나무 장목으로 촘촘히 박는데 요즈음에는 H빔으로 대체되었으며, 쪼갠 대나무발로 장막을 둘러 고기가 빠져나가지 못하게 한다. 둥근 발통은 일종의 '연못'이다. 고기들이 이곳에 들어와 노닐다가 포획된다. 조류를 따라 흐르다 발통에 든 고기를 잠자리채같이 생긴 쪽대로 거둬들이는 원시적 어로방식이다.

남해안 죽방렴을 가장 정확하게 표현한 이는 담정 김려(潭庭 金鑢, 1766~1821)였다. 일찍이 오늘날의 진해 근처인 우해(牛海)로 귀양 와《자산어보》와 쌍벽을 이루는 어보인《우해이어보》를 남긴 김려의 눈길에 죽방렴이 빠질 수 없었다.《자산어보》(1814)보다 11년이나 빠른 1801년에 이 탐구서가 완성되었으니, 한국 최초의 어보인 셈이다.《자산어보》가 서남해를 중심으로 해 '절반의 진실'만을 담고 있다면,《우해이어보》는 남해 중심의 또 다른 '절반의 진실'을 담고 있다. 양자의 결합을 통해 우리는 비로소 조선 후기 어업 및 어류지의 복원에 한층 가깝게 다가설 수 있으리라.

불우했던 그는 이 어보를 통해 민중의 삶을 수채화처럼 그려냈다. 그가 본 죽방렴은 진해 인근의 것으로, 당시에는 어뢰(魚牢)라고 불렀다. '뢰'

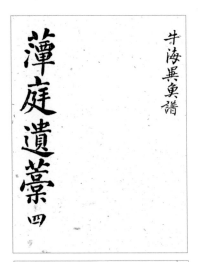

《자산어보》와 쌍벽을 이루는 어보인 《우해이어보》를 남긴 김려의 눈길에 죽방렴이 빠질 수 없었다. '올' 또는 '어뢰'라는 표기가 보인다.

는 감옥이란 뜻이니, 고기가 대나무 발에 잡힌다는 의미다. 혹은 어살이라고도 불렸다. 물 밖에서 기둥의 윗부분을 바라보면 가지런하고 촘촘해서 마치 화살이 화살통에 들어 있는 것과 같았기 때문이다. 죽방렴도 조간대에서 조류의 흐름을 이용하는 어살의 일종임을 알 수 있다. 어뢰의 기둥 밖과 그물 안은 뢰정(牢庭)이라고 한다. 어부들이 조수를 기다리며 아침저녁으로 묶고 쉬면서 노를 잡고 왕래하며 살피는 것을 물 보기, 즉 시조(視條)라고 하고, 혹은 살 보기, 즉 시전(視箭)이라고 한다. 고기 잡는 원리는 매우 간단하여 물고기의 길을 역이용하는 것이다. 사람에게 길이 있듯이 물고기에도 길이 있기 때문이다.

"바닷가 사람들은 바닷물이 여울져서 고기가 모이는 곳을 올(兀)이라고 하는데, 올을 방언으로는 조(條)라고 한다. 그래서 어조(魚條)라고 하면 길에도 경로가 있는 것처럼 고기들을 쫓아가서 찾을 수 있는 곳이다."

그 물고기 길에 길이가 10여 길 되는 거목들을 집의 기둥처럼 나란히 세워놓고 기둥을 빙 돌려서 활처럼 굽어지게 둘러친다고 하였다. 그래서

관해기 · 觀海記

남해 바다 속 멸치떼(수중세계 이선명 제공).

조가 넓으면 기둥이 100개나 되었다. 오늘날 못지않게 커다란 그물이었다. 기둥 안에는 짚과 싸리, 억새, 갈대를 깔아주어 고기가 잠자고 쉬며 놀 수 있는 곳을 만들어주었다. 그러면 고기들이 어로를 따라서 조 안으로 들어왔다가 바닷물이 빠져나가면 대나무발에 막혀서 잡히고 만다. 어부들은 바닷물이 빠져나가길 기다렸다가 곧 천천히 대나무발을 거두어들인다.

진해 바닷가에 수십 개의 어뢰가 마치 바둑판처럼 펼쳐져 있다고 했으니, 지금의 죽방렴 풍경과 크게 다를 게 없다. 남뢰(南牢), 북뢰(北牢), 석뢰(石牢)식의 표식이 붙어 있으며 개중에는 관(官)에서 하는 도내뢰(都內

牟)도 있다고 하였으므로 지방 관아에서도 운영하였음을 알 수 있다. 어뢰마다 주인이 있고 고기가 많이 잡히고 적게 잡히는 것도 해마다 변한다고 하였으니 지금도 옛과 같다. 대형 자본이 들어가는 어법인 만큼 당대에도 자본의 힘이 없이는 불가능했음 직하다. 여기서 거둬들인 수익금으로 축적한 어업 자본의 힘이 상당했음을 고려할 때, 그동안 간과되어 왔던 어업 생산력에 관한 관심을 불러일으키는 대목이 아닐까.

대나무가 흔한 곳에서는 보편적인 세계적 어법

김려가 본 죽방렴과 현존 죽방렴이 원리나 기능은 같을지 몰라도 형태의 변형이 있었다는 점을 유의해야 한다. 일본식 죽방렴의 영향도 없지 않았겠지만, 죽방렴이란 이름도 20세기에 '편의대로' 만들어졌다. 이 죽방렴이 한국과 일본에만 있는 것은 아니다. 멀리 남중국이나 태국처럼 대나무가 흔한 곳에서는 보편적으로 행해진 세계적 어법이었다.

우리나라에서 죽방렴이 가장 성행한 곳은 바로 삼천포와 사천교 인근 사천만, 창선교 주변의 남해 지족해협 등 세 군데를 꼽을 수 있다. 수심이 낮고 물살이 빠른 천혜의 조건을 두루 갖추고 있어서다. 삼천포 수역은 평균 수심이 10~20여 미터에 이르는 곳이 많고 유속이 빠른 협수로가 여러 곳에 발달해 있다. 사천만 주변은 남강을 비롯하여 여러 군소 하천에서 흘러들어오는 유기물질이 풍부하여 굴, 피조개, 백합 등의 양식에도 적합하며, 멸치의 먹잇감이 풍부한 곳이다. 김려의 시대에는 진해 같은 해역에까지 바둑판처럼 널려 있었으니 조선시대에는 분포지역이 훨씬 넓었음 직하다. 아무래도 자연환경 파괴라거나 항구 건설로 인한 부단 없는 선박운행 등으로 많은 곳에서 소멸해갔을 것이다.

죽방은 조류를 타고 들어오는 멸치를 잡는 어법이어서 이 멸치를 노리는 갈치, 숭어, 전어, 농어와 새우도 제법 잡혔다. 멸치를 잡다 보면 으레 갈치 등이 눈에 뜨이는데, 먹이를 찾아서 따라왔다가 도리어 먹잇감이 되고 만 경우다. 삼천포항에서 경매되는 멸치 총량은 연간 260억 원 규모로 무려 120만 관에 이른다. 삼천포 멸치는 정치망이나 죽방렴으로 잡기 때문에 선도가 으뜸이다. 유자망으로 잡는 것에 비하면 선도가 훨씬 좋다.

그러나 아무도 삼천포 죽방렴의 미래를 장담할 수 없다. 10여 년 전부터 멸치 어획량이 급감하고 있어서다. 새로 건설된 연륙교의 교각이 조류 흐름을 막아서 '뜬물'에 흘러 다니는 멸치 이동을 방해하기 때문이다. 공사가 진행 중인 사천대교의 줄지어 선 홈통도 조류를 방해하기는 마찬가지다.

삼천포 멸치는 정치망이나 죽방렴으로 잡기 때문에 유자망으로 잡는 것에 비하면 선도가 훨씬 좋다.

여수 돌산도 앞의 죽렴(竹籬). 비단 경상도 남해에만 있던 것이 아님을 알 수 있다(1974. 2, 박광순 찍음).

이 얼마나 유서 깊은 어업문화사의 자취인가

삼천포에는 실안동 9개, 늑도 2개, 마도 5개, 신수도 3개, 대방동 2개 등 모두 21개의 죽방렴이 우리 전통어법의 마지막 자존심을 지키고 있다. 다행히 어항 삼천포의 자존심을 지킬 죽방렴이 다리 건너 남해군 지족해협에도 있다. 남해와 창선도를 연결하는 창선교에서 물길을 바라보노라면 죽방렴 20여 개가 한눈에 들어온다. 그런데 1960년대까지는 전남 여수 등에도 죽방렴이 존재하였으므로 반드시 경상도 남해안 쪽에만 있었던 것은 아닌 듯하다. 죽방렴은 보통 4월부터 12월까지 운영되는데, 실제로는 6~8월 여름철에 어획량이 좋다. 4월에는 양멸치(까나리)가 많이 든다고 한다.

죽방렴은 전통적인 어로의 현장이지만 외지인들에게는 좋은 구경거리다. 삼천포 시내가 바라보이는 돗섬 앞에 설치된 돗섬발의 일몰은 풍광이 뛰어나 이곳을 찾는 여행객들의 눈길을 끈다. 지족해협의 창선교에서 본 돗섬발 일몰도 이에 못지않다.

사람들은 그저 불탑이나 불상, 향교나 금석문, 그도 아니면 음풍농월이 질펀한 경관에만 관심을 쏟을 뿐, 정작 먹을거리를 해결하기 위해 어로 현장에서 창조해낸 생산문화에는 관심을 두지 않는다. 귀족 중심, 사대부 중심, 육지 중심 등의 일방적 편향이 가져온 후과이니, 지금껏 문화를 바라보는 수준과 취향이 제한적임을 고백하지 않을 수 없다. 죽방렴, 이 얼마나 유서 깊은 어업문화사의 자취인가.

살아 있는 원시어법 '돌살'

왜 황금그물인가

고대 그리스의 아르고 원정대는 '황금양털'을 찾아 동쪽으로 대항해를 거듭했다. 흑해를 가로지른 이들의 동진(東進)은 호메로스의 영감을 빌려 지금의 우리에게 전해지고 있다. 필자 역시 황금양털 대신 '황금그물'을 찾는 심정으로 오랜 세월, 열정을 불태워 왔다. 내가 찾는 '황금그물'은 지역에 따라 독살, 돌, 돌살, 돌발, 원 등으로 불리는 자연생태적 '돌그물'을 뜻한다. 아예 책을 펴내며《돌살−신이 내린 황금그물》(2006)이라

고 작명한 바 있다. 돌살을 황금그물이라고 부르는 것은 가장 자연생태
적이며, 덕분에 소멸의 속도도 빨랐던 최고의 전통어법이기 때문이다.
그렇다면 돌살의 문화사적 원형질은 무엇일까? 자문자답부터 해본다.

'옛 선인들은 어떻게 고기를 잡았을까?'

'배를 타고 멀리 나가 낚시나 그물로 잡았을까?'

'배도 타지 않고, 그물도 없이 고기를 잔뜩 잡는 방법은 없었을까?'

이런 자문처럼 과연 배를 타고 멀리 나가 낚시나 그물로만 잡았을까.
정답은 '아니다'이다. 고기가 흔했던 시절에는 위험을 감수하며 악착같
이 먼 바다로 나갈 이유가 없었다. 먼 바다 고기잡이는 중선(中船)이 등장
해 어획량을 높은 단계로 끌어올리는 조선 후기에 이르러서야 보편화되

었다. 따라서 "먼 바다로 나가
낚시와 그물로 고기를 잡았
다."는 천편일률적인 교과서
서술은 부분적으로만 맞는 말
이다. 낚시와 그물 못지않게 어
살〔漁箭〕, 혹은 어량(漁梁)이 중
요했다.

어살이란 조수간만의 차가 큰
갯가, 오목하게 들어간 만(灣)
에 대나무나 싸리나무, 돌멩이
따위로 보(洑)를 막아 고기를
잡는 함정어법을 말한다. 어살
은 돌로 막는 돌살, 대나무로

제주 범섬의 물고기못. 자연적인 돌살이다(수중세계 이
선명 제공).

〈고기잡이〉(김홍도, 《단원풍속화첩》, 국립중앙박물관 소장).

막는 죽살 등 다양하다. 밀물을 타고 연안으로 밀려온 고기가 생각 없이 이 살을 넘었다가는 썰물 때 미처 빠져나가지 못해 갇히면서 '독 안에 든 쥐'가 된다. 이 어살의 기원은 인류사 유년기의 추억에서 비롯된다.

　어릴 적 고무신으로 송사리를 잡던 아련한 추억을 돌이킨다. 큰 물결에 밀리면 허물어지고, 다시 모래둑을 쌓아 고기를 몰아넣던 유년기의 추억이 어살에 고스란히 반영되어 있다. 인류의 기술사적 모태와 유년기의 행동 관행은 여러 면에서 일치한다. 어살은 고대사회에서 현재에 이르기까지 오랜 전통을 고스란히 담은 어법이니, 가히 고고민속

(Ethnoarcheology)의 표징이라 할 만하다.

어살이 처음 발생한 곳은 강이었다. 강을 오르내리는 습성이 있는 물고기를 잡기 위해 물길에 살막이를 친다. 살은 고기들이 오가는 여울목에 치는 것이 제격이다. V자형으로 하류 방향으로 내리막고 나뭇가지로 살을 엮어 쳐놓으면 이곳에 갇힌 고기는 빠른 물살에 치여 빠져나오지 못한다. 전통어법이라 어획량이 적을 것 같지만 그건 추측일 뿐이다. 특히 바다에 어살이 적용되면서 어획량은 날로 증가했다. 조수간만의 차가 큰 서해안에서는 아예 이런 말도 전해진다.

"좋은 어살 자리는 못자리하고도 안 바꾼다."

"고기는 줍는 것이지 잡는 것이 아니다."

고려나 조선시대에는 어살을 둘러싸고 권문세가의 쟁탈전이 벌어졌다. 왕족이나 유력인사들은 저마다 어살을 차지하려고 나섰고, 이 때문에 어민들은 도탄에 빠져 살길이 막막하였다. 조정에서는 어살의 배분 문제를 놓고 분쟁이 빈번했다.

15세기 《세종실록지리지》를 보면, 서해안 강령 · 옹진, 인천, 태안 · 홍성, 무장 · 영광에 어살이 널리 퍼져 있었다. 황해도 강령만 · 해주만, 경기도 경기만 · 남양만, 충청도 천수만, 전라도 곰소만 등 서해안 내만이 중심이었다. 수심이 얕고 간만의 차가 커 어살 설치가 용이한 데다 대체로 한양과 가까워 수산물 수요가 많았기 때문이다.

어살은 중요한 세원(稅源)이기도 했다. 그만큼 어획량이 많았다는 증거다. 어살은 돌로 막은 돌살이 원조다. 자연석을 쌓아서 썰물이 되면 돌담 안에 들었던 고기가 잡히게 된다. 서해안 일대의 대다수 어살은 원래 돌살이었다가 나중에 대나무나 싸리나무로 바뀐 것으로 유추된다. 어살의 일종이자, 가장 오래된 원시적 어살인 돌살에는 다양한 명칭이 있지만 본고에서는 '돌살〔stone-weir, 石箭〕'을 총칭어로 삼는다.

북극권 넷실릭, 밴쿠버 콰기우틀, 하와이언, 쿠로시오 해류권 일본에도 돌살이

돌살은 비교문화사적으로도 재미있는 흐름을 보여준다. 돌살은 '제4세계' 사람들의 역사이며 문화다. 제1, 제2, 제3의 세계가 있다면 '제4의 세계'가 있으니, 돌살을 사용해온 이들은 '제4세계'의 사람들이다. 아메리카 인디언이나 북극권의 소수민족 등이 그러하다. 그러나 한국이나 일본의 어부들조차, '제4세계'는 아닐지라도 역사문화 서술의 중심에서 벗어난 '제4의 인간'들이 돌살을 이용해왔다. 제4의 문화가 덜 효율적이고, 덜 진보적이고, 덜 발달되어 있어 낙후되고 후진 것이라고 한다면, 그렇게 발달되고 효율적이고 선진적인, 이른바 문명의 그늘이 남겨준 것이 무엇인가를 그들은 엄중히 묻고 있다.

북아메리카 북극해의 대서양 연안에는 넷실릭 에스키모(Netsilik Eskimo)라 부르는 북극의 사냥꾼들이 있다. 넷실릭은 얼음집 이글루(Iglu)에 거주하는 물개와 순록사냥꾼 에스키모 집단이다. 넷실릭은 북극권에서 돌살을 사용하는, 지금까지 확인할 수 있는바 유일한 종족들로 간주된다. 유목민처럼 이동하는 사냥꾼들인 넷실릭들에게 순록, 곰, 물개사냥에 이은 또 하나의 계절적 생업으로서 연어잡이가 채택되었다. 그네들의 돌살어업은 사냥터처럼 옮겨가면서 계절적으로 잡아들이는 노마드(nomad)적인 특징을 보여준다.

북아메리카 원주민들의 고기잡이를 가장 정확하게 묘사한 밴쿠버의 힐러리 스튜어트(Hilary Stewart)의 조사에 의하면 밴쿠버에서 돌살을 쓰는 이들은 주로 콰기우틀(Kwagiutl) 사람들이다. 그네들은 강 하구의 조석의 힘이 미치는 조간대(潮間帶)에 말굽형(U)으로 돌살을 세웠다. 돌살은 여러 개가 집중적으로 겹쳐져서 나타나고 있으니 이는 한반도 갯벌지대에 나타나는 돌살과 유사한 축조방식이다. 조수를 향하여 말굽형으로 돌담

넷실릭의 돌살(위)과, 우리의 돌살과 거의 흡사한 하와이언 돌살(아래).

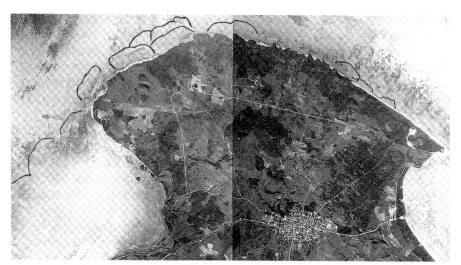

오키나와의 돌살(人間科學研究), 와세다대학인간과학부, 2002).

을 쌓아서 고기들이 자연스럽게 담 안으로 들어오고 물이 빠지면 잡아내는 어로기술은 한반도와 동일하다.

　버클리대 패트릭 빈톤 커치(Patrick Vinton Kirch) 교수는 태평양 하와이언의 돌살을 보고한 바 있다. 하와이제도는 카우아이(Kaua'i), 오아후(O'ahu), 몰로카이(Moloka'i), 하와이(Hawaii Big) 섬 등이 태평양상에 밀집 대형으로 늘어서 있는바, 이들 섬마다 대개 돌살이 전해진다. 하와이 돌살은 전반적으로 돌로 막은 '고기잡이못(fish pond)'이다. 화산암을 통하여 스며들어온 바닷물이 고여서 형성한 자연적 웅덩이에서 고기를 길러 왕족들의 파티 등에 쓰기도 하였다. 그러나 하와이제도의 몰로카이 남쪽 바닷가에 대규모로 건설된 돌살은 한반도의 돌살과 다를 바 없이 화산암과 산호암을 많은 인력을 동원하여 축조하였다. 명실상부하게 돌살로 부를 만한 것들이다. 이러한 돌살은 양어장 같은 돌살과는 성격이 다른 것으로 전형적인 돌살 유형이다.

　오키나와에서 일본의 본토에 이르는 쿠로시오 해류권은 두말할 것도

없다. 해류권을 따라서 하나의 띠
를 형성하면서 돌살문화가 발달했
다. 제주도와 오키나와에 돌살이
주종을 이루는 것은 섬문화에 해
양문화사적 고형(固形)이 장기간
지속되고 있음을 말해준다. 돌살
을 통해 해양문화에서의 동아시아
적 공통점이 확인되는 순간이다.
게다가 아프리카나 아메리카에도
있을 정도이니, 돌살이야말로 세
계적 범주의 해양문화 유산이 아닐 수 없다.

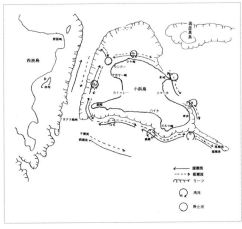

오키나와 인근 해역의 조류도(《人間科學硏究》, 와세다대학
인간과학부, 2002).

육지부에서 돌살이 살아 있는 곳은 오직 네 군데뿐

우리나라에 현재까지 돌살로 고기를 잡는 곳은 딱 네 군데다. 물론 제
주도에는 육지부에 비하여 많이 남아 있으나 육지부에는 남해안과 서해
안에 각각 두 군데다.

남해군 설천면 문항마을이 자리 잡은 강진만(江津灣)은 진주만이라고도
부른다. 마을 앞에는 '아랫진섬'과 '웃진섬'이 붙어 있다. 평상시에는 육
지와 떨어져 있는 섬인데 물이 썰면 '등'이 드러나서 연륙된다. 문항리의
돌살 지킴이인 박봉렬 옹은 86세로 홀로 집을 지키면서 살아간다. 디스
크를 앓으면서 거동이 불편하지만 15년 배운 오토바이 솜씨 덕분에 지금
도 오토바이를 타고 읍내로 다닌다. 그의 집 마루에서 보면 곧바로 진섬
이 한눈에 굽어보인다. 박옹이 운영하는 돌발(돌살)은 불과 5분여 거리에

남해군 설천면 문항마을의 말굽형 돌살(돌발).

있는 해안에 바짝 붙어 있다. 돌발의 보존상태가 거의 완벽하며 문항의 돌발 중에서 원형을 유지하는 유일한 돌발이다. 그의 부친 박재권이 생존해 있다면, 2001년 기준으로 98세이므로, 부친은 대략 1903년생이다. 조부가 돌발을 사들인 시점은 1800년대 말에서 1900년대 초반으로 짐작된다. 즉, 19세기 말부터 20세기 초반에 박씨네의 돌발어업이 시작되었다. 조부가 남에게 사들인 것으로 본다면, 연대를 환산하여볼 때 적어도 19세기 후반쯤에는 돌발이 존재하였음이 분명하다. 19세기 후반까지 유추해봄은 어디까지나 박씨네의 돌발경영을 중심으로 환산해본 결과일 뿐이며, 훨씬 이전부터 돌발이 있었을 가능성을 배제할 수 없다. 21세기까지 원형이 그대로 전승되고 있는 박씨네 돌발은 적어도 100년 이상의 역사를 지니고 있음이 확실하다. 다만 어민생활사가 늘 그러하듯이 문헌

1 수중에서 찍은 돌살의 물
  위 모습과 수중세계(수중
  세계 이선명 제공).
2 쪽받이(태안반도).
3 멜참대(제주도).

기록이 전무하다는 점에서 관례적으로 3대에
걸친 역사만이 분명히 드러날 뿐이다.

전라남도 남단이자 한반도의 최남단인 해남
의 송지면은 완만한 리아스식 해안이다. 송지
면은 해남의 남단에 위치하여 진도의 조도군도
와 완도 쪽의 조류들이 부딪치면서 갈라지는
반도다. 중리마을은 아늑한 만을 형성하고 있
는 데다 앞섬인 증도가 떠 있어 방파제 역할을
하며 돌살은 증도의 안쪽, 즉 육지 쪽으로 안겨
있다. 이곳에서는 돌살을 '쑤기담'이라 부르며,
근자에 '독살'이라는 명칭도 쓰고 있으나 어디
까지나 '근자에 생긴 말'이다. '쑤기담', 혹은
'쑤기 보러 간다' 같은 용례가 널리 통용되고
있다. 주인 김동식의 증언으로는 증조 때부터
이어져온 전통이니 미루어 150여 년이 채 안 되는, 조선 후기 축조설이
설득력 있다.

서해안의 비인만은 서해로 튀어나온 명승지 동백정에서 비인해수욕장
에 이르는 반원형의 반도를 형성하면서 천혜의 어장을 이룬다. 비인만은

남쪽바다

213

깊이 1미터를 넘지 못하는 천혜의 잔잔한 어장이다. 이곳에서도 '독살'이란 명칭으로 부르고 있다. 독살은 아래쪽 비인해수욕장의 장포리에 2기, 도둔리 남촌에 1기, 안도둔에 2기, 마량에 1기 등이 전해진다. 특히 안도둔과 장포리에는 지금껏 독살이 원형 그대로 보존되고 있으며 조선 후기부터 이어지는 유서 깊은 독살로 인정된다. 안면도 굴업독살과 더불어 현재까지 현행 어업으로 이어지는 소중한 어업문화유산이다.

장포리 독살은 지금도 여기에는 고기가 들고 있으며, 고집스럽게 지켜오는 어민에 의해 독살이 무너지지 않고 그대로 전승된다. 해도상의 포섬, 마을 주민들의 구전으로 할미섬이라 부르는 자그마한 여를 중심으로 2기가 형성되어 있다. 할미섬은 해발 5미터 정도의 암초인데 할미섬을 중심으로 넓게 바위가 흩어져 있어 독살을 설치하기에 천혜의 여건이다. 수심이 1미터를 넘지 않는 천해로서 모랫벌 가운데에 유일하게 여가 형성되어 있기 때문에 물고기가 모여들기에 유리하나. 독살은 여를 중심으로 바다 쪽에 1기, 안쪽에 1기가 있다. 대부분의 독살이 사라진 것에 비하면 현행되고 있는 아주 독특한 사례다.

태안반도 몽산리의 굴혈에도 독살이 전해온다. 굴혈 독살들은 옛날에 고기를 많이 잡았다. 파도가 잘 안 닿고 잔잔한 지역이었다. 큰 태풍이 아니고서는 거의 매일 잔잔한 지역이다. 그래서 그 독살을 운영해서 돈을 많이 벌었다고 한다. 독살은 4기가 확인되며 모두 여를 중심으로 자리잡았다. 1기는 현재도 운영 중이며, 3기는 파손되어 흔적만 남아 있다.

굴혈 독살의 백미는 역시 구들장벌 독살이다. 모래사장 구석의 산자락에 가깝게 의지하여 조성되어 있는 탓으로 바람과 파도를 막아주는 천혜의 조건을 갖추고 있다. 물살은 돌산을 굽이돌아서 독살 방향으로 비껴가면서 흘러들기에 독살은 늘 아늑한 위치에 머물 수 있다. 그래서 고기가 많이 들었고, 지금까지도 전국에서 드물게 독살이 현재도 운영되고 있다. 얼마 전까지 김의배 옹(2004년 사망)이 현업으로 운영해왔는데, 독살을 운영해온 집안의 계보를 족보를 근거로 따져보면 현재까지 5대에 걸쳐서 독살을 한 장소에서 운영하여왔음을 말해주며, 200여 년에 걸쳐서 독살이 전승되었음을 말해준다.

현존하는 세계 최대의 돌살 밀집지역은 대한민국 태안반도

국내외 돌살을 조사한 바로는 현존하는 돌살의 최대 밀집지는 태안반도다. 한국민속연구소의 조사 결과, 무려 100여 개에 달하는 돌살이 학계에 보고되었다. 세계문화사적으로도 유례없는, 가히 '흥분할 만한' 해양문화 유산이다.

태안반도는 만리포, 천리포, 백리포, 십리포 식으로 명칭을 부여한 해수욕장이 연이어 있어, 한여름 피서철이면 숱한 사람들이 찾는 곳이다. 그 해수욕장이 바로 돌살터라니!

해수욕장이라고는 하나 어민들 처지에서야 생업을 이어가던 백사장일 뿐이고, 완만한 경사를 지닌 백사장은 고기가 몰려드는 천혜의 돌살 터로 유리하다. 특히 태안반도 의항과 몽산포 굴업 돌살은 너무도 선명하고 장중해, 서해안에서 손꼽히는 해양문화 유산이 아닐 수 없다. 그 남쪽으로 두여, 밧개, 마검포, 바람아래에 이르기까지 돌살이 즐비하다.

모르면 그냥 지나치는 법. 그동안 수많은 사람들이 이곳을 드나들면서 여름바다를 즐겼건만 전통어법이 퍼져 있는 것은 까맣게 몰랐다. 모래톱 밖으로 둥그렇게 돌담을 쌓아 그 안에 물이 고인 것을 보고 혹자는 '천연 어린이 풀장'이라는 우스운 해석을 남기기도 했다. 전통시대 어업기술사의 생생한 현장이었음에도 안내 간판 하나 없이 방치돼 있다. 문화재 당

국의 해양문화에 대한 인식이 이토록 소홀하고 사려가 없으니 이 중요한 문화재들이 국가문화재로 지정되려면 얼마나 더 많은 세월을 허비해야 할까. 선남선녀들이 헤엄치는 '해수욕장 안의 풀장'이 사실은 고기 잡는 돌살인 것도 모르는 무지를 어찌 관광객의 탓만으로 돌릴 수 있겠는가.

태안반도의 돌살군은 외해의 거친 파도와 바람이 일군 모래사장과 묘한 대조를 이루면서 바다와 하늘 사이에 자리 잡았다. 바닷물이 들어오면 고기 떼도 함께 들어왔다가 물이 나갈 때 미처 빠져나가지 못하고 돌살에 갇힌다. 물이 나간다고 해도 돌살 안에는 늘 일정한 양의 물이 고여 있어 하나의 연못을 이루게 된다. 거기서 사람들은 조기, 갈치, 숭어, 멸치 등을 필요한 만큼 잡을 수 있었다.

소년어를 잡는다?

돌살은 세계 각지의 지혜로운 바닷가 선조들이 창조해낸 자연적인 살림살이법이었으나 우리의 돌살은 세계적 보편성과 함께 한국적 특수성을 보여주고 있기도 하다. 그러나 20세기의 '싹쓸이 어법'과 더불어 가장 먼저 퇴조한 어법이기도 하다. 연근해 어족이 사라지고 갯벌이나 모래밭이 줄어들었기 때문이다. 어민들은 바다를 '바다밭'이라고 부르거니와, 바다밭의 중요성을 인정하지 않으려는 '개발의 발톱'이 바다의 경계선을 허물고 있다. 경제논리에 밀려 돌살어업 따위는 안중에도 없다. 공을 적게 들이고 고기를 잡던 돌살의 놀라운 생태관은 사라지고, 비싼 대가를 치르는 어법만이 남게 되었다.

21세기 초반, 바다 상황은 비극적이다. 오죽하면 2004년 '세계환경의 날' 주제가 '구해주세요 - 생사의 기로에 선 바다!'였겠는가. 만약에 돌살이 다시 가능해진다면, 바다밭이 되살아나는 증거가 되리라. 그런즉, 돌살을 '황금그물'이라고 부르는 나의 저의도 여기에서 비롯된 것이다.

서얼 출신의 빈한한 가정에서 태어났으나 박람강기의 문재(文才)를 외국에까지 떨쳤던 이덕무(1741~1793)의 문집 《청장관전서(靑莊館全書)》를 펼쳐보면 '소년어(少年魚)'라는 표현이 눈에 들어온다. 소년어. 기억해두었다가 생활 속에서 두고두고 곱씹을 말이다. 소용도 없는 '소년어 잡기'에 골몰하는 탐욕스러운 우리 시대를 생각하며, 그에게 생태적인 전통어법 돌살의 가르침을 청해본다.

> 수륙에서 나는 이익은 공사(公私)가 다 같이 필요로 한다. 그러나 그것들을 때 없이 잡으면 번성하지 못한다. 지금 백성들이 소년어 잡기를 좋아하는데, 아무리 많이 잡아도 쓸모가 없다. 소년어란 세 글자가 새롭다. 촘촘한 그물을 웅덩이에 던지지 않는다는 뜻이다.

해마다 정갈하게 제삿밥 잡숫는 바다숲

바람·조류 막아주는 울타리형 어부림

경남 남해군 삼동면 물건리에 가면 물건다방, 물건슈퍼, 물건면사무소, 물건중학교, 물건수산 등 온통 '물건'만 보게 되니 슬며시 웃음이 나온다. 물론 '物件'이 아니라 '勿巾'이다. 물건까지 달려 내려간 것은 일명 어부림이라 불리는 천연기념물(제150호) 마을숲을 만나기 위해서였다.

바람과 조류를 막아선 전형적인 울타리형 바다숲. 길이 1,500미터, 폭 30미터 내외, 7천여 평에 이르는 광대한 숲이 해변을 가로지른다. 이팝나무, 모감주나무, 느티나무, 팽나무, 푸조나무, 상수리나무, 말채나무, 후박나무가 윗자리를 차지하고, 그 뒤를 따라 산달나무, 까마귀밥, 여름나무, 생강나무, 화살나무 등이 앞 다퉈 자리를 잡고 있다. 상목 2천여 그루, 하목 8천여 그루, 도합 1만여 그루가 도열해 찾아오는 이들을 위하여 늘 열병식을 준비한다. 대개 해송 같은 단일 품종만 있게 마련인 바닷가에 이처럼 식물의 '종 다양성'이 확보된 바다숲이 자리하고 있음은 얼마나 큰 기쁨인가.

"나뭇가지 하나라도 함부로 꺾으모 큰일 나요. 해코지를 하모 틀림없이 벌 받거덩요. 썩어 자빠진 고목도 절대로 손은 대지 마이소."

숲그늘에서 이야기꽃을 피우던 마을 노인들이 외지인을 보자마자 경계의 낯빛으로 전해준 준엄한 경고다. 입구에도 '구역 내 텐트 금지. 숲 속에서 취사를 금함. 위반 시 법적 조치'라는 경고 간판이 서 있다. 수백 년을 걸쳐 지켜온 숲이므로 이렇게 막고 지키는 것도 무리는 아니다.

전설에는 임진왜란이 터지기 직전에 전주 이씨 무림군(茂林君)의 후손들이 심었단다. 그렇다고 보면 대략 470여 년 역사에 근접하는데, 고목의 나이테와 거의 맞아떨어진다. 나무 종류도 170여 종에 이른다. 선조들은 왜 이곳에 이같이 웅장한 숲을 조성하였을까.

'숲 해치면 마을 망한다' 믿음 견고

물건리의 본디 지명은 '물건개'다. 움푹 들어간 만을 따라 펼쳐진 평지에 촌락이 형성되어 지금은 무려 227가구, 530여 명이 사는 대촌이 됐다. 해안지역 입지가 대개 그러하듯 문제는 바다에 질풍처럼 내달아오는 해풍과 조류였다. 취락이 곧바로 바다와 접해 있어 직접적으로 밀어닥치는 조수나 바람 피해가 극심하였다. 비보(裨補)숲을 조성하지 않을 수 없었다. 역사지리학자 최원석 박사의 연구에 의하면(《한국의 풍수와 비보》, 2004), 태풍 피해가 심한 경남 해안 곳곳에 비보숲을 조성하였으니 남해 미조면과 삼동면의 마을숲, 동래읍의 재송포(栽松浦)숲, 진해읍의 동림(東林), 영일읍의 대송정(大松亭)숲, 장기읍의 장기임수(長鬐林藪), 홍해읍의 북천수(北川藪) 등이 그것이다. 실제로 바다숲이 한눈에 드는 산등성이에 올라 굽어보니 타원형의 숲이 바다와 뭍의 경계선에 그림처럼 놓여 있다. 물건숲은 바다로부터의 온갖 도전을 굳건하게 막아주는 지킴이로 손색이 없는 위용을 연출한다.

19세기 말쯤의 일이다. 생각 없는 사람들이 이곳 나무를 일부 벌채한 뒤 큰 폭풍을 만나 마을이 아예 결딴난 적이 있었다. 그 후 '숲을 해치면 마을이 망한다.'는 이곳 주민들의 믿음은 신앙처럼 굳어졌다. 1987년의 태풍 셀마 때도 바닷물이 들어차 큰 피해를 입었다. 물건항을 조성하면서 태풍 방지용 방파제를 쌓은 이후 해변의 아름답던 몽돌들이 씻겨 나가고 있으며, 숲에도 직접적인 피해가 닥쳤다. 짠물이 숲을 덮쳐 나무가 죽어갔다. "짜븐 물이 들어가면서 갯물이 스며드니까."라고 한다. 그래서 1990년대 중반부터 축대도 쌓고 곳곳에 느티나무 등 후계목을 심어 뒷일에 대비하고 있다.

1970년대 중반부터 물건숲은 마을 부녀회에서 청소 등 보호 관리에 임하고 있다.

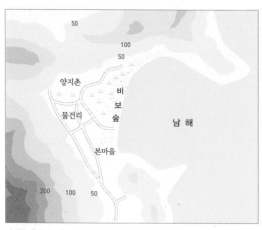

남해군 물건리 지형도.

평소에는 주민들의 안락한 쉼터가 되는 바다숲이지만 애당초 자연의 거센 도전에 맞서기 위한 방편으로 조성된 탓에 재난의 상처가 끊이지 않는다.

여성 성비가 높아지면서 부녀회의 힘이 강해졌기 때문인데 매달 1~2번 청소도 정갈히 한다. 숲은 물건리 사람들의 휴식처이자 놀이터다. 한여름 낮잠을 즐긴다거나 바둑을 두며, 윷놀이대회나 아이들의 술래잡기 터가 되기도 한다. 또한 너무도 중요한 숲인지라 아예 '제삿밥 잡숫는 숲'이 되었다.

숲에서 우두머리 나무 한 그루를 정해 '당산'이라 이름 붙이고 해마다 음력 10월 15일이면 제를 올린다. 한 달 전에 동회를 열어서 깨끗하고 부정 없는 인물을 뽑아 제주로 삼는다. 집안에 안 좋은 일, 즉 초상이나 여타 피 부정 따위가 없는 집에서 뽑으며 한 달여 동안 금기를 행한다. 제주 집에는 왼새끼 금줄을 치게 되며 꼼짝달싹하지 못한다. 밤 8시경에 숭어, 메, 나물, 삼색실과, 포, 명태 등을 차려놓고 집안 제사처럼 모시게 된다. 물건리의 뒷배경으로 버티고 있는 산정에 '맞당산'이 있어 거기부터 제를 지내고 내려와서 물건숲의 당산에 제를 지낸다. '맞당산'은 때독나무 한 그루를 모시며, 마주 본다고 하여 붙은 이름이다. 예전에는 남해읍내까지 40리 길을 걸어서 오가며 제수거리를 사오곤 했다. 그만큼 "같은 제사라도 엄중히 잡숫는 분"이라는 설명이다.

물고기에게 숲그늘은 호화판 별장

1960년대까지만 해도 봄이면 숲 바로 앞까지 멸치 떼가 몰려들었다. 은백색의 멸치가 몽돌해변으로 몰려들면 후리그물을 둥그렇게 둘러치고 주민들이 모두 몰려나가 그물의 양 귀를 잡아당겨 끌어올렸다. 반질거리는 몽돌 위로 은백의 멸치가 펄펄 날뛰고 숲가에서는 드럼통을 개조한 가마솥에서 멸치를 연신 삶아냈다. 후리그물 당기는 소리가 바다의 수면 위로 낭청하게 퍼지는 가운데 한쪽에서는 멸치 찌는 소리가 울려 퍼졌다. 싱싱한 멸치는 곧바로 햇살 좋은 들판에 널어 말려 '메루치'를 만들었다.

멸치들도 물건숲을 찾아 들어왔던 것이다. 고기 떼도 숲그늘로 몰려드는 습성이 있다. 물고기도 사람과 마찬가지로 숲을 그리워한다. 해변이나 섬의 숲그늘로 몸을 숨기고 '그늘의 미학'을 즐긴다. 선사시대의 인간들이 '바위그늘'에 거주처를 마련하였듯이 물고기들도 본능적으로 여(礖)의 바위그늘이나 숲그늘을 찾는다. 물건숲은 이런 물고기들에게는 가히 '호화판 별장'에 버금하는 거주조건을 갖춘 곳이다. 강가에서 물고기들이 수초 우거진 곳을 좋아하는 것과 일치한다. 그동안 바닷가 나무들은 방풍림으로서의 역할만 강조되어왔지, 나무들이 그늘을 만들어주어 물고기들이 서식하거나 모여들 수 있는 천혜의 조건을 제공해주는 기능은 무시되어왔다.

숲이 좋았을 때는 지금의 주택지까지가 거대한 '나무의 바다'였다. 그후 숲이 줄어들면서 그 물 좋던 멸치 떼도 사라져 멀리 넓은 바다로 나가야만 그물에 멸치가 든다. 세월이 갈수록 숲은 몸피를 줄여 지금은 옛날의 원형에 턱없이 못 미치는 긴 띠로만 남았다. 그래도 이만한 바다숲 구경하기가 쉬운 일인가.

물건숲은 설촌(設村)의 지정학적인 자리매김과도 깊은 상관성을 가진다. 이곳은 남해의 바깥 바다인 동쪽에 위치하여 외풍을 강하게 받는 곳이다. 그래서 바람, 특히 태풍에 취약했다. 만약에 조상들이 물건숲을 조성하지 않았더라면, 사람이 사는 이곳도 지금쯤 소멸되어 허허벌판이 되었음직하다.

이중환이 《택리지》에서 제시한 살 만한 곳[家居地]은 계거(溪居), 강거(江居), 해거(海居)의 순이었다. 해거는 바닷바람이 심하여 피부가 검게 타고 저습지가 많아 모기를 비롯한 병충해가 심하다는 이유에서다. 만약 이런 비보숲이 없었더라면 바닷가 사람들은 열악한 해거에서 견뎌낼 재간이 없었을 것이다. 그러한즉, 물건숲은 마을의 역사에 복속되는 것이 아니라 마을의 역사를 가능케 해준 중심 그 자체인 셈이다.

물건숲의 또 다른 매력은 활엽수와 상록수의 조화에 있지 않을까. 대개의 바다숲이 해송 일색인 데 반하여 이 숲은 느티나무가 주종을 이루고 있다. 느티나무는 한국인들이 가장 선호하는 마을나무의 상징으로, 그 친연성은 정자나무나 당산나무에서 단연 돋보인다. 아무 때라도 한여름에 물건숲에 가면 고목나무 그늘에서 여가를 즐기는 이들을 어렵지 않게 볼 수 있을 것이다.

1 바람과 조류를 막아서서 바닷가에 터를 잡은 사람들의 삶을 지켜준 남해 물건의 울타리형 바다숲. 2 이팝나무, 팽나무 등 1만여 그루의 다양한 수종으로 이뤄진 이 숲은 400여 년 전에 조성돼 거센 해풍과 노도로부터 뭍의 생명을 지켜왔는가 하면 물고기의 서식처인 그늘을 제공해 주민들로부터 '제삿밥 잡숫는 숲'으로 숭앙받고 있다. 3 미조리의 바다숲.

느티나무·상록수 우거진 '미조리숲' 장관

그렇다면 물건숲은 저 홀로 전통인가. 그렇지는 않다. 남해군에는 이곳 말고도 걸출한 바다숲이 더 있다. 아름답기 비할 바 없는 물미도로를 통해 10여 분을 달려가면 미조리숲(천연기념물 제29호)에 이른다. 수령 50~60여 년에 이르는 거대한 느티나무 군락과 상록수 230여 그루가 해변을 향해 숲그늘을 드리우고 있다. 수령 570여 년에 이른 고목도 있다. 설촌 역사로 미루어 보건대 숲은 현존 나무들의 나이테를 뛰어넘어 일찍부터 조성되었다가 여러 단계의 변천을 거친 것으로 비정된다.

그런데 이곳에서 처참한 풍경을 마주쳐야 했다. 미조리 역시 태풍 '셀마(2002)'를 만난 데다가 태풍 '매미(2003)'까지 덮쳤다. 뿌리째 뽑히거나 부러진 나무, 쓰러진 나무들이 70여 그루에 달했다. 거센 해일이 해변을 강타하면서 숲을 넘어 마을에 들이쳤다. 이 바람에 두 집이 쓸려 나가고 일곱 집이 반파되기도 했다.

숲이 조성된 토대는 제방처럼 높다. 미조리숲의 관리인이었던 이대승(67세) 씨는 이 숲은 "선대들이 바람의지로 세운 울타리"라고 설명했다. "우리가 죽더라도 후손들이 이어갈 것이 분명하지요." 논밭이 부족한 생활조건에서 바다에 의지하여 사노라면 어차피 바닷가를 피할 수 없었겠으나 당초 이곳의 생존조건이 너무나 험난했으니, 이들 바다숲은 자연조건에 맞선 인간의지의 표현이 아니겠는가.

미조리는 갯장어잡이, 멸치잡이 등으로 먹고살지만, 반농반어의 특성이 말하듯 의외로 논밭이 많다. 숲을 넘어가면 밭이 있어 남해 특산인 마늘을 키우며, 그 밭을 넘어가면 논이 있다. 만약에 숲이 없다면 바람에 실려 오는 염해 때문에 농사인들 제대로 됐을까.

바다숲은 비보풍수(裨補風水)와 연관이 깊다. 풍수설에 따라 지형적인 결함을 보충하기 위해 비보로서 마을의 지기(地氣)를 키우고 지키고자 했던 것이다. 숲이 없었더라면 바다 쪽이 얼마나 허했을까. 숲이 우거지면서부터 마을에서 뛰어난 인재가 많이 났다는 속설마저도 이곳에서는 예사롭지 않다.

미조리에서도 바다숲은 신성목(神聖木)이다. 해마다 10월 15일 밤에 동제를 지내기 위하여 아예 동제당을 숲 속에 지어놓았다. 뒷산 참나무가 윗당인지라 먼저 제를 지내고, 그 다음에 마을에서 송정해수욕장 넘어오는 무림이 고갯목에 장승을 세우고, 마지막으로 바다숲에서 제를 지낸다. 마을로 질병이 넘어오지 못하게 장승을 세웠단다. 참고로 미조면의

13개 마을에서는 모두 10월 15일에 한날 한시에 제를 올린단다. 미조리에서도 제관은 마을회의를 거쳐서 3일 전에 깨끗한 사람으로 정히 뽑으며, 집집마다 갹출하여 정성껏 제비를 마련한다.

물고기도 숲을 그리워한다

"태풍 매미가 강타하고 난 다음에는 고기가 들지 않아요."

주민들의 시름이 깊다. 봄에는 감성돔과 방어·볼락, 여름에는 멸치, 가을에는 장어와 게 등을 잡지만 씨알도 잘고 잡히는 양도 예전에 비할 바가 아니다.

숲이 어업에 얼마나 중요한가는 이웃 일본의 사례에서 산견된다. 일본에서는 바쿠후(幕府) 시대 때 이미 바다숲의 중요성을 간파하였으며, 메이지(明治) 시대에는 본격적으로 인공림을 조성하였다. 가령 야마구치현(山口縣)에서는 곳곳에 흑송을 조성하여 고기를 유인한다. 오늘날도 어민은 물론이고 부인회, 청년회 등이 주동이 되어 사회운동 차원에서 숲을 조성한다. 남해군 물건리와 미조리숲모심처럼 식수제(植樹祭) 같은 제의도

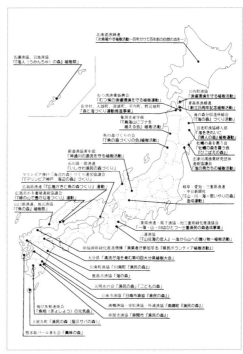

일본에서는 바쿠후 시대 때 이미 바다숲의 중요성을 간파하였으며, 메이지 시대에는 본격적으로 인공림을 조성하였다 (小沼 勇, 《漁村に見る 漁つき林と漁民の林》, 2000).

227

집행하며, '어민의 숲', '바다의 숲', '물고기의 숲' 등의 운동적 차원으로 키워 나간다.

일본에서 보안림, 어부림이라 불리는 것들은 대개 이와 같은 바닷가 숲으로 물고기들과 숲그늘이 밀접한 관계가 있음이 속속 밝혀지고 있는 중이다. 일본의 어부림(魚つき林)은 삼림법(소화 26년 제정) 제25조 8항에 의해 보호받고 있으며, 임야청(林野廳) 통계에 따르면 9,354개 소의 28,694헥타르에 달한다. 이미 바쿠후 시절부터 어부림에 대한 인식이 존재하여 이를 보호하여왔으며 메이지유신 이후에 잠시 이완되었다가 메이지삼림법(明治森林法, 1897)에서 다시금 보안림이란 개념으로 재탄생한다. 바다숲은 매우 체계적, 계획적으로 보호되며 식목일에 나무를 심듯이 매년 나무를 보강하고 있으며 벌목, 간벌 행위 등은 법률적 근거에 의하여 실시되고 있다. 그러한즉, 적어도 바닷가에서는 '산에 산에 나무를 심자'가 아니라 '바다에 바다에 나무를 심자'로 식목일의 구호가 바뀌어야 한다.

바다숲은 해변에 바짝 붙어서 운신하는 연안 어종의 서식에 결정적인 조건이 된다. 숲이 무성한 바닷가에 고기가 몰려드는 이유는 간단하다. 바다숲은 풍조(風潮)를 막는 1차적 기능 이외에 물고기에게 잠자리를 마련해주는 시너지 효과까지 부여한다. 그래서 필자는 《돌살−신이 내린 황금그물》(2006)이란 책을 펴내면서, "물고기도 숲을 그리워한다."고 강조하였던 것이다.

우리는 어떠한가. 물고기를 위해서 나무를 심자면 삼척동자가 웃을 것이다. 바다만 그러한가. 강변 숲과 수초가 무성해야 민물고기도 잠자리를 마련한다. 콘크리트로 반듯하게 호안을 둘러친 강에서 민물고기가 서식할 수 없듯 해변도로 따위로 장벽을 쌓아올린 곳에 바닷물고기가 쉴 터를 장만할 턱이 없다.

이미 수백 년 전에 바다숲을 조성할 줄 알았던 선조들의 지혜와 경험이 지금에 와서는 완벽하게 단절되고 말았다. 남해 바다의 숲에서 못난 후손들을 일깨우는 죽비의 매운 맛을 느끼며 감고계금의 역사적 배움을 청해본다.

통영의 해양문화와 굴 :

국방·예술·수산·
관광의 복합도시에서
자라나는 굴

군사와 예술이 묘하게 어우러진 해양도시

국방, 예술, 수산, 관광. 이 복잡하고 동거가 불가능해 보이는 항목들이
한 동네에 밀집된 곳, 그러면서도 상승효과를 일으키고 충돌 없이 공존
의 길을 터득한 곳을 한 군데만 꼽으라면 주저 없이 남해안 통영을 꼽겠
다. 무언가 하나쯤이 돋보이는 바닷가는 많지만, 통영같이 복합적이고
중층적인 곳이 또 있을까. 이름도 '조선의 나폴리'다.

섬과 섬이 꼬리를 문 한려수도의 미려한 절경이 펼쳐진 가운데 하얀 집

230

들이 초록빛 바다와 어우러지고, 비구름이 섬 봉우리를 감싸도는 풍광은 가히 '조선의 나폴리'란 별칭이 어울릴 만하다. 솔직히 말한다면, '이탈리아의 통영'이란 주체적 표현이 오히려 걸맞을 것 같다.

그래서인지 예술가들이 유난히 많이 배출된 곳이기도 하다. 작곡가 윤이상, 작가 박경리, 시인 김상옥과 유치환의 고향이 통영이다. 임진왜란의 엄혹했던 시절, '지고도 이긴 그 전쟁'을 상징하는 세병관(洗兵館)이 있는 곳인가 하면, 코앞에 한산도가 있어 당대의 피 어린 해전을 돌이켜 보게 하는 곳이기도 하다. 삼도수군통제영(三道水軍統制營)이 있다 보니 승전무(勝戰舞) 같은 '국방 예술'을 비롯하여, 나전칠기, 통영갓, 소목, 두석 같은 관청 수공업이 발달했다. 1604년 통제영이 이곳으로 옮겨오면서 육방이 설치돼 군수품, 관수품, 민수품 등 다양한 수공예품이 생산되었다. 통영 오광대, 남해안 별신굿 같은 국가 중요 무형문화재가 가장 많이 밀집된 곳 또한 통영이다. 군사와 예술이라는, 언뜻 서로 조화될 것 같지 않은 양자가 절묘하게 결합해 예부터 예향의 본거지로 꼽혔다.

통영 사람들은 배 타는 것을 두려워하지 않는다. 사방이 바다인 곳에서 살아 바다생활에 체화되었기 때문이다. 세계 해전사에 빛나는 한산대첩도 기실 어부 김천손의 첩보에 힘입은 것이었다. 숱하게 왜구에 시달려온 이곳 어부들은 평소에는 고기를 잡지만 유사시에는 전선에 배치돼 외적을 물리치는 결정적인 역할을 하기도 했다. 이순신의 전략가적 자질을 과소평가할 수는 없지만 그 바탕에 어부들의 숨은 공로가 있음은 무엇을 말하는가.

태평양 미크로네시아를 가보니 원주민들이 천부적인 뱃사람이란 생각이 들었다. 그 작은 배로 망망대해를 참으로 겁도 없이 떠다닌다. 태평양의 수많은 무인도들은 이들 뱃사람들의 과감한 이동에 의하여 개척되어 나갔다. 마찬가지로 통영 사람들도 천부적인 뱃사람들이다. 자잘한 다도

바다에서 바라본 통영시가지 전경(《사진으로 보는 근대한국》, 1986).

해의 섬 사이를 누비면서 거칠 것 없이 달리고, 맘먹은 곳에 닻을 내리고, 정확하게 낚시를 던진다. 해저 지형은 물론이고 조류, 어종, 바람, 암초 등 선대에게 배우고 스스로 체득한 온갖 바다 정보를 유전인자처럼 내장하고 바다의 삶을 살아가고 있다. 바다를 마당 삼아 살아온 덕분에 왜병을 물리치는 든든한 파수 역할을 해낼 수 있었으리라. 이순신이 새삼 강조되는 시대에, 그 이순신을 가능하게 한 인적 토대로서 바다 사람들의 삶을 한 번쯤 진지하게 되돌아봐야 하지 않을까.

왜란의 통신수단이었던 충무 방패연을 띄우며

통영의 삼덕포구, 한산도, 사량도, 견내량, 적덕, 착량, 걸망포 등은 왜란의 승첩 현장이거나 함대의 병참, 기항지로 제 역할을 다한 곳들이다. 전쟁이 끝나면서 지금의 통영 땅 전신인 두룡포에 경상·전라·충청도 3도의 수군을 관장하는 삼도수군통제영이 옮겨오게 된다. 통제영이 설치된 내력, 즉 통영의 역사를 증언하는 두룡포기사비(頭龍浦記事碑, 1625)에는 "서쪽으로는 판데목에 의지하고 동으로는 견내량을 끌고 있으며, 남으로는 큰 바다와 통하고 북으로는 육지와 이어져 있어 깊어도 구석지지 않고 얕아도 드러나지 않아 진실로 수륙의 형세가 국방의 요충"이라고

기록되어 있다.

말하자면, 임진왜란이라는 미증유의 전란을 겪으면서 국가적으로 건설된 계획적인 군사도시가 곧 통영이니, 그로부터 일제에 의해 통제영이 철폐될 때까지 300여 년간 지속되면서 독특한 해양문화를 형성해온 셈이다. 베네치아 같은 해양도시는 칭송하면서 정작 우리의 유구한 역사를 지닌 통영 같은 해양도시에 대해서는, 어쩌면 우리 스스로 '해양도시'라는 말조차 제대로 쓰지 못하고 우물쭈물하는, 이 바보 같은 반해양적 문화관이 오늘의 바다 몰이해를 낳고 있는 것이다.

돌이켜보면 '상처 입은 용' 윤이상(尹伊桑, 1917~1995) 선생이 애타게 보고 싶어하던 고향도 바로 통영의 푸른 바다였다. 본디 경남 산청에서 태어났으나 통영에서 초등학교를 졸업하고 통영여고에서 교사생활도 했던 그이였다. 루이제 린저(Luise Rinser, 1911~2002)와의 대담에서도, '보고 싶은 고향땅 쪽빛 바다'를 애달프게 증언하였다. 아마 꿈속에서 휠휠 날아오르는 유명한 '충무 방패연'을 생각했음 직하다. 내륙지방에서 만든 한지 반 장짜리 연과 달리 바람이 센 바닷가 통영의 연은 대문짝만 하게 만들었다. 임진왜란 때 통신수단으로 사용했다는 그 유서 깊은 연 아닌가. 그 연에 날지 못한 윤이상 선생의 비원이 서려 있는 듯하다.

'통영문화의 지킴이' 김세윤 문화원장은 "윤이상 선생이 통영에서 살적만 해도 국악을 일상적으로 접할 수 있었지요. 어데서고 우리 음악을 듣고 배울 수 있었지요."라며 통영의 숙성된 문화환경을 설명한다. 그의 음악에서 한국적 정서를 읽을 수 있다면 이는 전적으로 고향 바닷가에서 싹 틔우고, 배불린 것이리라. 그는 "통영이 예향(藝鄕)이 될 수 있었던 것은 통제영만으로는 설명할 수 없다. 활발한 수산업에 기반을 둔 물적 토대를 주목해야 한다."라고 '통영수산업의 사회경제적 토대'를 강조하였다.

얼핏 도무지 어울리지 않는 국방과 수산, 관광, 생태 등이 어우러져 중층적인 문화적 전통을 가진 통영은 유치환, 윤이상, 박경리 등 숱한 예술가를 키워낸 예향이기도 하다. 예전의 충무, 지금의 통영이라는 지명에서 보듯 이곳 주민들은 알게 모르게 한산대첩을 이끈 이순신 장군의 자취를 깊게 호흡하고 있으며, 굴 양식으로 대표되는 수산업도 이곳의 독특한 문화를 생성한 원동력이 됐다(미륵섬 삼덕포구의 장군봉에서 찍음).

'예향' 만들어낸 또 다른 공신, 굴

옳은 말이다. 수많은 통영의 예술인이 외국 유학을 떠날 수 있었던 배경은 수산업으로 형성된 진취적 기질과 물질적 풍요가 바탕이 된 셈이다. 이렇듯 통영의 역사와 문화라는 것도 모두 어업에 종사하며 삶을 일궈온 통영 사람들만의 독특한 삶의 방식이 배태한 것 아니겠는가. 직설적으로 말하여, 바다 사업이 없었으면 불가능했을 유학길이 열렸으니 바다의 은혜를 입고서 예향의 명예도 얻은 격이다. 또한 그들이 전통시대

남쪽 바다

235

의 뛰어난 해군이자 노련한 어민들이었다는 사실은 곧 이곳의 일관된 역사로서 해양적 문화전통에 힘을 부여하는 것이다.

오늘날의 통영을 제대로 이해하려면 통영항에 위치한 '굴수하식 수산업협동조합'이란 다소 긴 이름의 조합부터 찾아가야 한다. 대한민국 식탁에 오르는 굴의 80퍼센트가 이 조합에서 생산되고 있으니 굴이 없다면 통영 경제도 사실상 '끝'이며, 도시의 소비자들도 굴 대신 금을 먹는 게 더 쉬울지도 모른다. 굴 껍데기를 까는 여성 노동력, 굴 양식에 필요한 자재를 공급하고 판매하는 이들, 전국적으로 굴을 내보내는 유통 관계자들, 게다가 굴을 조리해 파는 음식점까지 모두 포함한다면 통영에서만 무려 4만여 명이 굴에 생계를 의지하고 있다. 그만큼 굴은 통영 경제에 절대적이다.

20대에 굴조합에 뛰어들어 30여 년 세월을 오로지 굴 하나에 바친 이종훈 조합 전무를 만났다. 유창하게 굴을 설명하기 시작한다. 굴은 바위에 붙어 사는 바위굴, 그리고 줄에 매달아서 물속에 드리워 키우는 수하식(垂下式) 굴로 나뉘는데, 바위굴은 전체 생산량의 10퍼센트도 안 된다. 90퍼센트가 수하식이다. 그런데 그 수하식을 사람들은 양식이라고 오해한다. 그의 지론에 의하면, 굴은 엄밀하게 말해 양식이 없단다. 긴 줄에 수직으로 매달아 키워낼 뿐 인공 먹이를 주거나 하는 따위의 양식과는 전혀 다르다. 굴은 양식어류처럼 제공하는 사료를 먹는 게 아니라 자연 플랑크톤을 먹고 성장한다는 아주 간단한 상식을 사람들이 생각하지 못한다는 것이다. 맞는 말이다. 한국인의 수산물 선호도는 높아가지만, 정작 수산물 이해도는 여전히 낮다. 굴에 대해서도 엄청난 오해를 하고 있지 않은가.

이곳에서도 처음에는 일본인들이 즐겨 사용하는 맹종죽을 이용한 뗏목식 시설을 도입했다. 그러나 비싼 대나무 값 때문에 물속에 줄을 드리워

굴을 매다는 연승 로프식인 수하식을 개발했다. 우리나라 굴의 대부분이 자라는 통영, 거제, 고성, 여수 바닷가에 둥둥 떠 있는 긴 줄과 부표들이 바로 수하식 굴밭의 표지판이다. "수하식은 바다 면적을 늘리는 일대 전환으로, 오늘날 우리가 이만큼 싸게 양질의 굴을 섭취할 수 있는 것도 전적으로 수하식 덕분"이라는 설명이다. 쉽게 말하여, 넓은 바다에 펼쳐놓아야 할 굴들을 아파트식으로 층층이 줄에 매달아 키우므로 굴이 자라는 단위 면적을 수십 배로 늘린 것이다.

미국 FDA도 인정한 통영의 굴

한국인들은 전통적으로 바위에 붙은 작은 굴, 즉 석화(石花)를 선호한다. 반면에 알이 큰 수하식 굴은 상대적으로 낮게 친다. 그러나 바위굴은 썰물 때 성장을 멈추는 반면 수하식 굴은 항상 물속에 잠겨 있어 물때의 영향을 받지 않고 성장한다. 이런 이치를 아는 외국에서는 그래서 우리와 달리 수하식 굴을 더 위로 친다. 실제로 미국 FDA는 매년 조사관을 파견해 통영, 고성, 여수, 고흥, 거제 일대의 굴밭을 샅샅이 조사한다. 미국은 물론 EU 및 일본을 비롯한 세계 각국은 수입식품으로 인한 자국민의 공중보건상의 위해를 차단하기 위해 자국으로 수입되는 수산물에 대하여 수출국이 그 위생 상태를 보장하여줄 것을 강력하게 요구하며 이렇게 현지조사를 벌이고 있으니, 그들의 검증이 곧 상품의 보증이기도 하다.

나 자신으로 말할 것 같으면 도대체 FDA 공인 등의 선전구호를 내세우는 허세를 지극히 혐오하는 편이다. 그러나 분명한 것은 하나다. FDA는 고흥, 여수, 남해, 통영, 거제, 고성 등의 남해안 일대를 수출용 패류생산지정 해역으로 설정, 엄정한 검사기준을 적용해 대단히 까다로운 조건으

로 수입을 허가하고 있다. 선진 외국에서 그 청정성을 엄중 조사하여 사들이는 굴이 이곳 남해안의 수하식 굴이며, 국내 소비량의 90퍼센트 이상이 이곳에서 공급된다. 그러니, FDA의 굴 공인을 강조하지 않을 수 없는 것이다. 한려수도가 한국 최고의 청정해역임은 두말할 필요가 없다. "씨알 작은 자연산 굴이 아무래도 좋다."는 오해로는 더 이상 우리의 식탁 안전과 소비량, 가격 경쟁 등의 욕구를 충족시킬 수 없다.

이곳에서는 오후 6시면 전국 유일의 굴 공판장이 열린다. 밤새도록 고기를 잡아와서 새벽녘에 열리는 어류 공판장과 달리 저녁에 모여드는 진풍경이다. 저마다 그날 생산한 굴을 상자에 담아낸다. 굴조합 엄철규 과장은 "생산자들의 이름이 모두 등록되며, 같은 굴이라도 실명제로 체크되어 가격도 조금씩 차이가 난다."고 설명한다.

미국이나 일본에서는 굴이 클수록 비싸다. 이곳에서는 '벗굴'이라고 부르는, 크기가 주먹만 한 굴을 접시에 올려놓고 칼로 썰어먹는 풍경을 쉽게 볼 수 있다. 우리가 선호하는 '쪼잔한 굴'은 상품으로 치지도 않는다.

청정해역의 바다 속에 드리워 기르는 굴은 우
리의 값진 수산자원 중에서도 첫손에 꼽힌다.
굴은 포자를 얻어 종패화한 뒤 이를 바다 속에
드리워 기른다. 이렇게 기른 굴은 채취 과정을
거쳐 위판돼 세계인의 식탁에 오르게 된다. 이
렇듯 굴은 인공 사료를 제공하지 않고 기르기
때문에 흔히 말하는 '양식'과 '자연산'의 구분
이 무의미하다고 전문가들은 귀띔한다.

알이 꽉 차서 영양가가 오를 대로 오른 큰 굴이 그들의 기호에 어울린다고 믿는 것이다.

반면 우리는 예전에 먹던 식습관에서 벗어나지 못해 전국 생산량의 10퍼센트에도 못 미치는 바위굴을 선호한다. 사실 바위굴 중에는 깨끗한 곳에서 나는 것도 있지만 갯가의 오염된 환경에서 채취되기도 해 식탁의 안전을 위협하는 일도 없지 않다.

한국인의 보수성과 과거 집착은 굴에서도 여지없이 드러난다. 거기에서 비롯된 온갖 편견과 오해가 식탁을 점령하고 있다. 회는 물론 전, 찜, 튀김, 구이, 국이나 죽, 밥, 젓 등 다양한 메뉴가 있지만 굴은 그저 날로 먹는 것으로만 아는 실정이다. 중국에서 선호하는 굴은 말린 건굴이며, 미국인들은 통조림 문화에 길들여져 면실유로 만든 통조림을 수입해간다. 반면 우리는 다양한 굴 요리를 향유하고 있으니 그 얼마나 푸짐한 식탁인가. 그럼에도 우리의 인식은 이렇듯 보수적이다. 술꾼들 해장용으로 선짓국, 콩나물국 등은 알려졌지만 굴국, 굴해장국 등은 부산, 경남권에 퍼져 있을 뿐 아는 사람조차 드물다.

굴을 먹으면 사랑도 오래가리니

자잘한 굴만이 굴의 원형이라고 생각하는 세간의 오랜 신화가 지극히 편향된 오해임을 풀기 위하여 굴의 생활사로 조금 들어가보자. 굴 역시 종의 다양성이 깨어졌지만 본디 크고 작은 여러 가지 굴 종류가 살고 있었다. 포항시 구룡포에 가면 '바윗굴'이라는 토종 굴을 볼 수 있다. 통영에서 '벗굴'이라 부르는 것과 비슷한데 굴 중에서도 가장 큰 대형종으로 한 마리당 1킬로그램에 달한다. 굴 하나가 1킬로그램이라니! 구룡포 일원에서부터 강원 북부의 암반지대에 걸쳐 3~10미터 암반에 부착·서식하며, 통영 해역이나 제주도 앞바다에서도 다소 잡힌다. 일반 굴이 알을 배는 여름철에도 먹을 수 있고 맛과 향취가 뛰어날 뿐더

통영굴수협의 포스터조차도 "남자는 여자를 위하여, 여자는 남자를 위하여" 먹자고 유혹한다.

러 글리코겐이 풍부하여 일본에서는 단연 고급식품으로 친다. 한번은 구룡포에서 바위굴 두 개를 얻어 칼로 썰어가면서 초장에 찍어 소주 한 병을 비웠던 적이 있다.

오늘날과 달리 선조들의 굴에 대한 인식은 매우 섬세한 부분까지 미치고 있었고 어쩌면 선진적이기까지 하다. 정약전은 《자산어보》에서 굴〔蠣〕을 다루면서, 모려(牡蠣), 잔굴〔小蠣〕, 석화(石華), 홍굴〔紅蠣〕, 큰통굴〔桶蠣〕, 보살굴〔五峰蠣〕 등을 거론하였다. 모려는 큰 놈의 지름이 한 자 남짓되고 두 쪽을 합하면 조개와 같이 된다고 하였다. 몸은 모양이 일정하지 않은 품이 구름조각 같으며 껍데기는 매우 두꺼워 종이를 겹겹이 발라놓은 것 같다. 바깥쪽은 거칠고 안쪽은 미끄러우며 그 빛깔이 눈처럼 희다. 껍데기 한쪽은 돌에 붙어 있고 다른 한쪽의 껍데기는 위를 덮고 있으나 진흙탕 속에 있는 놈은 부착하지 않고 진흙탕 속에서 떠돌아다닌다. 맛은 달콤하다. 그 껍데기를 닦아서 바둑알을 만든다고 했다. 굴의 외형과 특성, 용도 등을 정확히 포착하고 있다.

반면에 잔굴은 지름이 6~7치 정도이고 모양은 굴과 비슷하나 껍데기가 얇으며 위쪽 껍데기의 등에는 거친 가시가 줄지어 있다고 하였다. 큰 바다의 물이 급한 곳에 서식하나 이 잔굴은 포구의 파도에 마멸되어 미

끄러워진 돌에 서식하는 것이 다르다고 하였다. 석화는 "크기가 불과 한 치 정도이고, 껍데기가 튀어나와 있으며 엷고 색이 검다. 그 안쪽은 미끄럽고 희다. 암석에 붙어 있고 꼬챙이로 채취한다."고 하였다.

반면에 오늘의 도시민들은 굴의 다양성을 모른 채, 오로지 '비닐봉지에서 숨 쉬는 굴'이나 플라스틱통에 담긴 '깐 굴'만을 구경하고, 선택하고, 소비할 뿐이다. 사실 선사인의 패총에서 가장 많은 패류가 또한 굴이다. 선사시대의 굴도 단일 종류만이 아니라 대단한 다양성을 보여준다. 남해 안에서만 나는 것도 아니다. 오늘날도 압록강 하구는 물론이고 함북의 황어포, 함남의 영흥만에 이르기까지 북한 전역에서 나고 있다. 심지어 한강 하구에도 굴이 있었다. 굴의 종 다양성 소멸은 두말할 것 없이 환경 오염 탓이다. 따라서 이제 우리가 의지하고 먹을 수 있는 굴은 통영의 굴 같이 대대적으로 키우는 굴밖에 없다. 굴 양식은 이미 일본의 경우 1670 년경에 히로시마에서 시작되었으니, 수백 년의 역사를 지니고 있는 셈이다. 그런데 우리는 여전히 자연산 굴, 양식 굴 운운하면서 식탁에서의 난상토론을 벌이고 있다.

나폴레옹, 카이사르, 비스마르크 등이 엄청난 양의 굴을 먹었다는 말이 전해진다. 굴과 정력의 연관성이 강조된 결과일까. 실제로 굴에 함유된 미량영양소인 아연은 정액의 성분이기도 하다. 그래서인가, 통영굴수협의 포스터조차도 "남자는 여자를 위하여, 여자는 남자를 위하여" 먹자고 유혹한다. 서양에도 "Eat oysters, Love longer(굴을 먹으면 사랑도 오래가리니)"라는 식담(食談)이 전해온다. 아무려면 어떤가. 굴은 '바다의 우유'가 분명하거니와, 바닷물을 마실 수는 없으니 바다의 은혜를 입은 굴을 마음껏 먹을 일이다.

철마가 새끼 치며, 돌계집은 노래하고

통영을 떠나오면서 습관처럼 미륵섬 미래사를 찾는다. 조계종 초대 종정이었던 효봉선사가 창건한 절이다. 그가 미륵섬에 온 것은 한국전쟁 때다. 도솔암에서 도솔선원을 차려 문제(門弟)들을 거느리고 선정(禪定)에 들었다. 아름다운 다도해에 고즈넉하게 자리잡아 미래사(未來寺)라는 현판을 걸었으니, 그도 미륵의 당래하생(當來下生)을 염원했던 것일까. 미래사 입구에 세운 효봉스님 비문에 담긴 화두를 떠올린다.

> 천지가 뒤바뀌고
> 철마가 새끼 치며
> 돌계집은 노래하고
> 나무장승 춤을 추다

이 뒤집힘의 엄청난 미학까지 통영 바닷가에서 배우고 돌아온다.

거제도의 숭어잡이 '육소장망' :

망쟁이의 민속지식이 이어지는 육소장망

꽃 그림자가 바다에 드리울 때

암벽 위 진달래가 꽃 그림자를 드리울 즈음이면, 숭어 떼가 몰려온다. 봄이 왔다는 증거다. 숭어만이 그러한가. 강과 바다를 오고 가는 모든 고기들이 입춘만 지나면 봄을 알아차리고 운동량이 부쩍 늘어난다. 거제도 최남단의 그림 같은 해금강이 건너다보이는 남부면 다포리로 숭어잡이를 찾아 나섰다.

숭어는 태평양, 대서양, 인도양을 가리지 않는다. 한반도에서도 제주에서부터 동서남해를 막론하고 없는 곳이 없으니 숭어만큼 그 분포권과 명칭이 다양한 어종도 없을 것이다. 선조들은 숭어(崇魚), 혹은 수어(秀魚)로 불렀는데, 빼어난 자태를 칭찬한 말이다. 숭어는 성장에 따라 이름이 달라지는 출세어다. 즉, 어릴 적과 성어 이름이 다르다. 1천여 개의 토속 이름이 분포하고 있으니 그만큼 흔하다는 증거다. 세상에, 자신의 이름이 1천여 개에 달하는 동식물이 숭어 말고 또 있을까. 모치, 모쟁이 같은 어린 숭어 이름이 그것인데 종 다양성과 더불어 언어적·문화적 다양성을 잘 말해준다.

식성이 까다로워 양식이 어려우며 95퍼센트 이상이 자연산인 데다가 기름진 숭어는 피로 회복에도 그만이니 하대할 수산물이 아니리라. 숭어를 고급 어종이라고는 볼 수 없지만, 그 판단 기준도 사람들이 만든 것이니만큼, 양식이 거의 불가능하고 천연산으로 시장에 쏟아져 들어오는 숭어에 관심을 돌릴 일이다. 숭어는 한강 하류 사람들이 '게걸숭어'라고 부르듯이 펄흙을 게걸스럽게 먹어치우는 왕성한 식욕을 보여준다. 그래서 허준도《동의보감(東醫寶鑑)》에 이르길, "사람의 위를 열어 먹은 것을 통하게 하며 오장을 이롭게 할 뿐만 아니라 살찌게 하며, 진흙을 먹고 살기 때문에 온갖 약을 쓸 때도 꺼리지 않

〈영남지도(嶺南地圖)〉의 거제도 부분(영남대학교박물관 소장).

는다."고 칭찬하였다.

전남 무안의 몽탄강, 전북의 만경강구, 충남 아산만과 경기도 한강 어귀, 평남 대동강구, 평북 정주군과 철산군 연해 등지의 하구는 예부터 소문난 숭어 산지다. 그 중에서도 몽탄강 숭어는 감칠맛이 뛰어나며, 몽탄의 숭어알로 만든 영암어란은 임금님 진상품이었으니 지금도 웬만한 가격을 치르지 않고는 접할 수 없는 진미다. 그렇지만 숭어잡이의 다이내믹한 정취와 풍류는 역시 전통어법인 '숭어들이'를 따를 것이 없다.

일명 숭어들이, 혹은 육소장망(六艘張網)이라 불리는 전통어법은 부산 가덕도를 비롯하여 거제 남동해 곳곳에서 펼쳐진다. 가덕도는 TV 등을 통해 간간이 소개된 반면 거제도는 잘 알려져 있지 않다. 신항 건설로 가덕도 어장이 급속히 사라졌지만 거제도의 지세포, 양화, 학동, 다포, 도장포에서는 현행 어법으로 육소장망이 이어지는 중이다.

갯가를 문전문전 타고 다니지요

어민 임성덕(60세) 씨가 천장산 기슭의 망 보는 망통으로 안내했다. 족히 30분 이상 산길을 걸었다. 바닷가 가파른 벼랑의, 사람 하나 겨우 다닐 수 있는 좁은 소로가 동네 사람들이 오랜 세월 오고 가던 숭어잡이 길이다. 어제 할아버지 어부가 간 길을 아들이 걸었고, 오늘의 손자가 그 길을 걷고 있다. 동백, 팔손이를 비롯한 상록수들이 남도임을 실감하게 한다. 망통은 진달래가 만발한 깎아지른 벼랑 끝에 서 있다. 목이 좋아야 한다. 사냥에 '노루목'이 있다면, 숭어가 다니는 바다에는 '숭어목'이 있다.

바다 사나이 하나가 묵묵히 망을 응시하고 있다. 얼기설기 엮은 헛간이

거제도 천장산 아래 해안에서 어선들이 '육소장망'이란 전통어법으로 숭어를 잡기 위해 대기하고 있다. 숭어는 2월부터 5월까지 날을 정해놓고 잡는다(위). 육소장망으로 고기를 잡기 위해 배를 띄우는 어민들(아래).

벼랑에 의지하여 간신히 바위에 매달려 있고 그 안에 사내들 몇몇이 둘러앉아 바다를 응시한다. 하늘에서 바다의 움직임을 굽어보면서 숭어 떼가 들이닥치기를 기다렸다가 그물로 둘러싸서 잡는 말 그대로 '둘이(두르다)'다.

숭어는 2월 1일부터 5월 30일까지 날 정해놓고 잡는다. 소머리 바치고

남쪽바다

247

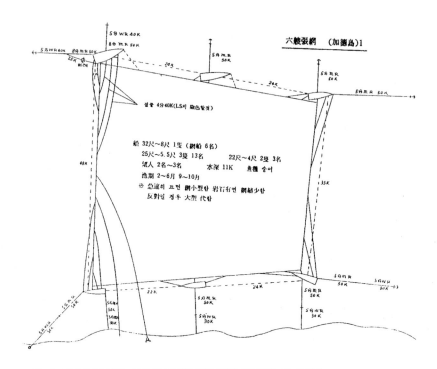

가덕도의 숭어 육소장망 설치도. 국립수산진흥원(《한국어구도감(韓國漁具圖鑑)》 1권, 1966년).

고사부터 지내는데 예전에는 무당까지 모셔다가 날, 즉 '낙망일'을 정하였다. 그물은 포구를 향하여 'ㄷ'자형으로 놓는다. 아가리가 포구를 향해 있어 외해로 나가는 길목을 차단하게끔 입을 벌려놓았다. 강철안 어촌계장의 표현이 재미있다.

"숭어란 놈은 갯가를 문전문전 타고 다니지요."

부산의 가덕도 쪽에서 내려온 숭어가 건너편 해금강에서 다포리 내만으로 접어들면서 육지로 바짝 붙어서 골골이 만을 들른다는 설명이다. 산에서 내려오는 민물을 받아 먹으려고 골에서 머물다가 어느 날 갑자기 커다란 숭어 대군이 몰려오면 떼거리에 합세하여 포구의 모든 숭어들이 일제히 이동한다. 광장에 흩어져 있던 사람들이 출구에서 몰려드는 일련의 군중을 만나게 되면 갑자기 합세하는 심리와 같다고나 할까.

수만 마리 숭어들이 바다로 내려가는 통로는 언제나 산 아래 육지 쪽이다. 숭어 길목에 정확하게 그물을 놓는다. 어느 시각에 대군이 지나칠지는 아무도 모른다. 망쟁이는 바다 빛깔의 변화를 보고서 민감하게 알아차린다. 입춘 직후에는 숭어가 '바닥을 기기 때문'에 여간한 전문가가 아니면 알기 어렵다. 그러나 봄빛이 짙어지면 숭어가 물 위로 뜨기 때문에 웬만한 어민들도 알아차린다. 망쟁이(어로장)는 고도의 전문가여야 한다. 그래서 2005년도에도 건너편 해금강에서 어민 최봉조(34세) 씨를 돈까지 주고 모셔왔다. 눈 좋은 망쟁이 확보는 숭어둘이 준비의 제1차적 선결조건이기 때문이다.

숭어 몰려오면 물색 짙어져

"나이 젊어도 고기를 잘 보기 때문"이라나. 노련한 어부들도 숱하겠건만 고기도 아무 눈에나 띄는 것은 아닌가 보다. 고기가 몰려오면 물색이 짙어진다. 고기 눈이 밝은 어로장은 그 순간을 놓치지 않는다. 망인, 망지기, 망수로 불리는 어로장은 단순히 숭어를 육안으로 감시하는 것이 아니라 기후의 변화, 특히 바람의 변화에 따른 숭어 떼 출현을 예측해야한다. 고독한 감시자라고나 할까. 다른 이들은 망통에 임시로 설치한 TV를 보면서 휴식을 취하기도 하지만 어로장의 눈빛은 남다르다. 아주 미세한 바닷물의 떨림조차도 민감하게 판단해야 한다.

숭어둘이는 밤에도 이루어진다. 물고기의 인빛이 모인 형태를 '시거리'라 부르는데, 시거리를 이용하여 숭어 떼의 움직임을 포착한다. 역시 숭어들도 물때가 살아 움직이는 간조나 만조 때 활발하게 움직이며, 조

식성이 까다로워 양식이 어려우며 95퍼센트 이상이 자연산인 데다가 기름진 숭어는 피로 회복에도 그만이니 하대할 수산물이 아니리라.

금 때는 미동도 없어 숭어둘이가 불가능하다. 숭어가 들어오면 어민 17명이 한 팀을 이루어 전형적인 어촌 공동체의 협업정신을 발휘한다. 예전에 그물이 귀하던 시절에는 돈 있는 선주가 마련하였으나 지금은 어촌계 몫으로 바뀌었다. 부산 쪽 가덕도에서는 26명의 어촌계원들이 운영하고 있으며 춘유조, 숭어들이, 가을둘이 등의 명칭으로 불린다. 각자 벌어먹고 사는 데 익숙해진 시대에 이런 노동 공동체가 남아 있다는 사실이 고마울 뿐이다.

"논도 돈이지만 같이 일하니까 한결 친해지구 편해지지요."

협업노동은커녕 노부부가 외롭게 배를 몰고 나가 하루 해를 보내야 하는 오늘날의 어촌에서 이 같은 공동체적 어업노동이 살아 있음은 자본을 뛰어넘는, 인간다운 노동의 그 무엇을 시사하고 있다. 외로운 쪽배에 낚싯대를 드리우고 세월을 낚는 듯한 문학적 수사법은 현실을 도외시한 수사법일 수밖에 없고, 취미·오락을 즐기는 강태공들에게나 해당될 말이다. 협업노동을 상실하고 개별노동으로 전락한 오늘의 어민들 처지를 생각한다면, 숭어둘이 같은 공동체적 기풍의 생활문화사적 의미는 심대한 것이리라.

육소장망은 여섯 척의 배에서 비롯되었다. 좌우로 세 척씩 여섯 척이 진을 짜듯 벌려 있다가 '숭어 들어온다'는 신호가 망통에서 내려오면 바짝 조여서 빈틈없이 에워싼다. '독 안에 든 쥐'가 이것이다. 가덕도에서는 근래까지도 배를 이용하는 반면에 거제도에서는 10여 년 전부터 고정적으로 그물을 쳐두는 것으로 개량화되었단다. 수산학자 이상고(부경대)는 19세기 말에 통영군 산양리와 거제도 칠천도에서 처음 고안되어 널리 퍼졌으며, 가덕도의 숭어둘이도 이러한 문화전파의 결과라고 하였다. 근대적 산물로 여겨지는바, 일본 어법의 영향관계는 좀더 연구해야 할 과제가 아닐 듯싶다.

"얼마나 잡힙니까?"

"많게는 2만 마리고요, 엊저녁에도 5천 마리 잡았어요."

그물질 한 번에 2만 마리라니. 팔뚝만 한 봄 숭어 2만여 마리가 퍼득이는 장면은 생동하는 봄, 그 자체다. 바다에서는 봄이 이렇게 살아 움직이고 있고, 거제도 다포리 어부들은 이렇듯 해마다 그 봄을 제일 먼저 낚고 있다.

마침 찾아간 날은 고기가 들지 않았다고 울상이었는데 그래도 족히 500여 마리는 잡혔다. 일사불란하게 배를 몰아서 고기를 운반선에 퍼담는다. 뱃전은 생선 비린내로 그득 차고 어디서 알고 왔는지 갈매기들이 주변을 떠나지 않는다. 총 수익금에서 어촌계에서 10퍼센트를 제하고 나머지는 참가자들이 공평하게 분배한다. 객주(客主)가 전량 수거하여 부산권역으로 팔려 나간다. 그 성격이야 변하였지만 '객주'라는 전통시대의 말이 살아 있는 게 반갑다. 배가 포구에 도착하자 수조차들이 당도해 있다가 살이 있는 채로 그대로 내뺀다.

양이 많으면 노량진 수산시장까지도 나가는데, 문제는 값이다. 예전에 마리당 7천~8천 원 하던 것이 근년에는 1,500~1,600원 선으로 떨어졌다. 그래도 숭어잡이철은 비수기인지라 특별히 할 일이 없는 어민들로서는 제 발로 찾아들어 잡혀주는 숭어가 고맙기만 하다. 숭어가 제 대접을 받지 못함은 흔하기 때문이다.

고독한 망쟁이의 민속지식

　망을 보아 고기를 잡는 어법은 숭어에만 국한되는 것은 아니다. 멸치도 예외가 아니었다. 산에 오른 망쟁이가 회유하는 멸치 떼를 발견하면 신호를 보내어 일제히 후리로 끌어당겨 잡곤 하였다. 노련한 망쟁이는 멀리서 멸치의 은빛을 냉큼 알아차리고 징을 울려 신호를 보낸다. 고래잡이에서도 고래를 발견하는 것이 중요했으니, 잡은 고래 몫에서 일정 부분을 발견한 이에게 먼저 떼어줄 정도였다. 고기들이 몰려 들어오는 것

벼랑 끝 망통에서 숭어 떼를 기다리며 망을 보고 있는 어민(위). 망통은 진달래가 만발한 깎아지른 벼랑 끝에 서 있다(아래).

을 눈으로 발견할 수 있음은 그만큼 자원이 풍부했다는 증거이며, 동시에 망쟁이들의 민속지식(folk-knowledge)이 그만큼 정확했다는 증거다.

하지만 요즘은 사람의 눈 대신에 첨단 어군탐지기로 '싹쓸이 어법'을 감행하고 있으니, 육소장망 같은 어법으로 하루에 1만 마리씩도 잡지만 그래도 '기다림의 어법'이란 점에서 쫓아가서 잡는 싹쓸이 어법의 폭력성에 비할 바가 아니다. 망쟁이의 임무 종료와 소멸은 곧 어족자원의 멸실을 상징하는 것이다. 갯가로 몰려드는 숭어 떼마저 사라지고 육소장망마저 멈춘다면 거제 바닷가의 봄은 꽃은 피었으나 봄이 오지 않은 바다가 되리라. 생태환경운동의 어머니 정도로만 알려져 있지만 기실은 해양전문 저술가이기도 했던 레이첼 카슨(Rachel Carson, 1907~1964)의 표현대로 끝내 '침묵의 봄'으로 변하리라.

여기서 '현대판 망쟁이'를 기록해두지 않으면 안 될 것이다. 인도양이나 태평양 등의 오대양에서 벌어지고 있는 이른바 참치잡이에도 망쟁이가 동원된다. 애초에는 마스트 위에서 관망하던 것이 언제부터인가 헬리콥터가 뜨고 있다. 저공비행으로 포착한 참치 떼를 무전으로 연락하면 쏜살같이 달려가서 포획하고 있으니 망쟁이라고 다 같은 망쟁이가 아닌 것이다. 이는 이미 민속지식에 입각한 생태적 어법과는 전혀 다른 차원이리라.

갓 잡은 도다리쑥국과 신선한 볼락젓

거제는 경남 최대 어장 중의 하나다. 멸치, 대구는 물론이고 감성돔, 볼락, 도다리 같은 고급 어종이 많이 잡힌다. 우리나라에서 두 번째로 큰 섬답게 해안이 제주도보다도 크며 61개 섬이 퍼져 있어 넓은 어장을 자랑한다. 관광객에게는 관광 명소로만 여겨지겠지만 고기들에게는 안식을 취할 수 있는 정거장 같은 곳들이다. 봄철에는 갓 잡은 도다리와 쑥을 넣어 끓인 쑥국을 맛볼 수 있는 행운이 뒤따르는데, 진한 봄내음을 식탁에서도 가장 먼저 맞이하는 곳이 거제 바다다.

이곳은 전통시대부터 어업 규모가 만만치 않다. 김영삼 대통령 시절, 오죽하면 "아배가 멸치를 잡기 때문에 멸치 값이 올랐다."는 소문까지 났을까. 거제도뿐 아니라 전라도까지 진출하여 잡아들이고 있다. 동지를 전후하여 찾아가면 대구 전진기지로 분주하다. 거제도를 중심으로 진해만과 거제 외포리 근해 통영 해안에서 잡아들여 대구국과 내장탕을 끓이고, 대구포도 말린다. 예부터 고급 음식이었으니 돈 없는 사람은 명태를 사 먹고 돈 있는 사람이나 대구를 먹었다고 한다.

거제도의 식당에 가면 볼락젓을 내오는 경우가 있다. 어린 볼락으로 담근 젓갈인데, 일찍이 김려는 《우해이어보》에서 이렇게 말하였다.

'보라어'를 '보락'이나 '볼락어'라 부른다. 우리가 흔히 말하는 우럭이 조피볼락이다. 방언에 엷은 자주색을 보라(甫羅)라고 하는데 '보'는 아름답다는 뜻이니, 보라는 아름다운 비단이다. 보라라는 이름은 여기서 유래했을 것이다. 해마다 거제도 사람들은 보라어를 잡아 젓갈을 담는데, 배로 수백 항아리씩 싣고 와서 포구에서 팔아 생마(生麻)와 바꾸어갔다.

남해안의 볼락.

어업이 활발한 반면에, 생필품이 늘 부족하였다는 뜻이다. 신선한 어린 놈을 그대로 숙성시킨 볼락젓은 보리타작이나 모심기 때에 최고의 반찬이 되었

1965년의 거제도 해안(구와바라 시세이, 《가까운 옛날 - 사진으로 기록한 민중생활》, 20세기 민중생활사연구단, 2004년).

단다. 혹시 이웃 통영에 갔다가 식당에서 운 좋게 볼락김치를 먹어본 이들이 있을 것이다. 생볼락으로 담근 볼락김치를 먹다 보면 숙성된 볼락이 뼈까지 아삭아삭 씹히는데, 고소한 맛이 일품이다. 김려가 거제 명물로 볼락젓갈을 언급한 대로 인근 일대에서는 볼락을 재료로 한 음식이 발달하였으니 남도 젓갈문화의 진수란 이러한 것이렷다.

일제 침탈과 포로수용소, 모진 역사도 견뎌내

거제도는 산이 많고 거칠며 농토는 적은 반면에 물고기는 흔했다. 그래서 일찍부터 어업이 성했으니, 장승포나 지세포 같은 포구는 동서해안의 작은 포구에 비할 바가 아니다. 1995년에 장승포시와 거제군을 합쳐서 오늘의 거제시로 재탄생했다.

김광수 거제수협 전무는 "고현으로 기관이 다 옮겨갔어도 어업의 본부 격인 거제수협만큼은 장승포에 있다."고 한다. 돌이켜보면 옥포대첩의 역사적 무대인 옥포성, 임진왜란 당시에 우수영이던 개배량성, 왜구들이 쌓은 견내량 같은 왜성 흔적은 일찍부터 일본의 침탈이 집중화된 해변임을 말해준다. 옥포조선소가 들어선 옥포에서 보자면 대한해협과 대마도가 빤히 보이니 임란 전에도 왜선들이 시도 때도 없이 출몰하였다.

본격적 어업 침탈은 합방 19년 전인 1891년에 시작된다. 에히메켄 우오시마무라(魚島村)에서 어민 수백 명이 구조라로 집단이주하여 멸치잡이에 종사한다. 합방도 되기 전에 일본인회, 학교조합이 들어선다. 일제의 폭압적인 지원에 힘입어 조선 어민들은 어장을 내주어야 했다. '일제 36년'이라 하는데 틀린 계산법이다. 이후에 구조라 북쪽의 지세포, 장승포가 일본인에 의해 건설된다. 조선시대의 지세포성이나 구조라성이 모두 왜적을 방비하기 위한 것이었는데, 하필 그곳에서부터 일제의 어업 침탈이 시작되었으니 아이러니하다.

게다가 한국전쟁으로 조용했던 섬에 미군들이 몰려들고, 한때 17만 명에 이르는 전쟁포로들이 360여만 평에 수용되었다. 좌우 대립 속에서 사람들이 죽어 나갔으니 연간 수백만 명의 관광객이 찾아드는 이 아름다운 섬에도 외세의 개입은 한시도 끊이지 않았던 셈이다. 수용소는 유적지로 변신하여 역사교육 현장으로 뭍에서 온 이들을 맞아들인다. 조만간 거제 장목과 부산 간의 거가대교까지 개통된다고 하니, 거제의 변신은 어디까지일까.

마산이란 도시의 살아 있는 육체인 아귀찜

얼굴이 못생겨서 처음엔 안 먹고 버려

날씨가 쌀쌀해지고 겨울 기운이 느껴질 때, 술꾼들은 퇴근길에 소주 한 잔을 걸치면서 화끈한 안주거리를 찾게 마련이다. 이때 아귀찜이 제격이다. 점심식사나 가족 외식에서도 인기다. 시뻘건 아귀찜에 밥을 비벼 먹거나 아삭아삭한 콩나물을 씹으면 없던 입맛도 돌아온다.

이 글의 방향을 짐작했겠지만, 결론부터 말한다면 본디 아귀는 '비료' 정도로나 썼던 바닷물고기다. 한국인들은 전통적으로 흰살 생선, 즉 조기나 명태, 민어 등을 선호했다. '보기 좋은 떡이 먹기도 좋듯' 못생긴 해물은 기피했다. '몬도카네'처럼 모든 것을 먹어치우는 것 같지만 한국인들의 수산물관은 대단히 보수적이며, 선택과 집중을 선호하는 경향이 강하다. 그런 측면에서 아귀찜의 어제와 오늘은 그 지위와 품격이 상전벽해 그 자체다.

뱀장어도 일본의 '우나기'에서 전이됐으며, 예전에는 선호하지 않았다. 먹장어(꼼장어) 식용도 근래의 일이다. 복어도 독이 있어 다루기 까다롭다 하여 그대로 버렸다. 동해안 해장국의 별미인 토속어 '삼숙이'도 아예 잡으려 들지 않았다. 남해안 어판장에 자주 등장하는 못생긴 물메기도 7~8년 전까지는 잘 먹지 않다가 미용에 좋다는 소문이 퍼지면서 갑자기 수요가 폭증했다. 아귀도 못생겼으니 당연히 먹지 않는 어류 반열에 속했다. 선술집에서 막걸리를 먹을 때면 덤으로 내주던 복국이나 아귀탕이었다. 따지고 보면 개불도 징그럽다고 먹지 않다가 건강식으로 인기를 끌고 있음을 보면, 먹지 못하는 모든 해산물에 '아직'이란 단서를 붙여야 할 성싶다.

아귀는 볼품없이 생겼지만 이름의 품격만큼은 불교의 아귀(餓鬼)에서 비롯되었다. 불교에서 삼악도(三惡道)의 하나인 아귀도(餓鬼道)를 일컬으며, 죄를 저질러 굶주리는 형벌을 받은 아귀는 몸집은 산처럼 큰데 목구멍은 바늘 구멍처럼 좁아서 '아귀처럼 먹어도' 늘 배가 고프다. 아귀의 다른 명칭인 '물텀벙'은 오죽 재수없다고 여겼으면 어부들이 아귀를 잡으면 바

전 세계적으로 이름에서부터 온갖 수모를 받아온 아귀가 저칼로리 다이어트 생선으로 이름을 날리며 비싼 생선의 반열에 올랐다.

닷물에 집어던져 '텀벙' 하는 소리에서 유래했단다. 영어로도 얼간이바보(goose fish)로 불리니 아귀는 전 세계적으로 이름에서부터 온갖 수모를 받아온 셈이다. 그러한 아귀가 저칼로리 다이어트 생선으로 이름을 날리며 비싼 생선의 반열에 올랐으니 사람의 운명만큼이나 생선의 운명도 알 수 없다.

워낙 '원조타령'이 심한 사회이므로 아귀찜의 원조 역시 분간하기 어려우나 역시 마산이 아닐까. 마산아귀찜과 군산아귀찜이 쌍벽을 이루는 인상이지만 원조는 마산 쪽이 맞는 것 같다. 마산에서는 아귀가 '아구'로 불린다. 1980년대 초반부터 갑자기 매스컴을 타면서 수요가 급증했다. 제한적으로 잡히던 아귀 물량이 달리자 2~3미에 18만~25만 원을 호가했다. 그러다 중국산 수입이 쏟아지면서부터 가격이 안정을 찾게 됐다. 오늘날 우리가 먹고 있는 아귀의 대부분은 중국산으로 보면 옳을 것이다.

예전에는 서민, 정확히 말하면 하층민 음식이었다. 1천~2천 원에 한 마리를 사서 무를 넣고 푹 끓여 온 식구가 배불리 먹었다. 겨울의 속풀이나 빈속을 채워주는 고기였다. 아귀찜이 마산에서 본격적으로 사회화되는 과정에는 한국전쟁이란 변수가 도사리고 있다. 아귀의 문화사적 배경이라고나 할까. 우선 마산이란 항구도시부터 살펴볼 필요가 있다.

많은 도시 전문가들이 입에 침을 튀기면서 도시를 설명하지만 그들의 이야기는 '절반'의 진실만을 담보한다. 뉴욕대 역사사회학 교수인 리처드 세넷이 '육체의 경험으로 풀어본 도시의 역사'란 부제가 달린 《살과 돌(flesh and stone)》에서 언급하였듯, 코를 자극하는 냄새는 무엇이며, 어디서 무엇을 먹는지, 무엇을 차려입는지, 언제 목욕을 했는지, 그러한 '도시의 육체'가 필요할 것이다.

그러면 항구도시들의 '육체'는 무엇일까. 역시 가장 두드러지는 것은 먹을거리다. 우리는 도시와 음식의 기질론, 혹은 풍토론을 제대로 제시하지 못하거나 이해하지 못하고 있다. "어디 가면 어느 집의 무엇이 맛이 있다."라는 식의 음식점 순례기가 우리의 지적 수준이다. '어디, 어느 집에 무엇이 맛있다.'는 소문을 듣고 찾아갔을 때는 이미 유명세를 치른 뒤라 '맛이 배려버렸다'는 표현이 들어맞는다. 이제 우리에게 필요한 것은 조금 딱딱하기는 하지만 '원론적 무장'이다.

'매운 음식', '화끈한 기질' 궁합 맞아

아귀찜도 항구도시의 기질과 풍토를 교묘하게 반영하고 있으니, 마산이란 도시의 '살아 있는 육체'라고나 할까. 맵고 강력한 아귀찜같이 기질이 강한 음식은 음식 궁합으로 볼 때 '태양'에 속한다. 마산이란 도시의 육체에서 아귀찜은 궁합이 대단히 잘 맞는다. 마산 자체가 한마디로 '화끈'한 곳이기 때문이다. 당대적 화끈함에 역사적 화끈함까지 가미돼 아귀찜 같은 먹을거리를 탄생시킨 것이다.

어느 항구치고 격동의 세월을 겪지 않은 곳이 있을까만 마산항은 변화 정도가 극심했다. 대충 손꼽아 보아도 몽골족이 주축인 원나라의 군사적 요충지, 왜구들의 주요 침입로, 임진왜란의 전투지, 개항장, 일본인 집단 거류지, 미군 군수물자 하역항, 4·19와 부마항쟁의 진원지, 마산 수출자유 지역과 창원공단 등 역사적 격변상만도 단숨에 세기 어려울 정도다.

규슈(九州)의 오랜 국제무역항 하카타(博多) 연안에는 장장 20킬로미터에 걸친 해안 성벽이 있다. 원나라의 침입에 대비해 가마쿠라 시대에 쌓았다고 하여 일명 원구방루(元寇防壘)라고 부르니, 그 파장의 진원지가 바로 마산이다. 일본사에서 원구(元寇), 혹은 몽고습래(蒙古襲來)라 부르는 대격돌이 마산에서 시작된 것이니, 역사적, 운명적으로 태생부터 국제적이었다. 고려 충렬왕 때 4만 여원(麗元) 연합군이 일본 정벌에 나섰을 때 오늘의 마산인 합포(合浦)를 출진기지로 삼았다. 규슈 북부 해안의 하카타만에 이르러 폭풍을 만나 두 번의 원정은 실패로 돌아갔지만 그때부터 합포가 남해를 아우르는 전략 요충지임이 내외에 알려졌다.

이노우에 야스시(井上靖)의 서역소설(西域小說)을 총결산한 작품인《검푸른 해협(風濤)》(1963)의 배경이 바로 합포 출정이었으니, 그는 소설에서 "고려의 산하는 주함 900척의 건조로 큰 나무 한 뿌리 찾기 힘들 만큼 유린되었고, 남자는 노약자까지 모조리 끌려갔다."고 썼다. 일본인의 의식 속에 신의 힘에 의한 신풍(神風)으로 이겼다는 선민의식, 즉 신국관(神國觀)이 강하게 자리 잡게 된 사건이기도 하였다. 고려의 전 국토가 유린되는 대대적인 출진이었던만큼 배가 떠나는 합포의 민중들 처지는 더욱 비극적이었을 것이다.

마산항의 본류인 마산포는 조용한 어촌만은 아니었다. 조선 후기에 마산창이 설치되면서 차츰 커지기 시작했다. 1760년 대동법을 시행하기 위한 조창이 설치되자 갈대밭으로 버려졌던 마산포 주변에 벼슬아치들은 물론이고 온갖 장사치들이 몰려들고 장터가 확고하게 자리 잡았다. 시장이 번성하면서 수산물 반입이 활발해져 동해 원산, 서해 강경과 더불어 3대 수산물 집산항으로 손꼽혔다.《만기요람(萬機要覽)》재용편에 경상도 정기 시장으로 오로지 창원 마산장 하나만을 들고 있을 정도다. 조선시대 이후 일제시대를 거치는 동안 남해안의 거제도와 통영, 고성 등에서 잡힌 어류는 대개 마산항에 모였다. 경상도는 물론이고 강원도, 함경도 동해안의 어물들이 몰려 들어왔으며, 특히 원산에서 들어온 북어가 산처럼 쌓여서 경상도 내륙은 물론이고 호남까지 판매되었다. 구한말에 벌써 이곳에 130여 호의 객주가 즐비했으니 그 번창함을 알 수 있다. 오늘날 부산이 하던 역할을 마산이 하고 있었다. 마산에 비하면 부산은 신출내

독특한 맛의 '아귀찜'을 탄생시킨 항구도시 마산의 1920년(그림엽서, 14.2cm×9.1cm).

기 도시였다.

1899년에 개항하면서 1905년부터 일본인 집단촌(속칭 지바촌)이 건설된다. 경찰서 · 재판소 · 형무소 등이 설치되고, 시가지는 혼마치(本町) · 교마치(京町) 등 일본식으로 바뀐다. 옛 사진을 보면 게다짝 끌고 돌아다니는 일본인들이 많이 보인다. 일본식 집이 즐비하다. 미곡 적출항으로서 정미업, 조면업, 인쇄업, 조선, 철공, 제빙, 방적, 기타 제조업이 모두 성했다. 빼어난 기후조건과 양질의 쌀, 맑은 물이 주류와 장류에 적합해 일찍부터 양조산업이 시작됐으니, 마산의 명물 무학소주나 몽고간장 등이 여기에서 비롯됐다. 1개 항구도시에 양조장이 스무 군데나 있었을 정도다. 마산선, 진해선, 경전남부선 등 왕성한 철도교통으로 마산은 다시금 어류집산지로 기능하게 되었다.

해방이 되자 이곳에 거주하던 6천여 명의 일본인이 모두 돌아갔고 2만여 명의 동포가 귀국했다. 이런 '인구 교체' 역시 마산의 독특한 변수가됐다. 한국전쟁 시기에는 후방 병참기지였다. 소개령으로 시민들이 떠난마산의 거리는 온통 카키색의 도시로 변해 있었다. 시가지가 온통 미군일색이었고 마산 제1부두는 전쟁 물자의 집산지였다.

한꺼번에 밀려온 피란민들로 전에 없던 특미가 생겨났다. 재래의 마산특미라면 단연 '대구깡다구찜'과 '미더덕찜'이었다. 그물에 잡히면 재수없다는 속설 때문에 많은 아귀들이 구마산 선창가에 그대로 버려졌다. 그 아귀를 인근 농부들이 가져다가 비료로 사용했다. 이 천대받던 아귀가 피란민의 공짜 반찬거리로 변하면서 아귀를 말려서 각종 양념을 넣어만든 아귀찜이 탄생한 것이 아닐까.

아귀 뱃속은 온갖 생선의 만물상

마산 시내에는 아예 아귀찜 골목이 따로 있다. 아귀찜은 이곳에서 아귀 찜집을 경영하는 김삼연(58세) 씨의 '초가할매집'에서 출발했다. 스무 살에 시집와 38여 년 동안 아귀찜만 만들었다. 시어머니 안소락(생존 시 100여 세)에게 전수받은 기술을 이제 며느리에게 물려주었다. 애초에는 두집이었다. 과거에는 아귀를 무쳐 조림으로만 팔았다. 말린 아귀가 너무 딱딱해 여기에 콩나물을 푸짐하게 넣고 조선된장을 풀어 담백한 맛을 살려내고 여기에 맵싸한 고춧가루와 콩나물이 궁합을 이뤄 오늘의 마산아귀찜이 탄생했다. 마산에서 다량 소비되면서 전국의 아귀가 마산항으로 모여들었다. "아귀는 무조건 마산에 가야지만 팔 수 있다."는 소문 때문이었다.

수입산이 아닌 자연산 아귀는 마산 근해에서 '고데구리'로 훑어온다. 해저 밑바닥을 기면서 사는 저서류라 불법 어획도구인 '고데구리'가 보편적으로 사용돼왔고, 어찌 보면 맛있는 아귀를 다량으로 먹을 수 있었던 것도 그 덕분이었으니 아이러니가 아닐 수 없다. 그러나 한국 근해에서 잡히는 아귀는 거의 사라졌으며 동중국해에서 잡힌 냉동 아귀들이 몰려 들어오고 있다.

사들인 아귀는 내장을 걸어내고 씻어서 햇볕에 20여 일간 꼬득꼬득 말린다. 이때 1년치를 갈무리하는데, 겨울에 말려야지 여름에는 벌레가 생길 뿐더러 냄새가 나서 말리기가 적당하지 않다. 크기도 중간짜리라야 건조도 잘되고 살집이 말랑말랑해 먹기 좋다. 말린 아귀는 5센티미터 정도로 잘라서 냉동창고에 저장하였다가 그때그때 꺼내 쓴다. 여름에는 5시간, 가을에는 7시간, 겨울에는 10여 시간 등 당시의 기온에 알맞게 물에 담가 불려서 쓴다. 아귀찜은 느린 불에는 콩나물이 질겨지면서 아귀

1 마산에서 다량 소비되면서 전국의 아귀가 마산항으로 모여들었다.
2,3 서울아귀찜과 달리 볶은 듯 바특하게 졸인 데다 칼칼한 매운
맛이 일품인 '마산아구찜'은 마치 황태처럼 겨우내 덕장에서 꼬
득하게 말린 아귀만을 사용한다.

도 물러진다. 화끈하게 끓여야 물이
덜 나온다다.

과거에는 아귀만 무침으로 해서
조림으로 팔았다. 그러다가 너무 딱
딱해서 물기 있는 콩나물을 넣고,
담백하게 조선된장도 넣었다. 건조
아귀는 씹히는 맛과 향내를 더해주
고 된장은 비린내를 제거한다. 그리하여 말린 아귀의 향내와 콩나물이
궁합을 이루면서 오늘의 마산아귀찜이 되었다. 아귀를 말려서 쓴다고
하면 서울 사람들은 대개 의아해한다. 생물 아귀찜만 먹어온 탓이다. 그
러나 아귀찜의 핵심은 말린 아귀의 향내에 있다고 볼 수도 있다.

기존의 아귀탕과 아귀수육 이외에도, 야채 넣고 닭갈비식으로 만드는
아귀해물볶음, 맵지 않게 만드는 아귀불고기전골, 큰 아귀포를 떠 양념
해서 불판에 구워 먹는 아귀불갈비, 아귀를 기본으로 여러 가지 해물을

쓰는 아귀해물찜 등으로 속속 조리법이 진화하고 있다. 그러나 역시 중심은 아귀찜이다.

마산 어시장의 터줏대감격인 권철주 보현수산 대표의 말을 빌리면, "아귀는 정말 '아귀'처럼 처먹는다." 뱃속을 따보면 온갖 생선이 수북하게 쏟아져 나온다. 이런 '속젓'이 너무 많기도 하거니와 버리는 게 아까워서 김삼연 씨는 아예 '아귀속젓'을 개발하기도 했다. 갈치, 전갱이, 꽁치, 오징어, 장어, 돔, 도다리 등 아귀의 반을 차지하는 이 '속젓'들을 모아 젓갈을 담근 것이다. 그는 "온갖 것이 다 들어 있으니 이 젓갈이 바로 동의보감"이라며 너스레를 떤다.

마산아귀찜은 국물이 걸쭉한 서울 것과는 맛도, 모양도 다르다. 잘 말린 아귀 냄새, 비린내를 없애는 조선된장, 통통하지 않게 기른 콩나물에다 태양초를 빻아 쓰되 매운 것과 덜 매운 것을 섞어 쓰며, 여기에 마산 명물인 '진동 미더덕'을 곁다리로 넣어 마산아귀의 오미(五味)를 이뤄낸다. 겨우내 얼고 녹기를 반복하면서 눈을 맞혀야 제 맛이 든다는 말을 듣자니, 진부령 황태가 여느 북어와 맛이 다른 것과 같은 이치다. 생물 아귀로 그대로 만든 찜과 말린 아귀를 물에 불려 만든 찜의 씹히는 맛과 향취는 격이 다를 것이다.

아귀는 저지방 저칼로리 고급식품이다. 딱딱한 이빨 빼놓고는 아가미에서 꽁지까지 하나도 버릴 것이 없으며, 특히 아귀의 간은 진미로 명성이 높다. 일본에서는 국물을 우려내는 요리재료로 특히 좋아한다. 엄동설한에 파와 무를 숭숭 썰어넣고 흰색의 아귀육과 노란 아귀알을 푹 끓여내어 먹는 아귀탕도 아귀찜 못지않게 품격 높은 계절식이다.

이렇듯 아귀찜 하나의 문화사적 배경을 설명하는 데도 많은 지면이 필요하니, 우리 해산물 모두를 설명하자면 '천일야화' 정도는 돼야 하지 않겠는가.

기장의 명물 멸치·미역 :

멸치도 생선이다

멸치찌개에서 멸치의 위상과 품격

멸치로 찌개를 끓인다? 놀랍다. 멸치로 찌개를 끓이는 이 당연한 일을 두고 왜 놀라느냐고 묻는다면, 찌개에서 멸치의 역할이 무엇인지 되묻고 싶다. '멸치찌개' 하면 당연히 찌개거리나 어묵에 멸치를 넣어 끓여낸 국을 연상하리라. 정약전도 《자산어보》에서 멸치를 이르기를, "몸이 매우 작고 큰 놈은 서너 치, 빛깔은 청백색이다. 6월 초에 연안에 나타나 서리 내릴 때에 물러간다. 성질은 밝은 빛을 좋아한다. 밤에 어부들이 불을 밝

—관해기 · 觀海記—

혀 멸치를 유인하여, 함정에 이르면 손그물로 떠서 잡는다. 이 물고기로
는 국이나 젓갈을 만들며 말려서 포도 만든다."고 하였다. 조선시대에도
대개 국거리용이나 멸치젓, 마른 멸치 등으로 쓰였다는 말이다.

그러나 적어도 부산 기장에서는 멸치 대접이 융숭해 다른 곳에서는 보
조에 불과한 것이 융숭한 '주연' 대접을 받는다. 우린 뒤 버리는 국물용이
아니라 어엿한 생선의 반열에 올라 있는 것이다. 김치찌개를 끓이면서 멸
치를 넣을까, 돼지고기를 넣을까, 선택의 결과에 따라 떠밀리는 보조가
아니라, 멸치가 없으면 성립되지 않는 어엿한 멸치찌개가 된다. 당연한
것이지만 우리가 미처 몰랐던 상식은 이러하다. 멸치도 생선이다!

일본 규슈의 최남단 가고시마에서 겪은 일화 한 토막. 화식(和食) 정식
에 생선회가 올랐는데 자그마한 생선 세 마리였다. 파초 잎을 깔고 정갈
하게 은빛 생선을 뼈째 올렸다. 알고 보니 가고시마 멸치라 부르는, 쿠로
시오 난류권에서 자라는 멸치였다. 멸치 세 마리를 그토록 정성스럽게
식탁에 올리다니! 어엿한 생선 대접이다. 만약 한국의 호텔에서 멸치 세
마리를 그런 식으로 내놓았다면, "아무리 그래도 그렇지, 쪼잔한 것들"이
란 소리를 듣기 십상이리라.

멸치찌개라는 게 값은 단돈 5천 원 정도지만, 맛깔스럽기 비할 바 없는
데다 속풀이 해장에도 그만이어서 전국의 술꾼들이 부러워할 만하다. 미
나리와 우거지, 방앗잎 등이 어우러진 얼큰한 기장의 멸치찌개 맛이란!
미안하지만 기장을 벗어나서는 이런 멸치찌개를 먹기가 쉽지 않다. 대형
어선에서 잡아들인 멸치는 배에서 곧바로 끓는 물에 데쳐 건멸치로 만들
어야 선도를 유지할 수 있다. 그러니 생멸치를 애써 포구까지 실어갈 이
유가 없다. 멸치찌개, 멸치회, 멸치구이, 멸치젓, 건멸치 등 다양한 멸치
문화가 기장에서 형성되고 있으니 가히 '멸치의 메카'라 할 만하다.

봄 멸치 몰려들 때면 멸치축제 열려

멸치는 왜 멸치가 되었을까. 멸치(蔑致)는 본디 행어(行魚), 정어리, 곤어리, 운어리 등 네 종류를 합쳐서 부르는 명칭이기도 하고, 행어 하나만을 뜻하기도 한다. 뱃전에 올라오자마자 죽기 때문에 멸치란 속명이 붙었다고 한다. 그런데 나 같은 서울 출신에게는 멸치보다는 '며루치'라는 이름이 더 익숙하다. 멸치가 아닌 '며루치', 혹은 '메루치'도 기억할지어다. 제주도 사람에게는 멸치도 며루치도 아닌, '멜'이다. 그래서 젓갈도 '멜젓'이다.

멸치의 장기 지속적 생명력을 보장하는 것은 결국은 멸치젓이 아닐까. 멸치젓갈은 가히 '멸치 문화권'이라는 표현이 가능할 정도로 제주도와 남해안 일대에서 사랑을 받고 있다. 반면에 경기도 등 중부지방에서는 '새우젓 문화권'으로 멸치젓과 동떨어져 있다. 가령 김치에 무슨 젓갈을 넣느냐로도 어디 출신인가를 대략 판별할 수 있을 것이다. 서울 사람들은 돼지고기를 새우젓에 찍어 먹는 반면, 제주도에서는 '멜젓'에 찍어 먹는다.

"칼슘이 부족하니 이러저러한 칼슘성분 영양제를 먹으시오."라는 권유문을 읽을 필요가 없을 것이다. 뼈째 씹어 먹는 멸치야말로 칼슘 덩어리 그 자체다. 이는 누구나 아는 상식인데도 정작 멸치 김치찌개를 먹을 때

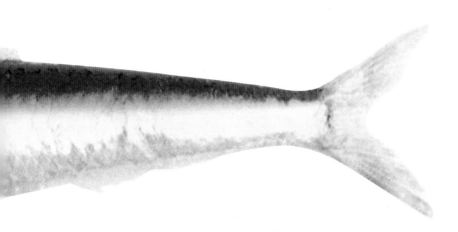

는 멸치를 버리는 이들이 많다. 돼지고기 김치찌개를 먹으면서 돼지고기를 버리는 행위와 다름없다. 멸치를 우습게 본 관습이리라. 다시 한 번 말하건대 멸치도 엄연히 생선이다!

기장에서는 멸치 대접이 융숭해 다른 곳에서는 보조에 불과한 것이 융숭한 '주연' 대접을 받는다. 기장을 벗어나서는 이런 멸치찌개를 먹기가 쉽지 않다.

그만큼 멸치가 흔하기 때문에 생긴 결과일 수도 있다. 한편으로 생각하면, 어족 고갈시대에 어느 정도의 성쇠(盛衰) 진폭은 있을지라도 멸치만이 여전히 풍부하게 잡히고 있음은 그만큼 천적이 사라진 먹이사슬의 파괴로 받아들여진다. 소멸의 시대에 어느 단일 종이 번성을 구가하고 있으면 이 역시 비극이다. 멸치찌개를 생각하며 종 다양성의 소멸을 슬퍼하는 이유는 여기에 있다.

이렇듯 만인의 사랑과 멸시를 두루 받는 멸치를 두고는 사천이나 통영도 말 꽤나 하는 곳이지만 부산이란 거대 배후지가 기장 멸치의 명성을 보장하다 보니 아무래도 명성은 기장에 못 미친다. 기장 대변항은 멸치를 자망(刺網)으로 잡으며, 전국 유자망 멸치 어획고의 60퍼센트 이상을 차지하는 뛰어난 어장이다. 참새도 얽혀 잡히는 촘촘한 자망에 멸치는

기장현 지도. 《기장현읍지》에는 이곳 일대를 구포(九浦)라고 명명해놓았다. 대변항에는 기장 유일의 섬인 죽도(竹島)가 있어 포구의 바람막이와 방파제 역할을 한다. 거친 파도가 그려져 있듯이 실제로 험준한 파도가 들이치는 해변이다(조선 후기, 연대미상 지도).

여지없이 대가리가 뗀다. 그물에 하얗게 달라붙은 멸치를 배에서 털 수 없으니 그물을 통째로 실어와 포구에서 멸치털이를 한다. 그래서 봄 멸치가 몰려들 때면 아예 기장에서는 멸치축제가 열리며, 곳곳에 널린 멸치를 줍는 재미 또한 그곳만의 여락이다.

"오영수 선생의 소설 《갯마을》의 배경이 바로 요 아입니까?"

"아하, 그래요. 갯마을은 영화로 본 적이 있습니다. 영화 촬영도 여기서 했겠네요?"

"영화에서 풍광 좋은 대목은 거지 반 요서 찍었다꼬 봐야지."

바다가 마주 보이는 대변포구의 한적한 음식점에서 김진옥(66세) 기장문화원장과 멸치찌개를 앞에 두고 앉아 바다 이야기로 빠져드는데, 들을수록 기장의 갯내가 진하게 우러나온다.

《기장현읍지》에는 이곳 일대를 구포(九浦)라고 명명해놓았다. 무지포(기장읍 신암과 대변 사이), 공수포(공수마을), 을포(일광면 이천리), 동백포(동백리), 가을포(송정 일대), 독이포(장안읍 문동리), 월내포(월내리)를 아우르는 말이다. 기장 바다를 둘러보니 실제로 만(灣)의 드나듦이 심하다. 내만이 형성되어 바람이 피해가는 곳에는 어김없이 마을이 들어섰다. 대변항에는 기장 유일의 섬인 죽도(竹島)가 있어 포구의 바람막이와 방파제역할을 한다.

종의 멸종시대에 후리도 사라지고

공수마을을 찾았다. 옛 공수포가 있던 포구다. 어민 김소랑(63세) 씨는
포구에서 조금 떨어진 멸치 후리어장 '고래기안'으로 안내했다. 고래가
떠밀려온 곳이어서 이런 이름이 생겨났다. 후리는 양쪽에서 사람들이 잡
아끌어 고기를 잡는 어법을 말한다. 여름에 많이 하는데 추석이 지나 찬
바람이 불면 고기가 사라진다. 오늘날 공수포의 후리어업은 '체험관광
어업'에 지나지 않는다. 그물은 어촌계에서 관리하며, 뱃삯까지 포함해서
한 번에 20만 원씩 받고 대여한다.

옛 방식대로 배를 몰고 나가 그물을 타원형으로 드리운 뒤 한쪽에 10여
명씩 모두 20여 명이 모랫벌로 그물을 잡아끈다. 예전에는 엄청 잡혔지

기장 대변포구의 멸치털이. 코가 촘촘한 자망으로 걷어올린 기장 멸치와 미역은 이곳만의 독특한 생활문화를 형성하며 삶의 일부로 자리 잡았다(왼쪽). 찌개는 물론 회, 구이, 젓, 건멸치 등 우리가 향유하는 음식문화의 저변에는 바로 기장에서 비롯된 멸치의 유용성이 넓고 깊게 깔려 있다. 봄 멸치가 몰려들 때면, 기장에서는 멸치축제가 열린다(오른쪽).

만 지금은 망상어, 메가리, 고등어 등이 조금씩 들 뿐이다. 주종이었던 멸치는 별로 들지 않고 있으니 멸치후리라고 부르기도 뭣하다.

옛날에는 후리로 멸치나 꽁치를 잡았다. 오영수의 소설을 보면 멸치후리에서 악기를 치고 요란법석을 떨면서 멸치 떼를 몰아가는데, 공수마을에서는 예전에도 악기를 동원하지는 않았단다. 후리는 물살이 빠르고 물이 흐린 사리 물때가 좋다. 조금 때는 물이 잔잔하고 맑아 눈 좋은 멸치가 좀처럼 잡히지 않는다. 보통 오후 3~4시에 끌어당기는데, 오전 오후 두 번이나 그물을 드리울 때도 있다.

멸치가 갯가까지 몰려온다는 말은 그만큼 조간대의 환경이 살아 있다는 증거다. 갯가까지 몰려올 정도로 깨끗하지 않으면 고기가 올 수 없다. 난바다에서 미리 잡아버려도 갯가까지 살아 들어올 고기가 남을 리 없다. 후리어업의 추억을 반추하면서 연신 "그때가 좋았지요."를 되뇌는 어민들의 한숨은 어족이 사라진 기장포구들의 한결같은 한숨으로 메아리치고 있다.

후리는 기장에서만 사라진 것이 아니다. 제주도나 동해안에서도 후리 멸치어법이 사라졌다. 난바다에서 '싹쓸이'로 잡아들이니 갯가까지 올 녀석들이 남을 턱이 없기 때문이다. 이웃 일본에서도 후리로 유명하던 해안가가 모두 파장했다. 전통어법 후리의 소멸은 곧바로 '멸종의 시대'를 의미하는 또 하나의 증거물인 셈이다.

왕실에까지 올려졌던 기장 미역

아무리 멸치가 중요해도 멸치만으로는 기장의 삶을 충분히 설명할 수 없다. 기장 미역이 멸치 못지않게 중요하기 때문이다. 지금부터 미역 이야기로 들어가본다. 기장 미역은 기장 멸치와 더불어 전국적 유명세를 타고 있다. 왜 똑같은 미역인데 유독 기장 미역이 예부터 왕실 진상품 반열에 올랐을까.

기장 바닷가로 나서면 금세 의문이 풀린다. 파도가 거칠다. 부산을 휘돌아 동해로 치고 올라가는 모퉁이답게 파도도 강박스럽다. 이쯤에서 질문 하나를 던진다. 기장은 동해일까, 남해일까. 동남해라고 답하면 간단하겠지만, 동해냐 남해냐, 양자 선택을 요구하면 난감하다. 그동안 정부가 뚜렷한 기준점을 제시하지 않아 기관마다 제각각 남해와 동해의 경계 기준을 정해왔다. 기존에 국립해양조사원은 남해와 동해의 경계 기준점을 오륙도에서 직선거리에 있는 육지인 승두말, 심지어 울산시 울기등대를 경계로 보았다. 기장은 남해도 되고 동해도 되는 셈이다. 그만큼 한반도 동남 간의 모퉁이에 자리 잡아 돌아가는 거친 물줄기를 온몸으로 받으며 바람도 맞받아쳐야 할 운명이다.

물살이 급한 만큼 미역밭도 드세다. 게다가 기장 바다는 온통 돌밭이다. 크고 작은 돌이 제법 큰 여(암초)와 더불어 만을 형성한다. 기장 미역은 끓여보면 그 진가가 여지없이 드러난다. 대개의 미역은 끓이면 풀리지만 기장 미역은 아무리 끓여도 원형을 간직한다. 물살의 힘이 미역의 힘을 만들어냈으니, 이곳 산모(産母)들이야말로

마치 민들레 꽃씨가 바람에 날리듯 미역 포자도 물결을 타고 떠돌면서 자리를 잡는다. 바위에 붙어야 하는데 정작 다른 조류들이 뒤덮고 있으면 곤란하므로 돌 씻기를 잘해 포자가 잘 붙도록 해야 한다.

천혜의 자연 덕을 톡톡히 보는 셈이다. 기장 미역의 진실을 알려면 '시르게질(돌 씻기) 노래'를 알아야 한다.

어이샤어이샤 이돌을 실걸려고

찬물에 들어서서

바다에 용왕님네

굽이굽이 살피소서

나쁜 물은 썰물 따라 물러가고

미역물은 덜물 따라 들어오소

백색같이 닦은 돌에

많이많이 달아주소

거센 물살에 단련된 기장 미역은 예부터 왕실에 진상할 정
도로 그 이름값을 날렸다.

백색같이 돌을 닦아서 미역 포자
가 많이 붙게 해달라는 기원을 담은
노동요다. 자연산 미역이 사라지고 양식
미역이 등장하면서 이런 돌 씻기 노래도 사라지고 말았다.

"미역이 제 스스로 나는 줄로 알지만 실은 그렇지 않습니다. '실게질'이
라고 나무에 철정을 붙여서 바위에 붙은 잡초를 제거해야 미역이 붙지요."

기장에 자리 잡고 있는 국립수산진흥원의 이윤 연구관(해양미생물학)은
미역 포자가 끈질긴 생명력을 지녔다며 이렇게 설명했다. 마치 민들레
꽃씨가 바람에 날리듯 미역 포자도 물결을 타고 떠돌면서 자리를 잡는
다. 바위에 붙어야 하는데 정작 다른 조류들이 뒤덮고 있으면 곤란하므
로 돌 씻기를 잘해 포자가 잘 붙도록 해야 한다는 것이다.

"눈에는 보이지 않지만 바다에는 수많은 생명체가 떠돌고 있습니다. 그
중 미역 포자는 비교적 큰 경우지요. 소금기만 있는 바다라는 생각은 전
적으로 잘못된 것입니다."

얼굴 닦듯 바위를 닦아주어야 미역도 많이 자라

요즘도 천연 미역이 나지 않는 건 아니지만 '미역 씻기' 자체가 워낙 고된 노동이기 때문에 대부분 자연산을 포기하고 대량 생산체제인 양식으로 바꿔 미역을 길러낸다. 다행히 명맥은 끊이지 않아 인근 두호와 항리에서는 아직도 천연 미역을 채취한다. 손노동의 고통을 인정하지 않는 풍토에서는 대량생산의 자본적 미역만이 선호될 수밖에 없는 처지다. 이는 소비자들의 선택 기준과 수준, 품격 등이 그 정도에 머물기를 희망하기 때문에 생겨나는 결과다.

미역은 아무 데서나 나지 않는다. '미역밭'이라 해서 바닷물 속에도 바위마다 밭 이름이 정해져 있고 소출량도 다르다. 이곳 대변에도 벌목암, 외지암, 사전암, 우모암 등 바다 속의 바위로 이루어진 곽전(藿田), 즉 미역밭이 제각각이다. 곽전의 소유는 아주 오랜 전통이라 이미 조선시대에도 곽전은 사고파는 매물이었다. 미역에 엄청난 부가가치를 부여했던 전통시대에는 곽전, 특히 미역이 다량으로 붙는 뛰어난 곽전은 오늘날로 치면 '부동산 투자'다.

값싼 양식 미역에 밀려서 자연산 미역의 텃밭을 내주고 만 시대에 기장 바다는 적어도 기장 미역이란 브랜드 덕분에 미역밭이 살아 움직인다. 그러다 보니 바다밭에서 미역을 길러보고자 하는 사람이 많아 '추잠'이라는 투표를 통해 할당하곤 한다. 민주적 방식이므로 결과에 불만이 있을 수 없다. 일단 그해 자신의 밭이 결정되면 손수 시르게질을 비롯, 온갖 품을 들여 미역 농사를 짓는다. 사적 소유와 다른 어촌의 공동체적 삶이 '총유(總有)적 경영'을 지켜오고 있는 것이다.

얕은 밭의 미역은 썰물 때 낫을 들고 들어가 베어낸다. 하지만 미역숲이 주로 수심 6미터쯤 되는 곳에 있어 대부분은 썰물이라 해도 접근하기가 쉽지 않다. 그래서 해마다 가을이면 마을의 '선두'가 멀리 제주도까지 가서 잠녀들을 모집해온다.

잠녀들은 떼를 지어 마을로 들어오는데 한창 때는 대변항에만 100명이 넘게 들어오기도 했다. 제주도에서 제주도 잠녀들이 떼지어 들어오는 모습은 그 자체로 장관이었다. 잠녀들은 '선두'에게서 숙식을 제공받으며 미역 베기에 나선다. 가을부터 5월까지 잠수 일을 하다가 돌아간다. 엄동설한에도 주저 없이 물로 뛰어드는 잠녀들이 없었더라면 기장 미역의 명성을 유지하기가 쉽지 않았으리라. 이렇게 일한 잠녀들에게는 생산량의 5분의 1 정도가 지분으로 할당됐다. 간혹 정 붙인 남자가 생기면 고향으로 돌아가길 포기하고 포구에 살면서 물질을 계속했다.

추억 속으로 사라진 시르게질과 잠녀

1980년대로 접어들면서는 시르게질도 사라지고, 잠녀들도 오지 않는다. 압도적 생산량을 보장하는 양식 줄미역이 등장하면서 천연 미역은 점차 종적을 감추고 있기 때문이다. 노인들은 지금도 춘궁기의 미역을 밥줄로 생각한다. 보릿고개에 어김없이 굶주린 뭍의 생명을 구하곤 했던 까닭이다. 예나 지금이나 기장시장과 좌천시장, 동래시장 등에 가면 기장에서 생산된 미역과 멸치, 그리고 다시마, 갈치 등이 좌판을 장악하고 있고, 어촌 노파들은 손수 뜯어 말린 미역이며 멸치 등속을 내어 판다.

기장군청을 찾으니 '아침이 좋은 고장'이란 슬로건이 눈에 띈다. 실제로 기장의 명소 1번지로 꼽히는 시랑대(侍郞臺)에서는 정말 아침다운 아침을 만날 수 있다. 차성 8경의 하나로, 돛단배가 멀리서 포구로 들어서는 원포귀범(遠浦歸帆)의 뛰어난 경관이었으니, 가히 시인묵객들이 찾아들어 즐길 만한 곳이다. 시랑대에 견줄 만한 명승지가 곳곳에 널려 있다.

고려 말 정몽주와 이색 등이 즐겨 찾았다는 삼성대, 일출 경관이 뛰어난 적선대, 윤선도의 유배지로 추정되는 황학대 등이 그곳이다. 《교남지(嶠南誌)》에 따르면, 대변 앞바다의 죽도도 예전에는 손꼽히는 명승지였다. 뛰어난 경관에다 신선한 미역과 멸치, 그리고 갈치 떼가 살아 움직이니 아침이 좋을 밖에. 기장의 월전포구에 가면 퍼드덕거리는 붕장어(아나고)의 힘찬 기운을 늘 맛볼 수 있으니, 전국에서 붕장어가 가장 많이 잡히고 집결하는 포구 역시 기장이다.

이렇듯 풍요로운 곳이었지만 역사를 돌이켜보면 기장민의 삶이 얼마나 참담했던가를 금방 읽어낼 수 있다. 임진왜란 때는 "남녀노소는 물론 개, 고양이 할 것 없이 살아 있는 모든 것이 살육을 당했다."고 전해지는데, 지금도 '혈제(血祭)'라는 말로 기억될 정도다.

그때 왜장 구로다 나가마사(黑田長政)가 쌓은 왜성이 지금도 남아 있다. 왜란 때만 그런 게 아니었다. 시시때때로 왜구들이 떼지어 몰려와 사람을 해치고 산물을 약탈해갔다. 오죽했으면 의병장 김산수, 김득복 부자는 죽으면서까지 무덤을 기장 해변에 둬 사후에도 앞바다를 지키겠다고 했을까. 기장 사람들의 기질이 강하고 올곧은 것은 이같이 역사문화적인 것에 뿌리를 두며, 그래서 미역도 강하고 힘이 있는 것일까.

꼼장어 같은 생명력, 자갈치 아지매

격동의 한국현대사가 만들어낸 어시장

꼼장어가 꿈틀거린다. 파 껍질을 벗겨내듯 훌러덩 가죽을 벗겨내자 시 뻘건 속살이 여지없이 드러난다. 그러나 꼼장어는 여전히 살아 있다. 징 그러운 생명력이다. 꼼장어만큼이나 강인한 생명력을 보여주는 시장판 이 있다. 바로 부산의 자갈치다. 부산을 찾은 외지인이 자갈치를 건너뛰 어 갔다면 부산에서 '헛것'만 보고 간 셈이다.

광복과 전쟁, 격동의 도가니는 항도 부산에 자갈치라는 들끓는 용광로를 탄생시켰다. 일본으로 오가는 길목이었으며, 한국전쟁기의 임시 수도, 미군들의 하역기지, 전국에서 몰려온 피란민들로 인하여 새로운 저잣거리로 변모한다. 광복이 되자 일본 귀환 동포들이 먹고살기 위해 이 자갈밭에 몰려들어 좌판을 놓기 시작했다. 여기에 한국전쟁이 터지자 팔도의 피란민들이 가세한 것이다.

옛 사진을 보니 해변에서 해수욕을 즐기고 있다. 자갈치시장이 예전에는 파도에 닳아 예쁜 자갈이 넓게 깔린 청정해역이었다는 게 상상이 가지 않는다.

자갈치시장은 자갈이 많아 불린 이름으로 일제강점기 때는 남빈정(南濱町)으로 불렸다. 본디 영도다리 밑에 길게 늘어진 부산의 수산물시장을 이르는 별칭이다. 작게는 법적인 상호를 쓰고 있는 부산 어패류 종합시장을 이르며, 넓게는 중구 일대 남포동에서 서구 남부민동에 이르는 수산물거리를 총칭한다. 가건물들을 철거하여, 1974년에 재개장했으나 1985년 대화재로 모두 소실돼 이듬해 재개장한다. 시장이 확대되

부산의 피난민 주택(1950년, 구와바라 시세이, 앞의 책).

면서 신동아 어시장, 건어물시장, 노점 등을 모두 아우르게 됐다.

이곳은 다른 어시장과 급이 다르다. 수산물에 관한 한 종합 백과사전에
준하는 집합처이며, 역사적 뿌리와 양적 규모로 볼 때도 일본 도쿄의 쓰
키지(築地) 어시장과 더불어 가히 세계적 수준이다. 해마다 열리는 자갈
치축제의 슬로건인 '오이소, 보이소, 사이소'처럼 연신 손님을 불러대는
활기찬 목소리, 퍼덕이는 물고기로 엄청난 활력을 자랑하는 이만한 시장
은 세계적으로도 드물다. 그 자갈치를 제대로 알자면 두말할 것 없이 '자
갈치 아지매'들부터 만나야 한다.

일본 도쿄의 쓰키지 시장과 더불어 세계 최대 규모를 자랑하는 부산 자갈치시장. 한국전쟁과 화재 등 숱한 우여곡절 끝에 세계적 어시장으로 성장한 이곳에는 지금도 '꼼장어'처럼 강인한 생명력이 요동치고 있다(왼쪽 : 1930년대, 오른쪽 : 오늘의 모습).

　　　　　'자갈치 아지매 봉사단'을 이끌고 있는 주순자 (59세) 씨를 만났다. 아지매는 1970년 10월의 시린 새벽을 35년이 지난 오늘까지도 정확히 기억한다. 반찬 값이라도 벌려고 새벽에 자갈치시장에 나섰다. 좌판을 벌여놓고도 아는 사람을 만날까 두려워 고개를 숙이고 반년 동안 장사를 했다.

　　그러다 장사에 재미가 붙자 안면몰수하고 팔을 걷어붙였다. 젊은 새댁은 그렇게 서서히 자갈치 아지매로 변신해갔다. 18년 전에 암으로 남편과 사별하고도 딸 셋에 아들 하나를 듬직하게 키워냈다. 무려 35년간 외길로 꼼장어 한 종류만 취급해와 자갈치시장에서도 알아주는 '꼼장어 박사'가 됐다.

자갈치 아지매만 3천여 명, '부산의 힘'

"어패류조합이 있는 원래의 자갈치시장에만 우리 봉사단 회원이 300여 명 있지요. 바깥까지 전부 치면 3천여 명이 활동하고 있습니다."

아지매만 3천 명이면 엄청난 숫자 아닌가. 부산의 힘은 자갈치 아지매들에게서 나온다는 말이 낭설이 아니다.

이 아지매들은 전부 단일 품목만 장사한다. 전복, 갈치 등 세분화된 전문 도매시장을 꾸리고 있어 자기 분야에 관해서라면 모두가 '박사'들이다. 자정 무렵에 출근하거나 새벽 4시에 출근하는 등 일과는 각자 일에 따라 다르게 돌아간다. 주씨는 20여 년간 새벽 3~4시에 출근해서, 밤 12시를 넘겨 집으로 들어가는 생활을 반복했다. 고작 서너 시간 자고 집에서 나와야 하는 고달픈 일인지라 새벽잠을 자보는 게 소원이었다. 10여 년 전부터 '단호하게' 출근 시간을 아침으로 정해 삶의 패턴을 바꾸었단다.

자갈치시장의 '백수'로 노닐다가 하루아침에 대형 유통회사의 후계자

자갈치 아지매.

가 된 '필승'의 인생역전을 그린 KBS 드라마 〈오필승 봉순영〉 같은 이야기는 자갈치 아지매들과는 사실 별 상관이 없다. 조반석죽(朝飯夕粥)으로 끼니를 때우며 엄동설한에도 길거리에 좌판을 벌여놓고 밤낮 없이 일하는 아지매들에게 무슨 일확천금이 떨어지겠는가.

올빼미 도시민들이 한창 잠에 취해 있을 꼭두새벽에 어판장의 불이 환하게 켜진다. 불법으로 잡는 '고데구리' 배들도 슬며시 뱃머리를 들이밀고는 '서민적이면서도 재미있는' 어획물들을 잔뜩 쏟아낸다. 공식 위판은 오전 6시에 열린다. 동중국해 같은 먼 바다에서 들어오는 고등어 선망(旋網) 어판이 규모가 가장 크다. 바다에서 나는 것은 모두 자갈치에 있다고 보면 틀림없다. 지금은 산지직송하지만 예전에는 일단 모든 어패류가 자갈치에 집결했다가 소비지로 나갔다.

시장판을 거닐다 보면 스무 살쯤 되어 보이는 젊은 층부터 팔순까지 아지매들의 층도 넓다. 그래도 주축은 30~40대. 부모에게 장사 터와 수완을 물려받은 이들이 절반을 넘는데, 타인들은 고된 장사 일을 배겨내질 못해 물려주고 싶어도 그럴 수가 없단다.

수산물 거래란 '물고 들어오는 것'이라 판로, 물건 공급 등에서 '연줄이 좋고 돈줄이 좋아야' 한다. 이곳에서는 신용이 떨어지면 '헛방'이다. 주문을 받으면 어떤 식으로든 구해줘야 한다. 가게 임대료도 위치에 따라 천차만별이다. 그러나 IMF 이후에는 자갈치 경기도 영 아니라고 한다.

먹장어, 갯장어, 붕장어, 뱀장어의 변증

'꼼장어 아지매'에게 청해 꼼장어 특강을 들었다. 전문 수산학자의 수준을 뛰어넘는다. 자갈치의 명물인 꼼장어는 제주도 남쪽이나 일본 해역에 많다. 대마도 가까운 수심 80~130미터의 바다는 물론 멀리 도쿄만의 수심 300여 미터나 되는 곳에도 분포한다. 100여 톤급 어선이 출어하여 통발로 잡아 활어로 들여온다.

그런데 우리가 가장 궁금해하는 것은 그게 그것 같은 장어 구분법이다. 우리가 알고 있는 명칭과 실제 이름이 다른 것도 문제다. 꼼장어는

먹장어, 입이 뾰족한 하모는 갯장어, 아나고는 붕장어, 뱀장어는 민물장어를 말한다. 꼼장어는 상어, 가오리, 홍어 등과 함께 하등동물인 연골어류로 분류한다. 반면에 붕장어, 갯장어, 뱀장어는 뼈가 있는 경골어류에 속한다.

꼼장어, 즉 먹장어는 천하의 하등동물로 번식률이 낮고 자원관리도 잘 안된다. 펄에 살다가 다른 동물의 몸에 상처를 내서 살을 녹여 뜯어먹는 흡착방식으로 살아간다. '바다의 청소부'란 별명도 지니고 있다. 그러나 양식 뱀장어와 달리 양식 꼼장어는 없기 때문에 건강에 좋다고 소문이 나면서 서서히 가격 차가 좁혀져서 뱀장어 가격을 능가할 판이다. 꼼장어는 양념구이나 소금구이, 찜, 회로 먹는다.

꼼장어도 처음에는 사람들에게 외면당하기 일쑤였다. 아무도 먹지 않았는데 부두 노동자들이 피워놓은 화톳불에

자갈치시장에서 34년째 '꼼장어'를 다뤄 '박사'라는 수식이 전혀 어색하지 않은 주순자 씨가 '꼼장어'를 손질하고 있다.

집어던졌다가 꺼내 껍질을 벗겨 먹으면서 지금과 같은 먹을거리가 됐다. 일상적으로 먹기 시작한 지는 고작 10여 년에 불과하다. 기장의 유명한 '짚불 꼼장어집'에서는 지푸라기 태운 재로 꼼장어를 구워내는데 이것도 불과 수년 전부터 시작되었다. 일본인들은 하모, 특히 우나기는 좋아하지만 꼼장어는 거의 먹지 않는다. 그래서 꼼장어는 전량 한국 수출품이다.

꼼장어는 자연산이라 늘 양이 달린다. 외국에서도 꽤 많은 양이 들어오는데 주씨의 노련한 입맛으로는 캐나다에 가까운 미국 시애틀 근방의 꼼장어가 우리의 것과 맛이 비슷하단다. 꼼장어의 본디 집산지는 부산과 충무다. 최근에는 베트남에서도 들어오는데 맛이 없고, 일본산은 큰 것만 골라서 들여오므로 맛은 좋은 대신 값이 비싸다. 본디 기장에서도 동해로 8~9시간가량을 배 타고 나가 3일씩 조업하는 식으로 많은 꼼장어를 잡아들였으나 이렇게 7~8년을 남획하다 보니 아예 씨가 마를 지경에 이르러 이제는 거의 잡히지도 않는다. 명성에 걸맞게 먹을거리가 풍성하여 곳곳에 난전이다. 횟감, 구이, 찜 등이 지천이다. 그야말로 '그 옛날 50년대식'으로 연탄불에 석쇠 올리고 장어를 구워 파는 좌판에 앉아 소주 한잔을 곁들이니 싼 가격에 푸짐한 인정이 절로 느껴진다.

부산 사람들이 많이 먹는 아나고, 즉 붕장어는 《자산어보》에 이르길, "붕장어〔海大鱺〕는 눈이 크고 배 안이 묵색(墨色)으로서 맛이 좋다."고 하였다. 아나고(穴子)란 일본 명칭은 붕장어의 습관이 모래바닥을 뚫고 들어가는 데서 비롯되었다. 사실 아나고는 우리말이란 착각이 들 정도로 보편화되었다. 뱀장어와 달리 바다에서만 살아가며 형태는 거의 비슷하다. 그러나 등지느러미가 가슴지느러미 끝부분보다 약간 앞쪽에서 시작되고 38개의 옆줄 구멍이 뚜렷한 점이 다르다. 유럽에서도 '바다의 괴물'로 취급당하며 호감을 주지 못하는 어류다. 그렇지만 오늘날 붕장어는 버릴 것 없는 생선이 되었으니 회로 먹고, 뼈도 기름에 튀겨 먹고, 머리와 내장은

탕을 끓여낸다. 붕장어도 해방 이후에 일본에서 살던 동포들이 부산에 대거 정착하면서 먹기 시작하였다. 붕장어 가죽을 벗겨내서 가죽만 활용하고 몸통은 버렸는데 일찍이 일본에서 붕장어를 먹어본 동포들이 싼 가격에 주워다가 구워 팔면서 1950년대 이래로 서민들의 술안주로 자리 잡았다.

뱀장어는 민물장어라 부른다. 장어류 가운데 유일하게 바다와 민물을 오가는 것이니 강 하구에서 많이 잡힌다. 뱀장어에는 비타민

곰장어는 먹장어, 입이 뾰족한 하모는 갯장어, 뱀장어는 민물장어, 아나고는 붕장어를 말한다. 위부터 갯장어, 뱀장어, 붕장어.

A, E 등이 놀랄 만큼 많이 들어 있다. 불포화지방산이 풍부해 산화작용을 억제하고 혈관에 활력을 주는 등 노화방지에 도움을 주는 정력제로도 알려져 있다. 일본인들이 즐겨 먹는 것은 말할 것도 없고 독일인들이 여름에 먹는 별식인 아르슙페는 바로 장어국이며, 덴마크에는 명물 장어샌드위치가 있으며, 장어젤리는 영국 노동자들의 스태미나 음식이다. 국내의 희귀종인 천연기념물 27호 무태장어도 뱀장어의 일종으로 바다와 강을 오간다. 비단 제주도에서만 살던 것은 아니다. 대만, 일본, 필리핀, 인도네시아 등에도 분포하는 열대성 어종으로 5~8년간 담수에서 살다가 성어가 되면 바다로 나가서 산란하고 다시 돌아오는데 길이가 무려 2미터

에 달한다. 지방분이 많아 맛은 별로라고 하는데 제주도 서귀포에서는 깨붕어 또는 꾀붕어라 부른다.

익히 알려진 대로 뱀장어는 그 산란과 성장과정이 수수께끼로 남아 있다. 오죽하면 아리스토텔레스가 "뱀장어는 강 바닥 진흙 속에서 뱀과 교미하여 태어난다."고 했을까. 대략 필리핀 인근의 수심 7천~8천 미터의 마리아나 해구에서 산란하는 것으로 알려졌지만 그 산란과정을 확인한 사람은 없다. 댓닢뱀장어가 되어 쿠로시오 해류를 따라서 흘러흘러 동북아시아로 올라오며, 변신을 거듭하여 뱀장어로 제2의 인생을 살고, 다시 강을 거슬러 올라간다.

갯장어는 아무나 잘 무는 습성이 있기 때문에 일본에서는 '물다'라는 뜻의 하무(ハム)라 부르며, 여기서 하모(ハモ)가 유래하였다. 남해안에서는 해장어, 개장어, 놋장어, 갯붕장어, 참장어 등의 방언으로 불린다. 일본인들이 엄청 즐기는 장어다. 유비키(湯引き)라고 하여 샤브샤브와 비슷한 독특한 별미를 즐기는데 여름에는 없어서 못 팔 정도로 인기를 구가한다. 갯장어 역시 고도의 불포화지방산으로 성인병 예방, 원기 회복, 정력 증진, 노화 방지 등에 도움을 주는 기능성 식품으로 인정된다. 《자산어보》에서는 "갯장어(犬牙鱺)는 입이 돼지같이 길고 이는 개와 같아서 고르지 못하다. 뼈가 견고하여 능히 사람을 물어 삼킨다고 하였다. 이 정도의 인식이 선인들의 장어류에 관한 상식으로 대체로 뱀을 연상한다."고 하여 먹지 않던 물고기다.

살아 있는 바다 자연사박물관

어류 전문가 고정락(국립수산과학원) 박사의 안내로 시장 나들이에 나섰다. 전복·소라·고둥·개조개·가리비·키조개·재첩·대합·꼬막·피조개·굴 등의 패류, 김·미역·다시마·파래·돌가사리·고장초·갈래곰보·꼬시래기·톳·쇠미역 등의 해조류, 고등어, 방어, 문어, 연어, 돔, 물메기, 아귀, 갈치, 장어, 개불, 새우, 해삼, 멍게, 미더덕, 우럭, 광어, 멸치, 복어, 주꾸미, 한치, 게, 가오리, 바닷가재 등이 좌판과 수족관마다 빼곡하다.

이곳을 유심히 지켜보면 우리 수산물의 흥망성쇠가 보인다. 예컨대 자갈치시장에서는 맛조개를 볼 수가 없다. 본래는 부산 근역에도 맛조개가 많았으나 매립 등으로 모래가 사라지면서 함께 사라지고 말았다. 바다생물 공부를 하려면 도감을 찾을 필요도 없이 자갈치시장을 돌아다니면 된다. 고 박사가 재미있는 곳으로 잡아끈다.

"전에는 잡히지 않던 남방산 참다랑어가 잡히고 있어요. 수온 1도 차이가 물고기에게는 엄청난 변화지요. 한반도를 둘러싼 해역의 아열대화가 흔치 않던 물고기들을 자갈치시장에 부려놓고 있어요."

정말 좌판 나무상자에 참다랑어가 그득하다. 참다랑어에는 북방 참다랑어와 남방 참다랑어가 있는데, 주로 고등어 선망에 잡힌다. 동해 남부해역에서 빠르게 참다랑어(bluefin tuna) 어장이 형성되고 있다. 사실 참치라는 말은 1957년 인도양에 첫 출어한 선원들이 '진짜 물고기'라는 뜻에서

부산해역에서 잡히기 시작한 남방산 참다랑어.

눈다랑어, 황다랑어, 참다랑어 등을 모두 묶어서 참치라 부른 데서 비롯되었다. 따라서 우리가 익히 쓰고 있는 참치라는 표현은 사실 '엉터리'일 수밖에 없다. 참다랑어는 일생 동안 한 번도 쉬지 않고 유영하는 엄청난 거구로

서 무게만 수백 킬로그램에 달하는 힘센 놈으로 물고기의 제왕격이다.

그 참다랑어가 동해 남부, 즉 부산을 중심으로 30~40킬로미터 해역에서 형성되고 있으니 얼마나 반가운 일인가. 지구 온난화를 걱정하는 반면에 이 같은 일도 생겼으니 바다는 엄청 변화를 거듭하고 있는 중이다. 아직은 대개 35~45센티미터 정도의 산란한 지 1년 미만의 소형어다. 봄철부터 여름까지 쿠로시오 해류를 따라서 회유해오는데 난류의 영향이다. 가끔 1~2미터짜리도 잡히며, 위판 가격이 한 마리에 무려 1,200만 원을 호가한다. 한 척당 다섯 마리까지 잡는다고 한다. 이것만으로도 한번 출어에 5천만~6천만 원은 거뜬하니 바다의 '로또'라고나 할까.

참다랑어를 잡으러 대마도로 출어한다. 참다랑어는 맛이 다르다. 살 속에 기름이 점점이 박힌 게 마치 꽃등심을 보는 듯하다. 전량 일본으로 나간다. 우리는 캔으로 먹는 가다랑어, 황다랑어를 참치의 모든 것으로 알고 있지만 참다랑어의 맛과 격조는 그것들에 비할 바가 아니다. 10여 년 전에 사라진 '쥐치'도 보인다. 고 박사는 "남획으로 사라졌던 쥐치들이 중국이나 일본, 베트남산이 수입되는 동안 다시 살아나고 있다."고 한다. 수입 수산물의 양적 확대가 자연보호에 일조하는 또 다른 측면도 있다는 설명이다.

펄펄 뛰는 생선만큼이나 활력 있는 자갈치 아지매들의 은근과 끈기야말로 한국인의 저력 그 자체가 아닐까. 생활 근거지가 번성하려면 물고기가 번성해야만 한다. 대통령까지 직접 나서서 자율어업을 강조하고 있다. 어민들 스스로 자제하는 자율어업만이 자갈치시장의 종 다양성을 보장하는 길이다. '없는 것이 없다'는 자갈치시장의 좌판에 놓인 어물들을 10년, 100년 뒤에도 보려면 종 다양성을 지켜내겠다는 우리의 인식이 더 단단해져야 하지 않을까.

사시미와 우치다, 바다 식민의 추억

너희는 회를 먹지, 우리는 사시미를 먹는다

'수사(壽司)'라는 간판을 내건 '사시미'집이 많다. '횟집'보다 '수사'가 한결 그럴듯해 보이기 때문일까. 대개의 수사에서는 같은 회도 전반적으로 값이 눅지 않다. 따지고 보면 수사란 '스시'로 읽으며, 번역하면 초밥 정도에 해당한다. 의역이 허락된다면, 회를 팔면서 '김밥' 정도의 간판을 내건 격이니 일식집의 대표격인 수사란 곳이 기실은 초밥집에 불과하다. 여간 정평 있는 횟집이 아니고서는 자연산을 파는 곳이 거의 없는지라 대개의 수사에서도 똑같이 양식산을 취급한다. 그런데도 화식 그릇이나 부대 장식, 그리고 전반적인 분위기 등으로 인해 왠지 비싸고 품격 있는 회를 먹고 있다는 착각에 빠지곤 한다. 그래서 비싼 값에도 사람이 몰린다. 왜 그런 착각에 빠질까. '일식은 비싼 것'이란 나름의 세계적 마케팅이 한국에서도 예외 없다는 까닭도 있지만, 일식 횟집에 대한 신식민지적 근성에 기댄 결과는 아닐까.

어느 작은 수사에서는 '스키다시'가 맛있기로 소문이 났다. 갓 잡은 '아나고'는 기본이고 '우나기'까지 올린다. 수제품 '와사비'가 입맛을 당기는데 '와리바시'로 '기코만 간장'에 살살 풀어서 '스시'에 찍어 먹는 맛이 그만이다. 어디 '간수메'에 비할 것인가. 대하(大蝦)도 펄펄 뛰는 '오도리'가 한결 맛있다. 겨울철에는 '스키야키'와 '오뎅', '덴뿌라'가 유별나다. 여름에는 '히야시'된 '아사히 맥주'에 시원한 '복지리'가 또한 별미다. 이 집의 여름 특선은 힘에 좋다는 '하모'다. 주방장은 잔가시 많은 '하모'를 스무 번 이상 칼질하는 '호네기키'를 반드시 거치며, 살짝 물에 데치는 '유비키'를 거쳐서 '사라'에 내놓는다. 겨울에는 따끈한 '히래' 소주로 목을 축인다. 전복은 '머구리'가 직접 잡아 올린 것이다. 겨울 특미로 유명한 삼치는 '스기'로 만든 배에 '모타'를 '장착'한 '나가시배'를 끌고 나가서 '앤카'를 박고서 '잇폰스리'로 낚아 올린다. 불법인 줄 알면서도 '삼마이'를 간혹 쓰는데, 싹쓸이하는 '고데구리'에 비하면 훨씬 낫다.

'지리'가 우리말 아닌가요?

이상은 의도적으로 만들어본 문장들이다. 바다에 사노라면 일본말을 자주 듣게 된다. 알아듣기 어려운 말 같지만 어민들이나 횟집 종사자, 아니면 조금이라도 횟감에 관심 있는 이들에게는 지극히 일상적 언표다. 붕장어는 몰라도 '아나고' 모르는 이들이 있을까. 더러는 토착화해 '지리'처럼 우리말이 아닌가 하는 착각이 들기도 한다. 국어학을 전공한 박사에게 묻자, "지리, 글쎄요, 우리말 아닌가요?" 하고 되물어올 정도니, 일반인들은 오죽하랴. 위의 따옴표 부분을 우리말로 한번 풀어보자.

- 사시미(さしみ) ＝ 회
- 스키다시(つきだし) ＝ 가벼운 안주
- 아나고(あなご) ＝ 붕장어
- 우나기(うなぎ) ＝ 뱀장어
- 스시(すし) ＝ 초밥
- 오뎅(おでん) ＝ 어묵
- 스키야키(すきやき) ＝ 전골
- 덴뿌라(でんぷら) ＝ 튀김
- 와사비(わさび) ＝ 고추냉이
- 간수메(かんづめ) ＝ 통조림
- 오도리(おどり) ＝ 산 새우
- 와리바시(わりばし) ＝ 젓가락
- 복지리(鰒じる의 변형) ＝ 맑은 복어국
- 스기(すぎ) ＝ 삼나무(杉)
- 삼마이(さんまい) ＝ 삼중망
- 고데구리 ＝ 소형기선 저인망
- 잇폰스리(一本釣, いっぽんすり) ＝ 외줄낚시
- 머구리(もぐり) ＝ 잠수부

번역에 걸맞은 대응어가 미처 개발되지 않은 것도 수두룩하다. '삼마이〔三重網〕'는 '세 겹 그물'이 맞을 터인데, 이미 삼마이 그물이 토착화되어 세 겹 그물이 오히려 생뚱맞다. 누구나 쓰는 해녀(海女)는 사실상 제주도 본토에서는 쓰지 않던 말이므로 사실은 토착어인 잠녀, 잠수가 맞지만 이미 일반화하여 해녀를 쓰지 않을 수 없게 되었다. '모타(モ-タ)'는 'motor(모터)'의 일본식 영어이며, 덴뿌라는 포르투갈어에서 왔다. 어민들은 더러 '닻'이라는 우

'재래식 잠수부'를 칭하는 '머구리'(수중세계 이선명 제공).

리말을 두고 '앤카 박는다'고 말하기도 하는데 이는 닻을 뜻하는 'anchor'의 일본식 영어 발음 아닌가. 일반인들은 간혹 신문기사 등에서 생소한 그물 이름이 나오면 답답하다. 예망(曳網), 자망(刺網), 건강망(建綱網), 선망(旋網) 따위는 일본식 한자어다. 흘림그물을 뜻하는 유망(流網)은 '나가시(ながし)'라고 불리며, '흘리다'는 뜻의 '나가스(ながす)'에서 비롯되었다. '고데구리'나 '머구리', 낚시꾼들이 많이 쓰는 외줄낚시인 '잇폰스리'도 일본말이다. 거개의 어로 도구가 일본말이다. 외관상 일본어가 아닌 것처럼 보이는 선착장, 간석지, 적조, 방파제, 항로표지 따위의 해양 용어도 일본식 한자어다.

일제에 의한 우리나라 어업 침탈의 전진기지 중 한 곳이었던 부산항의 옛 모습. 1889년의 한일통상장정과 1908년 한일어업협정 이후 일제는 어업 침탈을 위해 부산, 인천 등 개항장을 중심으로 일본인 어업 이민을 부추기는 등 '바다 식민화'에 나섰다. 이후 우리 어업사는 혹독한 일제의 어업 약탈정책으로 극한 시련을 겪었으나 '바다의 해방'은 아직도 이뤄지지 않고 있다(유리원판, 국립중앙박물관 소장).

바다는 아직도 일 식민상태

'회(膾)문화'에서 알 수 있듯 해양 강국으로 알려진 일본에서 근대적 해운, 수산, 항만, 심지어는 해군의 국방용어까지 들여다 쓰고 있으니, 참담하게도 '식민의 바다'는 아직 해방되지 않았다. 언어식민지를 청산하자는 의무감 때문이 아니라 문화적 종 다양성 차원에서라도 토착 용어를 써야 할 텐데, 현실은 반대다. 우리 스스로 근대를 '번역'하지 못하고 남의 손을 빌려서 '번역'해온 식민지의 여독 때문이다.

일본어도 외국어인데 이웃나라 말이 섞였다고 해서 문제 될 것은 없다.

앞에서 언급하였듯이 '와사비'가 일본의 오랜 기호식품인 반면에 우리 조상들은 거의 먹지 않았음을 고려할 때, 생경한 '고추냉이'보다는 '와사비'가 타당하다고 여겨진다. '아사히 맥주'나 '기코만 간장'도 상품명이므로 당연히 원문 그대로 써야 한다. 문제는 주체성이다. 동서양 구분 없이 근대 모국어의 탄생과 확대 과정은 '번역'을 통하지 않고는 성립될 수 없었다. 그러나 한국사의 내재적 발전을 거치지 않고 해양과학 기술과 생태환경 용어에 이르기까지 '번역과 근대'의 주체성을 살리지 못한 채 오로지 직수입에 몰두해왔다. 새로운 과학기술이 도입되면 그에 상응하는 대응어도 개발해야 할 터인데 제대로 대응하지 못한 것이다. 게다가 오랫동안 써오던 토착말까지 잃어버려 "아나고 먹자."고 하면 알아듣는 사람도 "붕장어 먹자."고 하면 "뭐?"라며 되묻기 일쑤다.

일제강점기 최고의 조선 어류 연구자, 우치다

바다 식민의 잔재는 학자들의 책임도 크다. 2004년 가을, 〈유리판에 갇힌 물고기—1930년대 한국어류사진전〉이란 유리건판 전시회가 열린다는 소식을 접하였다. 전시회의 주인공인 우치다 게이타로(內田惠太郎)는 1896년생으로 도쿄제국대학 농림학부 수산과를 나와서 1927년 한반도에 들어온다. 조선총독부 수산시험장 양식계 책임자로 15년을 근무하면서 우리나라의 바다 구석구석을 샅샅이 훑었다. 그런 그가 1942년, 수많은 연구 업적을 고스란히 한국에 둔 채로 규슈제국대학 교수로 자리를 잡고 돌아간다. 1964년 이와나미(岩波) 문고본으로 출간된 《치어(稚魚)를 찾아서》에서 한국에서의 연구 활동을 포함한 자신의 어류생활사 연구 경험을 소상히 밝히기도 한 그는 사실 한국 어류사 연구에서 독보적인

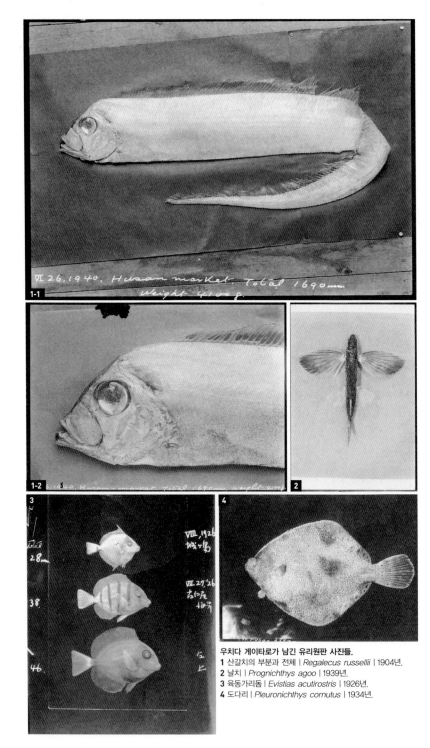

우치다 게이타로가 남긴 유리원판 사진들.
1 산갈치의 부분과 전체 | *Regalecus russellii* | 1904년.
2 날치 | *Prognichthys agoo* | 1939년.
3 육동가리돔 | *Evistias acutirostris* | 1926년.
4 도다리 | *Pleuronichthys cornutus* | 1934년.

존재였다.

우치다, 그리고 그와 함께 근무했던 나카노(中野進), 그 밖의 여러 인물들이 많은 유리건판(乾板)을 남긴다. 그런데 해방이 되면서 그 유리건판들은 고스란히 한반도에 잔류하게 된다. 그 유리건판들이 이런저런 경로를 거쳐 개인 소장가의 손에 들어갔고, 그 소장 자료에 근거해 전시회가 열리게 된 것이다. 《치어를 찾아서》에서 고백한 우치다의 증언을 들어보자.

나는 1942년 전쟁의 혼란 중에 부산에서 후쿠오카(福岡)로 자리를 옮겼다. 조선 재임 15년이었다. 조선의 시험장에 집적해 있던 어류생활사 연구 자료는 표본도, 사진 원판과 기록, 문헌 등도 정말 그대로 놓고 왔다. 대학의 작은 연구실에 넣을 수 있는 것도 아니고, 당시의 긴박한 정세에서 운반할 수도 없었다. 가지고 온 것은 내가 묘사한 원판 그림과 노트, 학생에게 강의실험 등으로 사용할 전시용의 표본 소량뿐이었다. 전쟁이 이처럼 종국이 되리라고는 생각하지 못했기 때문에, 평화가 돌아오면 조선에 있는 자료를 가지고 연구를 계속할 작정이었다. …… 가깝다고 생각한 조선반도는 멀어져만 가고 그곳에 남긴 장기간의 노력의 결정은 손에 닿을 수 없는 것이 되어버렸다. 그것을 생각하면 나는 육신의 일부가 찢어지는 듯한 고통을 느꼈다. 밤, 침상에서도 생각은 언제나 거기에 있었다. 잠을 이루지 못하는 시간이 계속되었다.

우치다가 '육신의 일부'라고 생각하고 '잠을 이루지 못하는' 밤을 보내면서 찢어지는 고통을 느끼게 하였던 그의 자료들은 그 후 어떻게 되었을까.

'수산학 거목'의 도용 씁쓸

총독부 시절 한국 수산연구의 거점이었던 수산시험장은 광복
후 중앙수산시험장(1949), 국립수산진흥원(1963), 국립수산과학
원(2002)으로 이어진다. 이렇게 기관은 맥을 이어왔는데, 어찌
해서 조선총독부가 연구하고, 실험하고, 수집한 그 중요한 수산
자료들은 모두 흩어지게 되었을까. 총독부야 밉지만 그들의 업
적은 잘 보존하고 관리, 활용했어야 하는데 총독부 시절에는 잘
관리되던 것이 광복 이후 대한민국에서는 어쩌다 이렇게 개인의 전유물
로 주물러지게 되었을까.

정말 재미있는 것은 일본인들이 남긴 '전리품'을 재활용하고, 가공해
자신의 연구 성과로 둔갑시킨 정말 날랜 사람들이 있다는 사실이다. 예
전부터 학계에는 떠도는 소문이 있었다. 우리나라 '수산학의 거목'으로
평가되는 분의 저술이 사실은 일본인들이 남긴 연구 성과를 슬쩍 해서
가공한 것이라는 얘기다. 광복 이후 이 '거목'의 저술에서 총독부 시절의
연구 성과를 요약, 재정리하거나 표절을 뛰어넘는 도용 흔적마저 발견되
고 있으니, 이 얼마나 씁쓸한 일인가. 그래서 서점에 나와 있는 물고기
관련 책자의 상당수가 이런 배경조차 모르고 이 '부정한 책'을 원전으로
인용하고 있지 않은가.

사건의 개요는 대략 이러하다. 이 '거목'이 세상을 떠난 뒤에 돌연 고서
점가에 조선총독부 유리건판이 자루째로 출현하였다. 정말 웬일인가 싶
었다. 그리고 영월 책박물관으로 원판이 넘어갔으며, 사진 전시회까지
열리게 된 것이다. 문제는 그 유리건판에 박힌 사진들 대부분이 그 '거
목'의 업적을 입증하는 사진들과 완벽하게 일치한다는 점이다. 그 중 하
나만 예로 들어, 우치다의 《치어를 찾아서》(1964)와 정문기의 《어류박물

조선총독부 수산시험장. 오늘날의 국립수산진흥원 전신으로 부산의 영도에 있다.

지》(1974), 두 텍스트를 분석해보자. 정문기의 업적 가운데 유독 이 책을
거론하는 이유는 쏘가리 연구에 얽힌 후일담에서 표절이 극명하게 드러
나기 때문이다. 두 사람은 모두 평북 성천에서의 몇 가지 에피소드를 기
록하고 있다(이기복, 〈일제강점기 內田惠太郎의 조선산 어류조사와 바다식민의
잔재〉,《역사민속학》, 2004).

(1) 성천 도착과 첫 느낌

우치다 : 처음 갔던 것은 1931년 6월. 비류강에 일본인이 경영하는 작은
　　　　여관이 있어 거기에 숙박. 장지화의 어부가 연상.

정문기 : 처음 갔던 것은 1935년 6월. 비류강에 일본인 여관이 있어 거기
　　　　서 숙박. 장지화의 어부가를 연상.

(2) 유능한 쏘가리 맹인 어부의 이야기

우치다 : 군청의 배려로 쏘가리 잡는 맹인을 알게 됨. 그는 국수집 심부름
　　　　꾼이지만 여름철에는 쏘가리잡이로 상당한 수입을 올리고 있음.

정문기 : 맹인으로서 쏘가리를 잘 잡는 사람을 알게 됨. 국수집 종업원이
　　　　지만 여름철에는 쏘가리로 수입이 상당함.

원, 세상에, 무슨 설명이 더 필요하랴. 똑같은 이야기가 두 텍스트에서 반복된다. 맹인 한씨에게 도움을 요청하고, 맹인의 도움으로 쏘가리 알의 성질을 확인하며, 심지어 맹인의 기이한 행동도 동일하게 묘사하고 있다. 지면관계상 전문 공개를 하지는 못하지만, 결론적으로 정문기의 글은 기승전결 흐름이나 수록된 내용이 우치다의 글과 정황묘사까지 너무도 동일하다. 설령 성천에서 같은 맹인의 도움을 받아 쏘가리 연구를 수행했다손 치더라도 매 순간의 에피소드까지 똑같을 수는 없는 일이다. 우연치고는 지독한 필연이다. 정문기는 우치다의 글에서 숫자만 몇 개 바꾼 채 자신의 연구로 둔갑시키고 있다. 훗날 정문기에 관한 평가나 회고담을 작성할 때 어김없이 등장하는 중요한 대목으로 쏘가리와 맹인에 얽힌 이야기를 거론한다. 쏘가리가 성천 지방에만 있는 것도 아니고 맹인만이 쏘가리를 잡는 것도 아닐 터인데 말이다.

의사(疑似) 표절이 아니라 사실상의 도용(盜用)이다. 이 같은 방식으로 해방 후에도 '바다의 식민지, 연구의 식민지'는 계속되고 있었다. 쏘가리 사례가 도용의 한 에피소드라면 해방 이후에 등장한 그의 연구서들은 본격판이다. 우치다의 조사 보고가 없었다면, 어류표본과 사진이 없었다면, 해방과 전쟁으로 어려웠던 시절에 《한국어보(韓國魚譜)》(1954), 《한국동물도감》(어류편, 1961), 《한국어보도(韓國魚譜圖)》(1977) 등이 속속 출간되고 '그렇게 빨리' 빛을 볼 수 있었을까.

이제, 그 '거목'의 1차적 저작권자는 우치다로 바뀌어야 마땅하다. 전시회에 등장한 사진들을 훑어보니 우치다의 어류 연구가 고스란히 그 '거목'의 연구에 겹쳐지고 있었다. 그이만 그러한가. 해방 이후에 간행된 무수한 수산업사 관련 책들 중에는 일본 책을 그대로 베낀 것들이 수두룩하

1908년 부산의 일본 거류민 지도.

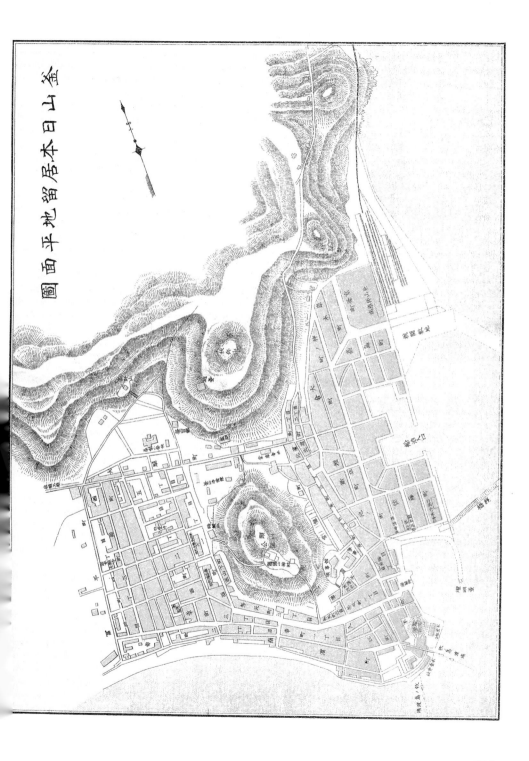

釜山日本居留地平面圖

305

다. 해방 이후에 수산사 관련 최대의 업적을 낸 또 다른 '거목'의 책에서도 일본 책을 그대로 베낀(인용이 아니라) 증거들이 속속 드러나고 있는 실정이다. 가령, 요시다(吉田敬市)의 《조선수산개발사(朝鮮水産開發史)》(1954) 같은 뛰어난 업적이 거의 그대로 '번안' 되어 다시 한국에서 출간되었음을 필자는 근년에 확인하였다.

원로급만 그러한 것이 아니라 근 10여 년 사이에 연구, 발표된 소장학자들의 많은 어업 관련 논문에도 일본의 연구성과를 그대로 베낀 것이 적지 않다. 가령 제주도에서 자주 발표되는 바다에서의 전통적 위치 표시인 '가늠'에 관한 지도화 작업 등은 일본에서 일찍이 수차례 발표된 것을 그대로 베낀 것에 지나지 않는다. 학계가 이러할진대 일반이 일본식 표현을 즐겨 쓴다고 하여 나무랄 일이 못 된다. 식민 잔재 청산은 바다에서도 미완의 숙제인 셈이다.

일 '해양제국 건설'은 타산지석

돌이켜보면, 고종 26년(1889)에 체결된 한일통상장정을 필두로 1908년 한일어업협정, 1909년의 한국어업법, 1929년의 조선어업령 등을 통해 '제국의 바다 식민의 바다' 가 완성되어갔다. 일본인 어업이민을 부추겨서 일본인 어촌을 따로 건설하였으며, 혹심한 약탈어업으로 일관한 게 바로 한일어업사다. 1965년의 잘못된 한일협정의 후과까지 남아 있는 데다가 '쌍끌이 사건' 등에서 보았듯 우리의 어업권 대응도 시원찮다. 일본의 끊임없는 독도 영유권 주장도 속내를 들여다보면 어업자원에 대한 일본인들의 주장이 일부 반영된 결과 아니겠는가.

'제국의 바다, 식민의 바다'는 현재진행형이며 또한 미래형이기도 하다. 한국과는 독도로, 중국과는 댜오위댜오로 싸우면서, 독립국이었던 유구국을 내부 식민지 오키나와로 '점령'한 일본의 끝없고, 강력한 해양 패권 욕구를 지켜본다.

대륙에서 중국의 동북공정을 통한 북방사 편입 음모가 노골화되고 있다면, 해양에서는 '해양제국'의 온갖 팽창전략이 종횡으로 구사되고 있다. 더욱이 유엔 해양법협약이 발표되면서 200해리 배타적 경제수역이 적용되자 일본의 바다는 한결 넓어졌다. 남쪽 태평양으로 뱃길을 돌리는가 했더니, 일찍이 동해를 일본해(Sea of Japan)로 둔갑시켜놓고 국제사회의 지지를 확대시켜가고 있다. 동해 표기 문제는 물론이고 동해 심해저의 해명(海名), 나아가서 독도영유권 문제를 일으켜 국제사회의 분쟁거리로 몰아가려고 의도하고 있다. 우리가 무심결에 쓰고 있는 동해안 '대화퇴(大和堆) 어장'이란 명칭도 그네들의 대화혼(大和魂), 즉 야마토 정신에서 비롯된 무시무시한 제국 언어의 표상이다.

바다에서 살아간다는 일이 단순히 개인사에 국한된 미시적 삶에 그침이 아니라, 국제질서를 낳는 국가적이고 세계적인 생활임을 아는 것은 그리 어렵지 않다. 어업권역이 줄어들면 어민들은 울상을 짓고, 소비자는 비싼 값에 어류를 사 먹거나, 수입산에 매달릴 수밖에 없으니 밥상머리에까지 성난 파도가 밀려옴을 어쩌랴.

'사시미'와 '스시'를 먹으면서, 8·15 광복절의 의미보다 '막바지 바다 피서'를 얘기하고 있을지 모를 이 땅의 선남선녀들에게 '우리말 바다용어집'이라도 무상 제공하는 일은 이제 국가의 의무 아니겠는가. '지리'와 '아나고'를 우리말이라고 여기며 사는 이 시대의 숱한 '개인들'에게 모든 책임을 물을 수는 없는 문제 아닐까.

감사의 글 : 전문가 자문 및 현장조사 면담자

많은 분들의 협조와 도움을 받았다. 오랜 현장에서 인연 맺은 분들이 도움에 나섰고 전혀 새롭게 소개받은 분들, 심지어 생면부지의 낯선 분들이 관해기의 대장정에 동참하였다. 참으로 고마운 일이었다. 어떤 분들은 자신의 논문과 저서로, 수중사진처럼 구하기 어려운 사진제공자로, 길 안내자로, 심지어 배를 몰고 섬으로 데려다준 분도 있었다. 답사가 끝난 밤에 선술집에 앉아 통음하면서 바다 이야기를 나눈 분도 있었고, 공무원이나 수협직원으로서 친절하게 현장까지 안내하며 답사를 도와준 이들도 있다. 국립수산과학원에서는 이윤, 정달상 박사 등 전문연구자를 현장에 파견하여 조사의 전문성을 담보해주는 배려를 베풀었다. 각 지역의 문화원장과 사무국장들의 적극적인 도움도 있었다. 수산과학관의 이기복 큐레이터는 온갖 기초 자료를 챙겨주었다. 자신이 가장 잘 아는 물고기를 이야기할 때는 남루한 일상을 벗어버리고 신명에 겨워 몇 시간이고 이야기를 들려준 어민들도 빼놓을 수 없다.

무엇보다 외길을 걸으면서 곳곳에서 바다를 지키는 지킴이들이 숨어 있음을 발굴해낸 유쾌한 만남들이었다. 이들과 면담하였던 방대한 조사기록과 사진들, 여타 수집된 자료들은 훗날 어떤 식으로든지 세상에 본격 공개될 것으로 믿는다. 최소한의 예의와 신뢰의 표시로서 이 책을 가능케 했던 분들 200여 명의 이름 석자를 기록으로 남긴다(직책은 2004, 2005년 당시 기준, 가나다순).

관해기 · 觀海記

308

강덕우(한국사, 인천시 역사자료관 역사문화연구실 전문위원)

강대환(서귀포시 보목 숲섬 수중환경지킴이)

강무현(해양수산부 차관)

강성남(서울신문 사진부)

강옥엽(한국사, 인천시 역사자료관 역사문화연구실 전문위원)

강정극(해양학, 한국해양연구원)

강정효(뉴시스 제주본부기자)

강진국(서귀포시 보목동 마을회장)

강현주(한국해양연구원 대외협력팀장)

고경민(수산학, 제주도 해양수산자원연구소 수산연구사)

고경재(양양문화원장)

고석규(한국사, 목포대 사학과 교수)

고안자(잠수, 우도 거주, 2002년 북제주군 잠수상 수상자)

고정락(수산학, 국립수산과학원 수산연구사)

고종남(태안군청 주민과)

고철환(해양학, 서울대 해양학과 교수)

공병희(포항시청 문화공보과)

구자상(부산환경운동연합 바다위원장)

금강(해남 미황사 주지)

김강민(신안문화원장)

김경섭(경남 고성군청 문화관광계장)

김계담(서귀포문화원장)

김광수(거제수산업협동조합 상임이사)

김광오(울산시청 공보관)

김금충(추자수협 경제상무)

김기백(울릉군 북면 관광개발담당)

김기중(농민, 울진군 북면 말래)

김기창(영흥수산협동조합장)

김기현(심해저자원연구센터장)

김낙기(한국사, 시흥시 향토자료실 전문위원)

김덕중(어민, 강릉 사천진 어촌계장)

김동수(어민, 마산어시장 중매인)

김동전(한국사, 제주대 사학과 교수)

김묘연(어민, 고흥군 나로도 21세기수산 대표)

김병목(영덕군수)

김사홍(해양생물학, 제주도 해양생물다양성연구실)

김산세(거제도 일운수산 대표)

김삼연(마산 오동동아구할매집 대표)

김상수(월간 우리바다 편집장)

김상중(농민, 울진군 북면 말래)

김성권(울릉문화원 사무국장)

김성현(군수하식수산업협동조합)

김세윤(통영문화원장)

김수관(수산경영학, 군산대 사회과학대학 교수)

김수동(어민, 영덕군 축산면 차유동)

김수일(어민, 북제주군 신흥리)

김영우(고흥군 봉래면 수산담당)

김영태(어민, 홍성 남당리 축제위원장)

김완복(어민, 서산시 중왕리)

김완찬(어민, 부산시 기장군 공수마을)

김용순(김제문화원 사무국장)

김웅서(해양학, 한국해양연구원 심해저본부장)

김윤자(제주시청 문화체육과)

김장근(수산학, 국립수산과학원 수산연구관)

김정필(고성군청 기획감사실)

김정호(목포문화원 부원장)

김종순(나주시 학예연구사)

김종익(여수시 진남제위원회)

김종희(웅도 어리굴젓 대표)

김진업(영덕문화원 사무국장)

김진영(수산학, 국립수산과학원본부장)

김진옥(기장문화원장)

김춘선(해양수산부 인천해양수산청장)

김현식(통영문화원 사무국장)

김현주(해양학, 한국해양연구원 해양심층수연구센터장)

김형만(거제수협)

김학민(화가)

남궁호삼(강화도 시민연대위원장)

남홍식(어민, 안면도 백사장 대하축제 준비위원장)

노민선(어민, 속초 중앙동)

도준석(서울신문 사진부)

명 완(태안군청 문화예술과)

문무호(어민, 태안군 내파수도)

문야성(어민, 사천시 실안동 실안어촌계, 죽방렴
　　　　운영)

박경열(식당, 울산시 장생포 고래식당)

박경훈(제주 전통문화연구소장)

박맹수(영산원불교대학교수)

박봉렬(어민, 남해군 설천면 문항리)

박봉언(신안군 새어민회장)

박삼숙(식당, 속초시 청호동 박삼숙 생선구이집)

박상규(굴수하식수산협동조합 상무)

박선우(해양수산부 태안 옹도등대장)

박인환(영덕문화원장)

박정우(식당, 영광 법성포)

박철오(기장군 수산과장)

박호삼(어민, 서산시 팔봉면 호리)

박화진(어민, 신안군 우이도)

방효정(인제문화원장)

백태철(농민, 울릉군 석포리)

변상경(해양물리학, 한국해양연구원 전 원장)

부원찬(제주해양수산청장)

서영필(울릉군 북면 면장)

서종수(농업, 울릉도)

성용호(선장, 서귀포시)

손봉기(염업, 신안군 비금도 염전 운영자)

송재희(국립수산과학원 갯벌연구센터연구원)

송하훈(강진문화원 사무국장)

수경스님

신연호(나주시청 문화공보실)

신인홍(잠수, 북제주군 우도)

심재설(해양학, 한국해양연구원 이어도과학기지)

심재억(서울신문 기자)

안국현(영산강 홍어1번지식당 대표)

양동의(순천시 문화관광과)

양상수(수산학, 국립수산과학원)

양정식(북제주군 우도 항로표지원)

양치권(영산강홍어 대표, 영산강뱃길복원추진위원장)

엄철규(굴수하식수산협동조합)

염기대(해양학, 한국해양연구원 원장)

오거돈(전 해양수산부장관)

오경자(식당, 김제군 심포항)

오승국(시인, 제주4·3연구소 사무총장)

오위영(한국해양연구원 정책조정실장)

오정환(어민, 울진군 후포항 삼창호 선장)

옥승현(여수문화원 사무국장)

원승환(국립수산과학원 패류육종연구센터 수산연
　　　　구사)

유규근(통영시청 공보남낭관실)

유명근(간월도 섬마을 어리굴젓 대표)

유성준·유영선(횡계 삼신황태 운영)

윤경태(울산 장승포, 고래고기할매집)

윤대웅(농민, 울진군 북면 말래)

윤만선(어민, 북제주군 비양도 노인회장)

윤병일(어민, 서산시 간월도 이장)

이금훈(어민, 양양군 손양면 오산리)

이긍재(추자수협 유통판매과장)

이기복(역사민속학, 수산과학관 큐레이터)

이대승(어민, 남해군 사동면 미조리)

이명우(인제군청 군정홍보담당)

이복웅(군산문화원장)

이상고(수산경제학, 부경대 수산경영학 교수)

이생기(북제주군 해양수산과)

이선명(수중세계 대표)

이선준(어민, 홍성군 죽도)

이수호(해양수산부 해양정책과)

이영신(시인, 평창문화원 사무국장)

이영호(수산학, 국회의원)

이 윤(해양미생물학, 국립수산과학원 환경연구관)

이인수(수산학, 해양수산부 수산정책국)

이재섭(어민, 북제주군 신흥리 어촌계장)

이정돈(해남군청 문화관광과)

이조복(식당, 신안군 비금면 도초도 시목해수욕장)

이종훈(굴수하식수산업협동조합 전무)

이채성(국립수산과학원 연어연구센터장)

이현태(태안군청 문화예술과)

이형근(굴수하식수산업협동조합 지도선 선장)

이형기(포항 장기곶 등대박물관)

이효명(어민, 남해군 삼동면 물건리)

임선모(어민, 영흥수산협동조합 상무)

임성덕(어민, 거제시 남부면 다포리 다포마을)

임창규(양미리 중매인, 강릉시 주문진읍)

임창용(서울신문 기자)

임학성(한국사, 고려대 민족문화연구원 교수)

장경희(울진군청 공보담당)

장석원(한국빙온 대표)

장안상(어민, 북제주군 비양도 어촌계장)

장용수(어민, 고성군 죽왕면 오호리)

전인현(농민, 울진군 북면 말래)

전재경(법학, 생명회의유사)

정건웅(울릉수협 조합장)

정낙추(태안 낭금리 자염재현자)

정낙칠(염업, 태안군 모항)

정달상(수산학, 국립수산과학원)

정만화(수협중앙회 기획관리부장)

정상태(고흥군청 수산담당)

정석진(평창문화원장)

정용호(포항 항만청)

정우영(태안문화원장)

정원덕(독도수비대원 출신)

정윤석(강진 칠량옹기 기능전승자)

정의철(수산학, 국립수산과학원)

정재덕(구룡포과메기 영어법인회장)

정충국(양양군청 공보담당)

정칠복(어민, 신안군 재원도 이장)

정태호(염업, 태안군 모항)

제종길(해양학, 국회의원, 국회바다포럼 대표의원)

조계화(잠수, 서귀포시 법환리 잠수회장)

조상현(목포문화원 사무국장)

조선수(어민, 서산시 대산읍 독곶리)

조영석(고흥문화원 사무국장)

조영조(국립수산과학원 갯벌연구센터 소장)

좌동렬(제주도 문화유산 해설사)

주만성(어민, 태안군 가의도)

주상준(울진문화원장)

주순자(상인, 부산시 자갈치어시장 꼼장어 판매)

진재언(어민, 신안군 재원도 전 어촌계장)

진한숙(해수부 항로표지 담당관실)

차윤원(삼천포수협 지도과장)

최덕림(순천시청 주민자치과)

최영호(문학, 해군사관학교 인문학과교수)

최한선(고성군청 문화관광과)

최항순(조선공학, 서울대 조선공학과 교수)

탁광일(환경교육·임업컨설턴트, 국민대 교수)

하기호(경남 고성문화원장)

하정남(영산 원불교대학 교무)

한상복(해양학, 한수당자연환경연구원장)

한정규(속초문화원 사무국장)

허남채(순천만생태관 관장)

현춘식(제주도청 학예연구관)

홍광진·이정례(울릉도 지킴이)

홍성협(식당, 서귀포시 강정)

황선도(수산학, 국립수산과학원 남해수산연구소)

황선미(강화도시민연대 사무국장)

황진선(서울신문 문화부)

황필운(추자면사무소 행정선선장)

색인 :

주강현의 **관해기** 1 — 남쪽바다

초판 1쇄 발행 2006년 7월 10일
초판 6쇄 발행 2017년 11월 1일

지은이 주강현
발행인 윤새봄 **단행본사업본부장** 김정현 **편집주간** 신동해
디자인 이석운, 김은정 **마케팅** 이현은 이은미 **제작** 류정옥

발행처 (주)웅진씽크빅 **출판신고** 1980년 3월 29일 제406-2007-000046호
브랜드 웅진지식하우스 **주소** 경기도 파주시 회동길 20
주문전화 02-3670-1595
문의전화 031-956-7409(편집) 02-3670-1123(영업)
홈페이지 www.wjbooks.co.kr
페이스북 www.facebook.com/wjbook

ⓒ 주강현 2006, 저작권자와 맺은 특약에 따라 검인을 생략합니다.
ISBN 89-01-05891-X 04910

이 도서의 국립중앙도서관 출판예정도서목록(CIP)은 서지정보유통지원시스템
홈페이지(http://seoji.nl.go.kr)와 국가자료공동목록시스템(http://www.nl.go.kr/kolisnet)에서
이용하실 수 있습니다.(CIP제어번호: CIP2006001438)

책값은 뒤표지에 있습니다.
잘못된 책은 바꿔드립니다.